ポストドクター

若手研究者養成の現状と課題

北野秋男

東信堂

はじめに

　「末は博士か大臣か」。明治から昭和にかけて流布した言葉である。当時の博士号は、取得者数が少ないばかりでなく社会的にも高く評価され、博士号取得者は大臣と同格に評価されていた。昔は博士になるのも大臣になるのも至難の業であった。今日、内閣総理大臣が次々に代わり、そのたびに新しい国務大臣が任命されてはいるが、それでも大臣になることは普通の人間には不可能に近い。日本の大臣は「内閣法」において「国務大臣の数は、14人以内とする。ただし、特別に必要がある場合においては、3人を限度にその数を増加し、17人以内とすることができる」（第2条第2項）と決まっている。一方、博士になることは大臣になることと比べれば、そんなに難しいわけではない。才能も必要だが、努力で何とかなりそうである。なぜなら、博士号を持つ人の数は最近になって急激に増え、巷には博士が溢れているからである。文部科学省の調査では、2008年度の博士号取得者数は16,735人となっている。これを大学別に見てみると、博士号取得者数が最も多い大学が東京大学、京都大学であり、毎年1,000人前後の博士号取得者を生み出している。そして、この毎年1万5千人を超える博士号取得者の予備軍が大学院の博士課程院生や修了者である。

　別の文部科学省の調査によれば、2002年度から2006年度までの5年間の博士課程修了者75,197人のうち、学位取得者は約7割、学位を取得しない満期退学者は約3割になる。文系の場合は、理系と比べれば、やや厳しいものの学位取得率は5割近い。つまりは、博士になることは大臣になることほど難しくはないものの、大学院博士課程を修了すれば、だれでも博士になるわけではない。博士課程への進学は、多額の経費を必要とするだけでなく、

能力がなければ学位も取れなければ、就職することもできない。学位取得時の年齢も早くて30歳前後となり、後戻りも、やり直しも出来ない状況になる。博士号を取得するには、本人の能力もさることながら、最大限の努力と熱意が必要である。そして、研究を継続するための研究費や生活費なども不可欠である。博士課程を終えれば、1,000万円近い奨学金の返済額が残る可能性もある。

　しかしながら、研究への熱意と努力を精一杯傾け、見事に博士号を取得したにもかかわらず、近年においては、こうした若手研究者が大学や研究所などの常勤職に就けないケースが急増している。博士課程を修了し、かつ博士号を取得しながら常勤職に就けない人を「ポストドクター（postdoctor, postdoctoral）」（以下、「ポスドク」と略す）」と言う。たとえば、2005年5月2日の『読売新聞』では「日本の研究機関にポスドクは1万2,583人（平成16年度見込み）いるが、その約半分は競争的研究資金や外部資金などで雇用されている。またポスドクのうち、社会保険への加入率は50％未満であり、日々雇用であったり、週あたりの勤務時間が常勤の4分の3に満たないなど、不安定な雇用状況にある日本のポスドクの厳しい実態が明らかになった」（『読売新聞』2005.5.2.)と指摘している。読売新聞の記事は、ポスドクの厳しい待遇や環境を指摘したものである。ポスドクは任期制であるものの、常勤職並みの給与や研究費を得ている者もいれば、無給かアルバイト程度の者もいる。2004（平成16）年度の場合、ポスドクの3分の2程度は一定の雇用状態にあり、半数程度は保険にも加入している。しかし、残りの3分の1は無給かアルバイト程度であり、保険にも加入していない。生活は何も保障されていない。高齢化問題も深刻である。

　文部科学省の調査では、2008（平成20）年度のポスドク数は一層増加し、17,945人に達している。「34歳以下の若手が初めて減少に転じる一方、民間などへの就職が難しくなるとされる35歳以上の「高齢ポスドク」は2007年度より約7％増えて5,825人に上り、全体の3人に1人を占めた」と言われている（『読売新聞』2010.4.27.)。現在、こうしたポスドクの厳しい環境を示す言葉が俗に言う「ポスドク問題」であり、「隠れ難民」「高学歴ワーキングプア」

などとマスコミでは報じられている。

　一体なぜ、こんなことが起こっているのだろうか。ポスドク本人の責任であろうか。それとも、ポスドクを雇用しない大学や研究機関の責任であろうか。本書においては、「ポスドク問題」における「犯人探し」を意図するものではないが、少なくとも「ポスドク問題」はポスドク個人の責任でないことは明白である。なぜならば、ポスドクの量的拡大は「国家政策」によって進められたものであり、今日の状況は当初から十分に予想できた問題だからである。「ポスドク問題」の解決・改善の責任は、まずは政府が負うべきものである。ただし、ポスドクの量的拡大が間違っていたわけではない。今日の科学技術の発展や国際情勢からすれば当然の政策であり、その意味では、政府・各省庁が果たした役割は大きい。多額の公的資金を投入し、若手研究者のポストを増大させた功績は評価されるべきであろう。ポスドク職の増加は、日本の科学技術研究の基盤を強固なものとし、研究の深化と発展を促進することに貢献している。

　博士号という学位を取得し、日本の学術体制を支えているポスドクの多くが、なぜ無給かアルバイト程度の職しか得られないのか。「ポスドク問題」の解決策は、個別の大学や研究機関において雇用拡大の努力を行うことではあるが、それだけでは根本的な解決にはならない。やはり、政府・各省庁が「ポスドク問題」の解決の基本政策を打ち出し、これに各大学や研究機関が一体となって協力するという国家的体制を取らない限りは、「ポスドク問題」の解決は無理であろう。もしも、有能な若手研究者が常勤職を得ることが出来ないとすれば、確実に高齢化が進む日本の高等教育機関の危機だけでなく、まさに日本の学術体制の危機といっても過言ではない。

　では、どうしたら有能な若手研究者が安心して研究に向かい、日本の学術研究に一層の貢献を果たすことが出来るのか。「ポスドク問題」を解決する方策はあるのだろうか。欧米などの先進諸外国における「ポスドク問題」は、どのようになっているのだろうか。本書の目的は、まずは日本のポスドク制度の現状と課題を解明した上で、研究職に人生の全てを注ぎ込みながらも、様々な苦難に直面している若手研究者の姿を浮き彫りにすることである。そ

の上で、欧米などのポスドク制度にも目を向けつつ、わが国の「ポスドク問題」の解決策の糸口を探りたいと思う。本書は、ポスドク本人のみならず、ポスドク政策を立案する政府・大学・研究所・企業などの関係者、ならびに将来的に若手研究者を目指す学部・大学院生などを読者として想定している。とくに、これから若手研究者を目指す大学院生には是非一読してもらいたい。

　なお、本文の中でインタビュー調査を行った際に得た情報を記す場合には、日本人の場合は匿名とし、職名のみを記した。また、本書の最後の「資料：イェール大学インタビュー記録」においても個人情報が含まれているので匿名とした。一読願えれば幸いである。

目次／ポストドクター――若手研究者養成の現状と課題

はじめに……………………………………………………………… i

序章　研究の課題と方法………………………………………3
　1　切り捨てられるポスドク (3)
　2　ポスドクの悲惨な現状 (5)
　3　本書の目的 (7)
　4　本書の課題と独創性 (10)
　5　先行研究の分析 (11)
　6　本書の構成 (12)

〈第一部　日本のポスドク制度の現状と課題〉………17
第1章　大学院拡充化問題と大学教授職の推移…………… 18
　1　大学院博士課程の拡充 (18)
　2　大学院生の生活と経済的支援 (21)
　3　博士号取得者数の推移 (24)
　4　大学院改革の歴史 (27)
　5　大学院改革の事例 (30)
　6　文部科学省の方針転換：博士課程の定数削減 (32)
　7　大学教授職の推移 (34)
　8　非常勤講師の増加 (38)

第2章　ポスドク制度の起源と発展……………………… 46
　1　ポスドク (PD) と特別研究員 (DC) (46)
　2　「若手研究者養成」の始まり (48)
　3　ポスドク制度の拡大 (49)
　4　ポスドク制度の現状と課題 (51)
　5　ポスドクの雇用形態と課題 (54)

6 ポスドクの就職状況 (57)
  7 ポスドク制度の特徴と問題点 (60)

第3章　「雇用型ポスドク制度」の現状と課題 …………… 66
　　　　――文部科学省の全国調査を中心に――

  1 文部科学省の全国調査 (66)
  2 調査の目的と「雇用型」ポスドクの実態 (68)
  3 財源別の内訳 (70)
  4 年齢分布、女性比率、外国人比率、社会保険加入率 (72)
  5 分野別の雇用状況 (75)
  6 就職・転職動向 (77)
  7 ポスドクへのインタビュー調査 (80)
  8 「雇用型ポスドク」の特徴と問題点 (81)

第4章　首都圏のポスドク制度 ……………………………… 85
　　　　――関東地域の大学・大学院へのアンケート調査の結果――

  1 「アンケート調査」による実態分析 (85)
  2 ポスドク「規程」と「選抜基準・方法」(88)
  3 ポスドクの業務内容や待遇など (89)
  4 ポスドク制度の実態と問題点 (91)
  5 その他の調査機関の指摘 (94)

第5章　人文・社会系分野における「ポスドク問題」……… 102

  1 人文・社会系博士課程修了者の増加 (102)
  2 人文・社会系博士の就職先 (105)
  3 人文・社会系ポスドクの現状 (107)
  4 政府の人文・社会系ポスドクへの認識 (110)
  5 日本社会学会のポスドク調査 (112)
  6 各大学・機関の若手研究者養成プログラム (116)
  7 人文・社会系ポスドクの特異状況 (117)

第6章　ポスドク・キャリア支援の現状と課題……………　121

1　「科学技術基本法」の制定 (121)
2　「第一期科学技術基本計画」（平成8年度～12年度）(122)
3　「第二期科学技術基本計画」（平成13年度～17年度）(124)
4　「第三期科学技術基本計画」（平成18年度～22年度）(128)
5　科学技術振興機構のポスドク・キャリア支援 (131)
6　ポスドクのキャリア・パスの実態 (135)
7　経済界・産業界のポスドク・キャリア支援 (137)
8　「ポスドク問題」から見た日本の産学官連携 (140)

第7章　各大学のポスドク・キャリア支援の現状と課題…　148

1　静岡大学「若手グローバル研究リーダー育成プログラム」(148)
2　早稲田大学「博士人材養成プログラム」(153)
3　名古屋大学「イノベーション創出若手研究人材養成プログラム」(157)
4　九州大学ポスドク支援策 (159)
5　九州大学「キャリア支援センター」の活動 (162)
6　京都大学「キャリアサポート・センター」の活動 (164)
7　各大学のポスドク支援の課題 (166)

第8章　わが国の「ポスドク問題」の総括………………　170

1　「事業仕分け」に見る「ポスドク問題」の議論 (170)
2　「国内研究者」の指摘 (173)
3　「国外研究者」の指摘 (175)
4　ポスドク支援の必要性 (177)
5　ポスドク支援の組織的取り組み (179)
6　「日本国家公務員労働組合連合会」の提言 (182)
7　物理学系学会のポスドク支援 (184)
8　ポスドク・ネットワークの構築 (186)

〈第二部　諸外国のポスドク制度の現状と課題〉… **191**

第9章　アメリカの高等教育事情と研究開発費…………… **192**

1　日米の大学院生数の比較（192）
2　アメリカの学位取得状況（196）
3　アメリカの研究開発費（198）
4　連邦政府の研究開発費（201）
5　ブッシュ政権の高等教育政策（204）
6　クリントン・ブッシュ政権の高等教育政策（205）
7　オバマ政権の高等教育政策（208）

第10章　アメリカのポスドク制度の現状と課題…………… **213**

1　海外へ流失する日本人ポスドク（213）
2　アメリカ人ポスドクの事例（216）
3　ポスドクの現状と課題（218）
4　ポスドクの雇用先と待遇（221）
5　「米国大学協会」のポスドク調査（223）
6　スタンフォード大学のポスドク制度（225）
7　コロラド大学ボルダー校のポスドク制度（226）
8　イェール大学のポスドク制度（228）

第11章　アメリカのポスドク・キャリア支援の現状と課題　**234**

1　NIHのポスドク・キャリア支援（234）
2　NSFのポスドク・キャリア支援（237）
3　「全米ポスドク協会」の組織と活動（240）
4　「全米ポスドク協会」のキャリア支援（242）
5　その他のポスドク・キャリア支援の提言（246）
6　ポスドク・キャリア支援の日米比較（248）

第12章 諸外国のポスドク制度……………………………… 252

1　ドイツに渡った日本人ポスドク (252)
2　日本と諸外国との大学院比較 (254)
3　EU各国のポスドク制度 (259)
4　中国のポスドク制度 (265)
5　日本の外国人ポスドク支援 (268)

終　章　ポスドクに求められる新たな研究者資質………… 275
　　　　──若手研究者・教育者養成の観点から──

1　科学技術体制の転換 (275)
2　ポスドクの「こだわり」とは何か (277)
3　ポスドク制度の改善策 (279)
4　ポスドク・キャリア支援の提言 (281)
5　「若手教育者養成」の背景と実態 (283)
6　「若手教育者養成」の提言 (285)
7　本書の「総括」(287)

資料：イェール大学インタビュー記録……………………………… 291
あとがき……………………………………………………………… 305
事項索引……………………………………………………………… 309
人名索引……………………………………………………………… 312

ポストドクター
―若手研究者養成の現状と課題―

序章　研究の課題と方法

〈31歳ポスドク男性（工学系）〉

　ポスドクは、研究者として育てるのか、労働者としてしか見ていないのかがわからない。ポスドク・ポストは、助手等のポストに限られ、助手等になれないためにあぶれた人のためのポストという印象がある。このままでは人材が海外に流失してしまう。私の同期も4人中2人が海外に行った（文部科学省・科学技術政策研究所, 2008:74）。

1　切り捨てられるポスドク

　冒頭の31歳工学系のポスドクは、ポスドクの立場が曖昧であること、ポスドクは助手などに採用されない「あぶれた人のポスト」と考えている。そして、多くの有能なポスドクが日本国内での常勤職に就くことを断念し、日本から離れて海外へと向かっている。文部科学省の調査によれば、2002年から2006年にかけて常勤職を得られずに「不明」「非該当」（無職や学生になった者を含む）となったポスドクは、15,170人（25%）に達し、「海外流失」（アメリカ、ドイツ、イギリス、カナダ、フランスなど）した者は1,137人（約2%）となる（文部科学省・科学技術政策研究所, 2009: 35-36）。せっかく、日本の大学院で長期に育成され、見事な研究成果を上げて博士号を取得したにもかかわらず、その中の3割に近いポスドクが「無職」「不明」となり、「海外流失」することは、まさに日本の学術体制の危機ではなかろうか。

　もちろん、別の見方もある。ポスドク全体の25%が「不明」「非該当者」（無職や学生など）であるとしても、それは競争の結果としての自然淘汰であり、

本人の責任であるとするものである。こうした考え方を「本人責任説」と読んでおこう。「本人責任説」では、もともと大学や研究機関の学術常勤職のポストが限られている以上、「能力あるポスドクは採用され」、「能力のないポスドクは採用されない」というものである。従って、国家政策上も各大学や研究機関では、こうしたポスドクの就職先の確保やキャリア支援を行う必要はなく、あくまでも本人の努力に任せるべきである、という主張になる。

たとえば、2009年の民主党「事業仕分け」における「競争的資金（若手研究者育成）」のあり方をめぐって、大学院博士課程の若手研究者の制度上の問題に対する議論がなされている。この「事業仕分け」の議論については、第8章の冒頭でも詳しく取り上げるが、ここではポスドクへの言及だけを見てみたい。「仕分け人」の意見は、「本人責任説」を主張する典型的なものであろう。

　　「なぜ、ドクターを出た人間だけ、これだけ特別扱いをされるのか、私はちょっと不思議です。つまり、社会的に需要がないのに、供給過多にしてしまった。それは個人の戦略が間違っていたというわけでもあって、例えば普通に大学を出て、なかなか就職が見つからない人間に生活保護を与えるか、というのと同じ話で、ドクターを取った人間だけなぜこうやって生活を守ってあげないといけないのか、基本的に僕は余り理解できないですね。ですから、政策的に間違いがあって、その分の償いとしてやっているというのなら理解できますけれども、余りここにそんなにお金をかける必要はなくて、個人的な意見ですけれども、自然淘汰に任せればいいのではないか」（内閣府, 2009: 10-11）。

ポスドクとは、この「仕分け人」によって提起されているように、たんに個人の戦略を見誤った余剰人員なのであろうか。ポスドク支援は「予算の無駄使い」であろうか。ポスドクとは、就職先の見つからない「生活保護者」であろうか。

本書に与えられた課題は、ポスドク問題をポスドク本人の問題に帰する「本人責任説」を否定しつつ、日本の学術体制を支える若手研究者の養成と

確保という「国家政策」として再検討することである。ポスドクを含めた日本の若手研究者は、日本の学術体制を支える「宝」であり、かけがえのない「希有な人材」に他ならない。資源の乏しい日本が、今後も国際社会の中で一定の地位を保ち、世界をリードしようとすれば、若手研究者こそ育成しなければならないはずである。

2　ポスドクの悲惨な現状

次に、ポスドクの悲惨な現状も確認しておこう。一部のポスドクの中には十分な給与と研究費を得ている者もいるが、中には「博士号」という最高の学位を取得したにもかかわらず、就職先もなく、結婚もできず、明日の生活もままならないという状態に追い込まれている者も多い。こうしたポスドクの悲惨な生活実態を描いたものが、水月昭道2007『高学歴ワーキングプア―「フリーター生産工場」としての大学院―』である。

> 「世の中にあふれる"博士卒"たち。塾講師・非常勤講師・肉体労働・ウエイトレス・パチプロ・そしてコンビニ店員。どれも"博士卒"たちが従事しているアルバイトだ。星雲の志を抱いて大学院博士課程にやってきて早○○年。ふと気がつくと、なぜか今"フリーター"。だが、フリーターであっても、消息がわかるだけまだましなほうだ。"ニート"となった者"行方不明"、そして"自殺者"。一緒に学んだ友人と、「もう会えなくなってしまった」という話を耳にすることは、もはやまったく珍しくない」(水月, 2007: 74)。

水月氏が自らの体験談も交えた博士課程修了者や博士号取得者の実態は深刻である。この日本の知的エリート集団とも言えるポスドクが今や危機的状況に置かれている。巷では「末は博士かホームレスか」という言葉も流布している。この言葉の意味は、たとえ博士号を取得できたとしても、ホームレスにしかなれないぐらいに、余剰博士の問題は深刻になりつつあるというも

のだ。まずは、ポスドクの置かれた状況を正しく認識し、問題点がどこにあるかを見極めるべきであろう。

　もしも、ポスドク問題の「犯人探し」をするとすれば、先に述べた「本人責任説」以外に、「ポスドクの量的拡大を政策とし、出口（就職）を考えなかった政府が悪い」、「政府の政策に呼応し、自らの大学院の量的拡大をはかった大学が悪い」、「ポスドクを採用しない企業が悪い」などとなる。しかしながら、こうしたポスドク問題の「犯人探し」をしても意味がない。「犯人探し」は、悪者は特定できても、その問題の根本要因を探ることにはならないからだ。それよりも、ポスドク問題の現状を正しく認識して、今後の対応策を検討することがはるかに重要である。ただし、ポスドク問題は学問分野によって大きく状況が異なる。男性と女性によっても異なる。さらには外国人ポスドクの数も増加している。大学教員の就職率が高い分野は教育・看護系などであり、逆に低い分野は物理学やライフサイエンスなどである。したがって、ポスドク問題への対応も学問分野によって差異が生まれることになる。しかしながら、学問分野、性別、国籍などによる状況的違いはあるものの、ポスドクが抱える悩みや苦悩は同じである。本書においては、第5章において人文・社会科学系のポスドク問題を特別に扱っているが、本書全体では、ある特定分野のポスドク問題を扱っているわけではない。また、本書においてはポスドク問題の氷山の一角を扱っているにすぎないが、全分野に共通した根源的問題には迫りたいと思う。

　しかし、ポスドク問題の解決に希望がないわけではないし、出口が見えないわけでもない。そもそもポスドクにまでなった人は、例外なく優秀で、相当な努力家であり、何よりも研究が三度の食事よりも好きな人である。次に紹介するポスドクは、そうした代表的な例である。

36歳女性ポスドク（理学）
　　「歴史に残るような重大な発見をする。年の数だけ論文を書く。生涯、月惑星科学研究に係わりたい。次世代の育成・教育。」

33歳男性ポスドク（人文科学）
「生涯を通して研究活動に何らかの形で関わり、学問における足跡をとどめたい。」

（文部科学省・科学技術政策研究所, 2008: 81）

　ポスドクの「人生目標」は、自分の利益ではない。その眼差しは、研究、学会、社会、次世代などに向けられており、高度な知的貢献を人生目標に掲げている。そうした高い志を持つポスドクの置かれた立場には、問題が山積している。しかし、どんな人間にも未来への希望はある。本書は、様々な苦難を乗り越えて博士号を取得したポスドク問題の現状を明らかにして、少しでも多くの方に、ポスドク問題の構造的特徴と問題の本質がどこにあるかを理解してもらいたいと思う。

3　本書の目的

　本書の目的は、日本のポスドク制度の実態を明らかにしながら、ポスドクが直面する諸問題を検証し、かつ日本の高等教育機関を取り巻く学術体制の問題を考察するものである。その際には、政府・文部科学省のポスドク政策、各大学・研究機関、学会、企業などのポスドク問題への対応の仕方などを考察する。現在、わが国のポスドク数は年間で2万人近い。この中で、任期つきながらも、決まった給与を得ているポスドクが1万5〜6千人ほどで、無給かアルバイト程度のポスドクが5千人ほどいると推察される。1年間に5千人ほどであるから、年数を重ねれば重ねるほど、その数は増え続け、高齢化することは誰にでも容易に理解できる。ポスドク問題の深刻さも、この点にある。

　また、ポスドクの学術研究に対する若手研究者の貢献度は相当に高いと言えるが、同時にポスドク職の量的拡大によってポストをめぐる競争も激化している。冒頭の31歳ポスドクの「声」は、現状のポスドク職の位置づけの「あいまいさ」、研究環境の「劣悪さ」、有能な人材の「海外流出」を指摘したもの

である。本研究の目的は、日本のポスドク制度の現状と課題を解明することではあるが、同時に欧米やアジアのポスドク制度とも比較検証し、今後の日本の若手研究者の養成制度のあり方を問うことである。

　ところで、大学院博士課程を修了し博士号を取得する者は、年間でどれぐらいいるのだろうか。学位は二種類ある。大学院博士課程を修了して学位を取得する「課程博士」と論文を提出して学位を取得する「論文博士」である。本文中でも指摘するが、文部科学省の『学校基本調査』によれば、2005年度における大学の学部段階の「学士課程」に在籍する学生数は2,508,088人、「修士課程」に在籍する者は164,550人、「博士課程」に在籍する者は74,907人となっている。この中で学位を取得する実数は、2005年では17,396人（課程博士：13,177人、論文博士：4,219人）である（科学技術政策研究所, 2008: 87）。「博士」の学位を取得する者は博士課程修了者全体の約7割程度、学位を取得しない満期退学者は約3割である。この学位取得者の割合を分野別で見てみると、自然科学系（理学・工学・農学）が8割以上、人文科学で約3割、社会科学で5割弱となる（文部科学省・科学技術政策研究所, 2009: 14）。そして、この中からポスドクとして一定の給与を得ている者が1万5千人を上回る程度であり、無給やアルバイト程度の収入しか得ていないポスドクを加えると年間で2万人程度になる。

　従って、約2万人と予想されるポスドクは、まさに博士課程修了者の中でも学位を取得した知的エリートである。しかしながら、そうした希有で有能な人材であるにもかかわらず、大学や研究機関などにおいて常勤職に就けず、4人に1人の割合で「不明」「非該当者」（無職や学生など）となる。この日本の「宝」である人材を使わずに、個人の責任として放置することが本当に日本の国益になるのだろうか。否である。ポスドク問題の重要性を再認識し、その対策を取ることは日本の学術体制にとっても急務の課題である。

　ところで、本書で述べるポスドクの定義は、文部科学省に従って以下のように規定する。

　　「ポスドク」とは「博士の学位を取得した者」であり、かつ①大学等の

研究機関で研究業務に従事している者であって、教授・助教授・助手等の職にない者、②独立行政法人等の研究機関において研究業務に従事しているもののうち、任期を付して任用している者、かつ所属する研究グループのリーダー・主任研究員等でない者、①・②ともに、博士課程に標準修業年限以上在学し、所定の単位を修得の上退学した者（いわゆる「満期退学者」を含む）である（文部科学省・科学技術政策研究所、2006: 3）。

要するに、ポスドクとは基本的には大学院博士課程を規定の修業年限以内に修了し、博士の学位を取得した者であり、大学や研究機関への就職の意志を持ちながらも常勤学術職に就くことができない「有給の任期付き研究員」（国立教育政策研究所・日本物理学会キャリア支援センター編、2009: 3, 33）のことである。しかしながら、とくに人文・社会系の場合には学位取得が難しく、学位がなくともポスドクになるケースも多い。本書では、学位のないポスドクが存在することも認めながらも、「ポスドク」という用語を使う場合は学位を取得した者を念頭に置くこととする。

わが国のポスドク制度は、1985年の日本学術振興会の「特別研究員制度」を起源とするものではあるが、ポスドク制度の目的は大学院における制度改革、若手研究者の養成と確保、そして研究支援体制の充実・強化といった高等教育政策の一環として政府・文部科学省が提起したものである。そこで、本書の具体的な課題としては、わが国のポスドク制度の起源、現状、課題などを分析しながら、現在のポスドク制度の改善点を提示することにある。有効な改善点を検討するためにも、アメリカを中心とした欧米のポスドク制度の現状や課題なども比較研究的な視点からも検討したいと考える。ただし、たとえばアメリカのポスドク制度は日本よりも100年以上も長い歴史があり、19世紀末から始まっている。本来であれば、欧米のポスドク制度と日本のポスドク制度を比較すること自体に無理があるが、現状のポスドク問題を解決するという意味で、欧米のポスドク制度を参考にしたいと思う。

4　本書の課題と独創性

　本書の課題は、「ポスドク問題」と呼ばれるポスドクを取り巻く厳しい環境を正しく認識し、その問題点を探る事ではあるが、同時に欧米のポスドク制度とも比較検証しながら、わが国のポスドク制度を再構築するための提言を行いたいと考える。本書の具体的な課題は、以下のような事柄が挙げられる。

　第一には、わが国のポスドク制度の起源と普及について概観し、ポスドク制度の起源、現状、課題などを考察することである。第二には、2009年春に関東地域（東京都・神奈川県・埼玉県・千葉県）の大学院博士課程を有する172の大学・大学院・研究所（以下、「大学」と略す）などに対して実施したアンケート調査の結果を分析し、回答を得た35大学におけるポスドク制度の実態解明を行うことである。先にも述べたように、文部科学省・科学技術政策研究所がすでに「有給型ポスドク」の雇用実績や進路動向を調査しているが、本書においては、各大学におけるポスドクの「管理機関」「選考・任用」「業務内容」「給与・待遇」「問題点」などのポスドク制度の運用システムそれ自体を考察することを意図している。

　第三には、政府・文部科学省、大学・公的研究機関、学会、企業などのポスドク支援策を検証しつつ、ポスドク制度の身分や待遇に関する改善策、ならびにポスドクの資質向上のあり方について検討する。第四には、ポスドク制度の先進国である欧米やアジアのポスドク制度の現状と課題を分析することである。とりわけ、アメリカのポスドク制度を支援する連邦政府機関や大学などの取り組みを明らかにしながら、わが国のポスドク制度を再構築する視点を提示したいと考える。

　次に、本書の独創性にも言及しておきたい。本書の第一の特徴は、日本のポスドク制度の現状と課題を多角的、実証的に分析した点である。主なる資料は、政府、文部科学省・科学技術政策研究所、各大学、学会、財界、労働組合などから刊行された報告書であり、幅広くポスドク問題を検証することを心がけた。また、九州大学、京都大学、関西大学、名古屋大学、静岡大学、

早稲田大学など各大学への訪問調査の際には、可能であればポスドクにもインタビューを行い、その生の声を聞くことを心がけた。今、ポスドクが何を問題として、何に不安を感じているかを参考として本書の視点を作ることに配慮した。第二の特徴は、日本のポスドク制度の特徴をアメリカを中心とした諸外国との比較研究という視点を導入したことである。日本は、アメリカのポスドク制度をモデルとしているから、比較研究は当然と言えば当然であるが、とりわけ、アメリカの最新動向を紹介しながら、日本の今後のポスドク問題を考える上での参考とした。特に、本書の執筆のためにアメリカのスタンフォード、コロラド大学ボルダー校、イェールなどの各大学、国立衛生研究所(NIH)、全米ポスドク協会(NPA)なども訪問し、インタビュー調査を行った。第三の特徴は、ポスドク問題を「学術・研究面」のみならず「教育面」からも考察したことである。こうした視点からの研究は現状では皆無である。本書の学術的意味は、これまでマスコミ的な話題となっていたポスドク問題を学術研究として位置づけながら、ポスドク問題の解決策を提示したことである。

5 先行研究の分析

ポスドクに関する先行研究としては、国立教育政策研究所・日本物理学会キャリア支援センター編2009『ポストドクター問題』が注目される。同書では、理系高学歴者のキャリア形成の現状と課題というテーマの中で、物理分野のポスドク問題を中心にポスドクの現状と課題の分析、ポスドクに対するインタビュー調査の結果などが報告されている。

筆者自身は、2009年にわが国のポスドク制度の全体像をアメリカとの比較に基づいて概観しているものの、ポスドクの実態把握が不十分であった(北野, 2009, 2012)。そこで、ポスドク制度の実態を関東地域(東京、千葉、埼玉、神奈川)に位置する大学・大学院へのアンケート調査によって、個別の大学におけるポスドクの実態調査を行った(北野,2010)。同調査は、日本の大学におけるポスドクの実態を多角的に調査した初の研究成果である。その他の研

究としては、文部科学省・科学技術政策研究所が2005年度から全国の大学・公的研究機関などを対象に「雇用型ポスドク」の雇用実績や進路動向を調査しているが、数的な分析がなされているに過ぎない[1]。丸山（2002）・久保田（2004）、青木・小河他（2004）らもわが国のポスドク制度の現状と問題点を分析しているが、いずれも本格的な学術論文とは言えない。

　先行研究を概観すれば、わが国のポスドク研究の特徴として、以下の点が指摘される。第一には、わが国のポスドク研究は現状分析がようやく始まったばかりであり、未だ本格的な学術研究は存在しないことである。第二には、先行研究の多くがポスドク制度を大学院の拡充問題や学術体制のあり方などと関連づけて論じており、「学術・研究面」からの「べき論」的分析しかなされていない。いわば、ポスドクに関する実証研究が不足していることになる。第三には、先行研究の多くが自然科学系分野を中心とし、人文・社会系分野の研究が少ないことである。例外的に、三輪（2004）が教育学者として、わが国のポスドク問題の背景を科学技術政策、高等教育政策などの視点から分析しているに過ぎない。本書は、教育学を専攻する筆者が、若手研究者の育成という教育的視点にも立ったものである。第四には、ポスドク制度の先進国としてアメリカを紹介するケースは多いが、アメリカのポスドク制度の実態と課題を扱った実証的研究は存在しない。本書は、こうした日米のポスドク研究の動向を踏まえ、まずはポスドク問題の実態解明を優先課題としながら、現状におけるポスドク制度の何が問題であり、何を改善すべきかを指摘したいと考える。

6　本書の構成

　本書は、序章・終章を除いて、2部構成となっており、本文は12章で構成されている。序章では、本書の目的、課題と独創性、先行研究の分析を行い、最後に全体の構成を述べた。第一部は「日本のポスドク制度の現状と課題」と題して8章で構成した。

　第1章では、「大学院拡充化問題と大学教授職の推移」と題して、わが国の

大学院博士課程と博士号取得者の増加、大学院改革の実態、それに伴う大学教授職の増加について述べた。大学院や大学の専任教員数の実態は「ポスドク問題」を考える上では不可欠だからであり、いわゆる研究職をめぐる「需要」と「供給」のバランスの崩れを指摘するものである。第2章では、「ポスドク制度の起源と発展」と題して、わが国の若手研究者の養成、とりわけポスドク制度の起源と現状を考察した。特に、1987（昭和62）年から開始される日本学術振興会のポスドク制度を概観し、その雇用形態、就職状況などの問題を検討した。第3章では、「『雇用型ポスドク制度』の現状と課題」と題して、2005年から始まる文部科学省の雇用型ポスドクの実態調査の内容を、ポスドクの年齢分布、女性比率、外国人比率、社会保険加入率、分野別の雇用状況、就職・転職動向、ポスドクへのインタビュー調査などに分類して整理した。こうした調査から伺える雇用型ポスドク問題の特徴を指摘した。

　第4章では、「首都圏のポスドク制度」と題して、2009年に筆者自身が行った関東地域の大学・大学院へのアンケート調査の結果を分析し、回答のあった大学・大学院におけるポスドク「規程」「選抜基準：方法」「ポスドクの業務内容や待遇」「ポスドク制度の問題点と改善点」などの実態解明を行った。第5章では、「人文・社会系分野における『ポスドク問題』」の特異性を明らかにした。わが国では自然科学系博士とポスドクに対する実態解明は各種調査で解明されているが、人文・社会系の場合は未だ十分な実態解明がなされていない。第6章では、「ポスドク・キャリア支援の現状と課題」と題して、政府・文部科学省、経済界・産業界のキャリア支援の実態を解明した後、「ポスドク問題」から見た日本の産学官連携問題に言及した。ポスドクを一般企業へと誘導する政策のあり方も検証した。第7章では、「各大学のポスドク・キャリア支援の現状と課題」と題して、静岡大学、早稲田大学、名古屋大学、九州大学、京都大学などの若手研究者養成プログラムやキャリア支援の実態を解明した。第8章では「わが国の『ポスドク問題』の総括」と題して、わが国のポスドク制度のあり方を、2009（平成21）年度の「事業仕分け」の議論を基に、国家政策として何が議論されたかを検証した。また、ポスドク問題に関する国内外の研究者の提言も参照し、「ポスドク問題」の総括を行った。

第二部は「諸外国のポスドク制度の現状と課題」と題して、アメリカ、ドイツ、イギリス、フランス、EU、中国などのポスドク制度の概要を紹介し、日本との比較を行った。ポスドク問題への新たな知見を得るためである。第9章では「アメリカの高等教育事情と研究開発費」と題して、アメリカの大学院システムや学位取得者数などを概観した上で、アメリカの高等教育財政の現状を分析した。第10章では「アメリカのポスドク制度の現状と課題」と題して、ポスドク制度を支援するNIH、NSF、ならびにスタンフォード大学、コロラド大学、イェール大学などの個別大学の実態などを分析した。第11章では、「アメリカのポスドク・キャリア支援の現状と課題」と題して、連邦政府機関（NSF・NIH）、「全米ポスドク協会」などのポスドクのキャリア支援の実態を分析した。第12章では、「諸外国のポスドク制度」と題して、諸外国の大学院と学位取得状況、高等教育財政の比較などを行いながら、EU各国のポスドク制度と中国のポスドク制度の実態を紹介した。

終章は、総括として「ポスドクに求められる新たな研究者資質」と題して、諸外国のポスドク制度からヒントになる日本のポスドク制度の改善点・解決策を指摘した。とくに、「ポスドク問題」の改善点を制度、資質・キャリアの向上、「研究」と「教育」の視点からの養成制度など、今後の改善に関する提言を行った。最後に、付属資料として、イェール大学におけるインタビュー調査の記録も掲載した。今後の参考にして頂ければ幸いである。

〈注記〉

1 同調査は、今後の研究者支援施策の参考とするために実施されたものである。2005年12月に調査票が1,236機関に発送され、翌年の2月15日までに914機関から回答（回収率74%）を得ている。2006年の調査では、1,211機関のうち1,041機関から回答（回収率86%）を得ている（文部科学省・科学技術政策研究所第1調査研究グループ、2006, 2008）。

〈参考文献〉

青木和光・小河 勉他2004「ポストドクター研究者制度の現状」日本科学者会議『日本の科学者』Vol.39, No.5. pp. 4-10.
科学技術政策研究所2008「参考資料（統計表等）」pp.1-242

http://www.nistep.go.jp/achiev/ftx/jpn/mat155j/pdf/mat155j-rfr.pdf[2012.2.21.取得]
北野秋男 2008「アメリカの若手大学教員・研究者養成の現状と課題―TA・RA・PD制度を中心に―」日本大学人文科学研究所『研究紀要』第75号, pp.143-155.
北野秋男 2009「我が国の「ポストドクター」の現状と課題」日本大学人文科学研究所『研究紀要』第78号, pp. 59-71.
北野秋男 2010「我が国の「ポスト・ドクター」の実態に関する研究―関東地域の大学・大学院へのアンケート調査の結果―」大学教育学会『大学教育学会誌』第32巻, 第2号, pp. 104-112.
北野秋男 2012「アメリカのポストドクターの現状と課題」日本大学人文科学研究所『研究紀要』第84号, pp.55-70.
久保田　文 2004「大学院は出たけれど」日系BP社『日経バイオビジネス』第36号, pp. 32-43.
国立教育政策研究所・日本物理学会キャリア支援センター編 2009『ポストドクター問題―科学技術人材のキャリア形成と展望―』世界思想社.
水月昭道 2007『高学歴ワーキングプア―「フリーター生産工場」としての大学院―』（光文社新書）
内閣府（行政刷新会議事務局）2009.11.13.「行政刷新会議ワーキングチーム「事業仕分け」第3WG」
http://www.cao.go.jp/sasshin/oshirase/h-kekka/pdf/nov13gijigaiyo/3-21.pdf[2012.10.30.取得]
丸山瑛一 2002「ポスドク・任期制・時限プロジェクト―日本型共同研究スタイルの提言―」日本物理学会『日本物理学会誌』第57巻3号, pp. 151-154.
三輪定宣 2004「ポストドクター研究者増加の背景と問題点」日本科学者会議『日本の科学者』Vol.39, No.5. pp. 11-17.
文部科学省・科学技術政策研究所（第1調査研究グループ）2006『大学・公的機関におけるポストドクター等の雇用状況調査―平成17年調査―』pp.1-187.
http://www.nistep.go.jp/achiev/ftx/jpn/mat128j/pdf/mat128j.pdf[2012.11.5.取得]」
文部科学省・科学技術政策研究所（第1調査研究グループ）2008『インタビュー調査：ポストドクター等のキャリア選択と意識に関する考察―高年齢層と女性のポストドクター等を中心に―』pp. 1-86. NISTEP-RM152-FullJ.pdf[2012.11.16.取得]
文部科学省・科学技術政策研究所 2009『我が国の博士課程修了者の進路動向調査報告書：平成20年度科学技術振興調整費調査研究報告書』pp. 1-95.
http://data.nistep.go.jp/dspace/bitstream/11035/678/1/NISTEP-NR126-FullJ.pdf[2011.2.26.取得]

第一部
日本のポスドク制度の現状と課題

第1章　大学院拡充化問題と大学教授職の推移

第2章　ポスドク制度の起源と発展

第3章　「雇用型ポスドク制度」の現状と課題
　　　　　―文部科学省の全国調査を中心に―

第4章　首都圏のポスドク制度
　　　　　―関東地域の大学・大学院へのアンケート調査の結果―

第5章　人文・社会系分野における「ポスドク問題」

第6章　ポスドク・キャリア支援の現状と課題

第7章　各大学のポスドク・キャリア支援の現状と課題

第8章　わが国の「ポスドク問題」の総括

第1章　大学院拡充化問題と大学教授職の推移

〈1983年九州大学大学院博士課程修了（理系）：旧科学技術庁国立研究所勤務〉
　大学院に博士課程の学生が増えすぎたという問題があります。これからは、大学院教育をしっかりとしたものにしないといけません。博士課程に進学する者は、指導的な地位に就くことを期待されていると思いますが、今は、そうではない人材も博士課程に進学する傾向も見受けられます（九州大学キャリア支援センター, 2006:38）。

1　大学院博士課程の拡充

(1)「大学院重点化」政策

　日本のポスドクが量的に増加した原因を考える前に、まずは大学院生の増加がなぜ起ったかを知る必要がある。大学院拡充化の最初の契機は、1987（昭和62）年に設置された大学審議会が「大学等における教育研究の高度化、個性化及び活性化等のための具体的方策について」の審議を行う中で、「大学院制度の弾力化」「学位制度の見直し」「大学院の評価」「大学院の量的整備」など、大学院の諸問題について検討したことによる。以後、わが国の大学院は質的・量的整備の充実が図られることとなる。大学院生の増加をもたらした直接的な政策は、1991（平成3）年から開始される「大学院重点化」である[1]。大学院重点化とは、従来は学部の付加とされていた大学院を大学の中心組織に改革したものである。この大学院重点化は国立大学の予算用語を意味する場合もあり、「大学院講座化」「大学院部局化」とも呼ばれる。つまりは、それまでの学部教育中心であった大学のあり方を大学院中心に改め、

「予算配分」「施設整備」などの面で大学院を重点的に整備し、教員の所属も大学院に移すといった試みである。ただし、奇妙なことに「大学院重点化政策」という明文化された政策はどこにも存在しない。つまりは、明文化された政策ではないものの、「大学院重点化政策」が実態として展開されていくことになる(江原・馬越, 2004：51)。

「大学院重点化政策」の流れを大学審議会も支持する。1991年5月17日の大学審議会答申『大学院の整備充実について』では、欧米諸国に比べて質的にも量的にも不十分な日本の大学院の飛躍的発展を図ることが目指され、重点項目として「教育研究組織の整備」(学部から独立した固有の教育研究組織)、「大学院学生の処遇の改善」(日本育英会の奨学金の貸与額の引き上げ、給費制度の採用の検討など)、「留学生の教育体制の整備」、「大学院の量的整備」(国際的にも比較的小規模な大学院を、学術研究や人材養成などの要請に応えるため、量的な整備を図る)、「財政措置の充実」(大学院全体の教育研究経費、施設設備費等の基盤的整備と優れた教育研究を支援するための評価に基づく重点的整備)などが挙げられる(文部省, 2000)。同じく、同年11月25日にも大学審議会答申『大学院の量的整備について』が出され、学術研究の進展や社会人のリカレント教育に対する需要の高まりなど、社会の多様な要請に応じて大学院の量的な整備を進めることが求められていることが指摘される。同答申では、「平成12年度の時点で大学院学生数を少なくとも現在の規模の2倍程度に拡大する」(文部省, 2000)方針が打ち出される。

わが国の大学院制度の整備充実は、この二つの大学審議会答申の内容に依拠する所が大きく、前者は欧米諸国を目標とした大学院制度の質的・量的拡大の方向性を明示し、後者は2000(平成12)年までに大学院生を倍層させるという目標値を示している。大学院重点化政策を最初に具現化した大学は、1991年の東京大学法学政治学研究科、1992年の京都大学法学研究科、1993年の北海道大学理学研究科などであり、2000年度までに北海道大学、東北大学、東京大学、一橋大学、東京工業大学、名古屋大学、京都大学、大阪大学、九州大学の9大学で全ての部局の重点化が完了している。また、2008年までには16の国立大学が重点化を完了している。こうした国立大学を中

心とする大学院重点化の「ねらい」は、「大学院による研究者の養成」であり、「大学院を学術研究推進の中核機関として位置づける」(江原・馬越, 2004 :54) ことであった。

その他にも国立大学で予算優遇措置をともなわない大学院の部局化が行われたり、早稲田大学などの私立大学においても同様の大学院重点化がなされている。しかしながら、私立大学の場合は大学院に進学する学生数は少なく、大学院重点化は進んでいない。大学院重点化政策とは、国立大学に向けた政策であり、大学院生の増加も国立大学を中心に増加したと言えよう[2]。次に、大学院重点化で進んだ大学院生の量的拡大の動向を見てみよう。

(2) 大学院生数の増加

〈図1-1-1〉は、戦後の大学院への在籍者数を示したものであるが、1990年をターニングポイントとして、日本の大学院(修士・博士)への在籍者数は急激な増加に転じ、2000年以降は緩やかな増加へと転じている。

大学院の在籍者数は、戦後の1950年は189人にすぎなかったが、大学院

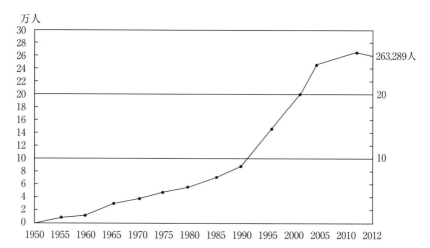

〈図1-1-1〉戦後の大学院の在籍者数 (1955～2012)

出典:(e-Stat2012「政府統計の総合窓口:大学院の在籍者数(昭和25年～)」より作成　http://www.e-stat.go.jp/SG1/Estat/List.do?bid=000001015843 [2013.1.23取得)

重点化以前の1985年には69,688人になる。しかし、大学院重点化以後は急速に増加し2005年には254,480人となり、約3.5倍に増えている。博士課程在籍者数も、1985年の21,541人から74,909人となり、約3.5倍になっている。文部科学省が2002年度から2006年度までの博士課程修了者に対して行った調査では、博士課程の修了者数は2002年度から2006年度までの5年間は、13,712人、14,394人、14,920人、15,582人、16,589人へと増加する（文部科学省・科学技術政策研究所, 2009: 8）。2002年度と2006年度を比べると21％の増加となる。

次に、博士課程修了者の主なる属性を確認しておくと、男女比は3対1、修了年限は20代後半がほとんであるが、40歳以上の修了者も全体の11％を占めている。比較的高年齢の修了者も存在しているわけである。国籍は「日本人」が81％、「留学生」17％、「不明」が2％である。留学生では中国(7.1％)、韓国(3.3％)などアジア圏が多いが、中国・韓国以外のアジア圏や欧米圏は1％にも満たない。専攻する研究分野は、多い順位に示すと「保健」(31％)、「工学」(24％)、「理学」(12％)、「人文」(9％)、「社会」(9％)、「農学」(8％)となる（文部科学省・科学技術政策研究所, 2009: 9-13）。

2　大学院生の生活と経済的支援

(1) 大学院生の生活状況

博士課程在籍者の生活状況も確認しておこう。2008（平成20）年度の学生生活費は大学院修士課程で、2006（平成18）年度調査より1万円減の174万円であり、大学院博士課程で、2006年度調査より3万円減の205万円となっている。〈図1-1-2〉は、2000（平成12）年度から2008（平成20）年度までの大学院修士課程及び博士課程の年間生活費の推移を示しているが、2000（平成12）年度における調査をピークに四期連続して減少していることが分かる。

また〈表1-1-1〉は1998（平成10）年度以降における大学院生の生活費の伸び率を示している。日本の大学院博士課程の収入に占める割合は、「親からの仕送り」が約20％、「アルバイト収入」が約20％、「奨学金」が約35％である。

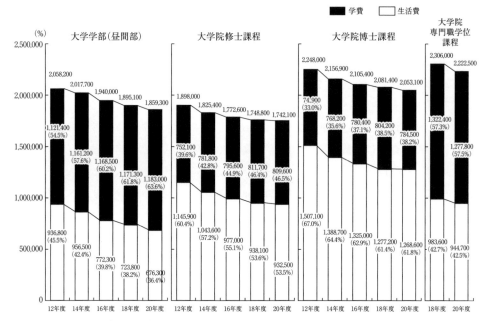

〈図1-1-2〉大学院生の年間学生生活費（2000～2008年度）

出典：日本学生支援機構, 2008.

〈表1-1-1〉学生生活費の増減額及び伸び率の推移

区分			H10→H12		H12→H14		H14→H16		H16→H18		H18→H20	
			円	%	円	%	円	%	円	%	円	%
大学学部	昼間部	学費	43,000	(4.0)	39,800	(3.5)	7,300	(0.6)	2,800	(0.2)	11,700	(1.0)
		生活費	86,300	(10.2)	▲80,300	(▲8.6)	▲84,200	(▲9.8)	▲48,500	(▲6.3)	▲47,500	(▲6.6)
		学生生活費	129,300	(6.7)	▲40,500	(▲2.0)	▲76,900	(▲3.8)	▲45,700	(▲2.4)	▲35,800	(▲1.9)
大学院	修士課程	学費	10,200	(1.4)	29,700	(3.9)	13,800	(1.8)	16,100	(2.0)	▲2,100	(▲0.3)
		生活費	111,500	(10.8)	▲102,300	(▲8.9)	▲66,600	(▲6.4)	▲38,900	(▲4.0)	▲5,600	(▲0.6)
		学生生活費	121,700	(6.9)	▲72,600	(▲3.8)	▲52,800	(▲2.9)	▲22,800	(▲1.3)	▲7,700	(▲0.4)
	博士課程	学費	11,300	(1.6)	27,300	(3.7)	12,200	(1.6)	23,800	(3.0)	▲19,700	(▲2.4)
		生活費	97,900	(7.0)	▲118,400	(▲7.9)	▲63,700	(▲4.6)	▲47,800	(▲3.6)	▲8,600	(▲0.7)
		学生生活費	109,200	(5.1)	▲91,100	(▲4.1)	▲51,500	(▲2.4)	▲24,000	(▲1.1)	▲28,300	(▲1.4)
	専門職学位課程	学費									▲44,600	(▲3.4)
		生活費									▲38,900	(▲4.0)
		学生生活費									▲83,500	(▲3.6)

出典：日本学生支援機構, 2008.

日本の大学院生に対する奨学金の支給率は、まだまだ不足していると思われる。

(2) 博士課程在籍時に受けた公的研究支援

2002年度から2006年度までの博士課程修了者が博士課程在籍時に受けた公的研究支援を見てみると、以下の〈図1-1-3〉のようになる。研究支援で最も高い割合を示しているものが、「運営費交付金等内部資金」(7％)、「国費留学生」(6％)、「21世紀COEプログラム」(4％)、「日本学術振興会特別研究員」(4％)である。しかし、「支援なし」(34％)と「不明」(39％)の合計は7割を超える。公的資金の支援を受けている博士課程在籍者は約4分の1程度しかいないことになる。博士課程に在籍する院生の公的支援が不足しているだけでなく、アルバイト、仕送り、奨学金などで生活し、研究を行うという苦

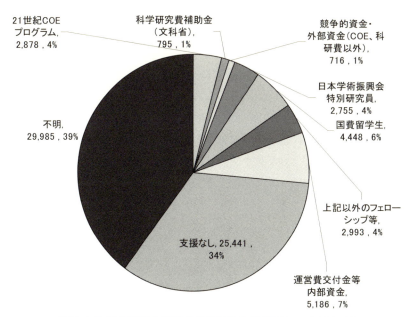

〈図1-1-3〉博士課程在籍時の公的研究支援（2002〜2006年度）
出典：文部科学省・科学技術政策研究所, 2009: 16.

しい生活実態が垣間見える。

3　博士号取得者数の推移

(1) 学位規則の改正

次に、博士号取得者数の推移も見てみよう。大学院博士課程修了者には、博士号取得者と、博士号を取得しないで満期退学する者の2種類が含まれている。大学審議会は、1991（平成3）年2月8日に『学位制度の見直し及び大学院の評価について』を答申している。その内容は、「①課程制大学院制度の趣旨を踏まえ、学位授与の円滑化を図るとともに、学術研究の進展に適切に対応し得るよう、学位制度を見直す。②「法令上限定的に定められている博士の種類を廃止し、単に「博士」とする。③各大学院において博士を授与する際は、当該大学院の判断により適切な専攻分野を表記して授与することができる」(文部省, 2000) となっている。

この大学審議会の答申は、1991年の学位規則改正となり、従来の「論文博士」に加え、新たに「課程博士」が新設された。この学位制度見直しの背景には、依然として学位授与が低調であったという現実がある。たとえば、1974（昭和49）年には大学院設置基準の制定により課程制大学院の考え方が明確に打ち出されている。1989（平成元）年9月には大学院設置基準及び学位規則の改正により、専門的な業務に従事するために必要な高度の能力を身に付けた者に対しても博士の学位を授与し得ることとなっていた。ところが、実際の学位授与数は増えてはいない。文部省は、1991年に学位授与の改善理由を次のように説明する。

「博士の学位の授与状況をみると、人文・社会科学系の分野では依然として学位の授与が低調であり、国際化の進展、留学生の積極的受入れ等に伴い、改めて課程制大学院制度の基本理念に沿って学位授与の状況を改善することが各方面から強く求められている。また、標準修業年限内に学位を取得できない状況が一般化していることが、大学院学生の学

習意欲を損なう結果につながっているとの指摘もある」(文部省, 1991)。

　博士号の学位授与に関する改革内容は、第一には、「文学博士」「経済学博士」「農学博士」など専攻名称が付されていた従来の学位のあり方を、新制の学位では全て「博士」に統一し、「博士(文学)」「博士(経済学)」「博士(農学)」などと簡素化したことである。第二には、大学とは別に学位(学士,修士,博士)を授与することを主な目的とした「学位授与機構」が1991(平成3)年7月に創設されたことである。この学位授与機構は、「生涯学習体系への移行及び高等教育機関の多様な発展を図る観点から、高等教育段階の様々な学習の成果を評価し、大学・大学院の修了者と同等の水準にあると認められる者に対し、学位(学士、修士、博士)を授与することを主な目的」(文部省, 1991)とするものであった。そして、学位授与機構は国公私立大学関係者が共同して学位授与等の審査を行うために、大学共同利用機関として位置づけられたのである。

(2) 学位取得者の増加

　学位規則の改正は、即座に学位取得者の増加を招き、大学院修了者に占める博士号取得者の比重が高まることになる。博士号取得者数は、この20年間で3倍を超えるまでになっている。たとえば、1981年における博士号授与数は6,599人(課程博士：2,424人、論文博士：4,175人)にすぎなかったが、2005年には17,396人(課程博士：13,177人、論文博士：4,219人)と、約2.6倍に増加している。この17,396人の内訳は、「保健」6,760人(39%)、「工学」4,195人(24%)、「人文・社会科学」1,774人(10%)、「理学」1,633人(9%)、「農学」1,321人(8%)、「その他」1,713人(10%)である(科学技術政策研究所, 2008: 87)。

　2002年度から2006年度までの5年間における博士課程修了者75,197人に対する調査では、学位取得者は73%、学位を取得しない満期退学者は27%である。この学位取得者を分野別で見てみると、最も高い割合を示している分野が「工学」と「農学」の85%であり、次いで「理学」の82%、「保健」の81%である。一方、「社会科学」は45%、「人文科学」は33%となり、学問分野での偏りが目立つ(文部科学省・科学技術政策研究所, 2009: 14)。

個別の大学のケースも見てみよう。たとえば、2007(平成19)年度の京都大学大学院における17研究科における学位授与数を確認してみれば、次のような内訳になる。「大正9年6月以降の学位令によるもの」は307人、「大正9年7月以降の学位令によるもの」は9,344人、新制の「課程博士」は756人であるが、1991(平成3)年以降における課程博士の累計数は14,022人に達している。一方、「論文博士」は2007年度は153人に過ぎず、1991年以降の論文博士の累計数は12,229人となっている（京都大学, 2008）。課程博士が論文博士を上回ったことになる。こうした傾向は、他の大学も同じで、日本の博士号取得者の増加は課程博士の新設を契機とするものであったことが明白となる。

(3) 九州大学の学位取得に関するアンケート調査

九州大学大学院では2004(平成16)年12月に全学的に大学院教育全般に関するアンケート調査を実施している[3]。この中で、後期博士課程に在籍する院生数は2,486人であり、回答数は691人となっている。この九州大学博士課程に在籍する院生の意識調査から、院生が求める大学院教育のあり方や将来的な問題について検討してみたい。博士課程進学の目的は、「研究機会を得るため」「専門家として活躍するため」「大学で専門をさらに深めるため」という回答が80〜90％を占めている。最も時間を使っているものへの質問は、「博士論文のテーマに関する調査や実験」に「かなり時間を使っている」という回答が76％である。次いで「博士論文のテーマに関する文献講読」に「かなり時間を使っている」という回答が49％であった。博士号取得に要する年数は3年とした院生が57％、残りの院生は4年以上と回答している（甲斐, 2007:14, 101）。

この博士号の取得が規定年度内に難しい理由としては、「少し重要」と「非常に重要」（以下、同じ）という回答を合わせたものを上位の回答から並べると、①「論文作成に必要な研究成果を期間内に出すこと」(87％)、②「自分自身の力量が不十分である」(60％)、③「論文提出の前提条件を満たすのに時間がかかる」(53％)、④「学位論文が長いため執筆に時間がかかる」(39％)、⑤「修士論文のテーマと一貫していない」(37％) などとなっている（甲斐,

2007:14, 103)。こうした回答結果は、現在の日本の大学院において、学位取得が容易でないこと、その年数や労力など並々ならぬエネルギーを費やしていることが伺われる。とくに修士論文のテーマを博士課程で変更する場合、研究室を移動する場合など、博士号取得にさらなる年数がかかることになる。このことは、博士号取得者は修士課程からテーマを決め、まっしぐらに研究しないと学位取得は規定年数の3年では困難であることを意味する。以上、九州大学の博士課程の院生に対する調査から、日本の学位取得の難しさが理解される。

4　大学院改革の歴史

(1) 大学院制度の弾力化

　日本の高等教育、とりわけ大学院を取り巻く状況は、過去20年ほどの間に激変している。大学院生数の量的増加に関しては、すでに第1節で述べたので、ここでは大学院の質的改革の側面を見てみよう。まずは、1988（昭和63）年以降の大学審議会答申を中心に、大学院改革の流れを確認しておきたい（文部省、2000）。1988年12月19日に『大学院制度の弾力化について』が答申され、各大学院において、特色を十分に発揮した多様な教育研究を実施するために大学院制度の弾力化を実施することが提言される。その内容は、①大学等の研究者以外の人材養成を博士課程の目的とすることを可能とする。②優秀な学生は最短1年で修士の学位を取得可能とする。③学部3年次修了から大学院への入学資格を認める。④夜間大学院の設置基準を明らかにすることであった。

　1993（平成5）年9月16日には、『夜間に教育を行う博士課程等について』が答申され、社会人の再教育などを目的とし、大学院制度の一層の弾力化を図り、夜間に教育を行う博士課程、大学院における科目等履修生制度が導入される。1996（平成8）年10月1日には、大学審議会は『大学院の教育研究の質的向上に関する審議のまとめ』（報告）を公表し、各大学院が教育研究の質的向上を図る上で参考となる方策を提言している。この内容は、大学院改革の

必要性や現状の問題点などを示し、今後の問題への対応策を提言したものである。1998（平成10）年10月26日、大学審議会は『21世紀の大学と今後の改革方策について―競争的環境の中で個性が輝く大学―』を答申し、大学院の問題として以下の点を指摘する。

> ①各課程において研究者養成、高度専門職業人養成などの目的に即した体系的なカリキュラムが編成されていない。
> ②学生の大学間移動が少ない。
> ③教員についても当該大学出身者が大半を占める場合が多く学問的刺激が十分でない。
> ④大学院独自の教員組織が弱い。
> ⑤地域社会との連携・交流や国際交流の推進が十分とは言えない。
> ⑥学部学生も含め学生に対する経済的支援が不十分である、など（大学審議会, 1998）。

そこで、大学審議会は大学院改革の方向性として、i) 学術研究の高度化と優れた研究者の養成機能の強化、ii) 高度専門職業人の養成機能、社会人の再学習機能の強化、iii) 教育研究を通じた国際貢献の3つを重点課題として挙げている。とくに、諸外国などと比較しながら大学院の量的拡大が目指されただけでなく、大学院修士課程における高度専門職業人の養成など、大学院全体の質の維持向上と教育研究条件の充実のための措置を講じる必要性も強調している[4]。

(2) 国立大学の法人化

2004（平成16）年、大学審議会答申でも提言された国立大学の法人化が実現され、国立大学の組織及び運営体制の改革が着手される。こうした高等教育に関する諸改革の中で、最後に登場したものが大学院改革である。翌2005（平成17）年9月5日の中央教育審議会答申『新時代の大学院教育―国際的に魅力ある大学院教育の構築に向けて―』以降に始まる大学院改革は、主に大学

院における人材養成機能の強化を目指したものである。この中央教育審議会答申『新時代の大学院教育』では、今後の知識基盤社会における大学院が担うべき人材養成機能を、以下の四つに整理している(中央教育審議会答申, 2005)。

> ①創造性豊かな優れた研究・開発能力を持つ「研究者等の養成」
>   高度な学術研究を基盤とした教育を展開するとともに、狭い範囲の研究領域のみならず、幅広く高度な知識・能力が身に付く体系的な教育課程が求められる。
> ②高度な専門的知識・能力を持つ「高度専門職業人の養成」
>   理論的知識や能力を基礎として、実務にそれらを応用する能力が身に付く体系的な教育課程が求められる。
> ③確かな教育能力と研究能力を兼ね備えた「大学教員の養成」
>   研究者等の養成の場合と同様の要素に加え、これまで脆(ぜい)弱であった教育を担う者としての自覚や意識の涵養と学生に対する教育方法等の在り方を学ぶ教育を提供することが求められる。
> ④知識基盤社会を多様に支える「高度で知的な素養のある人材の養成」
>   多様に発展する社会の様々な分野で活躍する高度で知的な素養のある人材層を確保する観点から、高度な知識・能力を養える体系的な教育課程が求められる。

要するに、21世紀における新時代の大学院教育は「研究者養成」「高度専門職業人の養成」「大学教員の養成」「高度で知的な素養のある人材の養成」の四つの側面が求められたことになる。それ以前の大学院教育は高度でアカデミックな研究を通じて、研究者と教育者の養成が任務であったが、新たに高度専門職業人や知識基盤社会を多様に支える人材を養成し、社会に送り出すことが要請されたわけである。

5 大学院改革の事例

(1) 東京大学の大学院改革

　1991(平成3)年からは東京大学でも大学院重点化が始まり、学部教育より大学院での教育に比重が置かれるようになる。法学政治学研究科は、1991年に大学院重点化政策を最初に具現化した研究科であり、翌92年には理学研究科、94年には農学系研究科など順次大学院に重点を移した大学院研究科が発足している。その後も、98年には新領域創成科学研究科、2000年には情報学環・学際情報学府が設置されるなど、大学院組織が整備されている。現在、東京大学大学院は「人文社会系研究科」「工学系研究科」「新領域創成科学研究科」などの15研究科・学府で構成され、合計96の専攻に分かれている。大学院生の数は、修士課程が定員3,182人に対して、入学者数が3,348人に達している。博士課程は、定員1,695人に対して、入学者数が1,354人である(東京大学, 2011-2)。

　東京大学大学院が大学院重点化に移行した際の経緯を、二つの研究科の事例から見てみよう。まずは、1992(平成4)年度に大学院重点化の第一歩を踏み出した理学部の場合を取り上げてみたい。理学部では大学院理学系研究科が独立し、理学部と大学院を対等な「独立部局」とし、予算・人事などの重要事項について自主性をもった組織に改変されている。もともと、この理学研究科は大学院生数の方が学部の3・4年生よりも多く、教育・研究活動の比重が大学院にあったことが要因として挙げられる。しかし、当時の小林俊一理学部長は、大学院改革の本質的な理由として、第一には、「理学の内容が急速に充実したために、これを修得したといえるには 学部だけでは不足であり、少なくとも修士課程の修了までが必要である」こと、第二には、「理学における教育は研究と切りはなしては考えられない」という点を挙げている(小林, 1993)。

　また、小林理学部長は最終のゴールが学部と大学院の統合であり、それを実現するための準備段階として大学院を最初に独立させ、次のステップにおいて大学院を核として学部を統合し、「理学院計画」の理念を実現させるこ

とを明言している。そして、多様性、流動性、学際性に富んだ「教育と研究が有機的に統合」したシステムの構築を目指す決意が述べられている（小林, 1993）。現在、小林理学部長のプラン通り、「理学系研究科」は「物理学」「天文学」「地球惑星科学」などの6専攻で構成されている。

　もう一つの事例は、東京大学教養学部の場合である。教養学部は、1949（昭和24）年5月31日に発足し、教養学部を基礎とする大学院が1983（昭和58）年に4専攻（比較文学比較文化、地域文化研究、国際関係論、相関社会科学）からなる「総合文化研究科」として発足している。後には広域科学専攻、文化人類学専攻、表象文化論専攻もこれに加わったが、1993（平成5）年には言語情報科学専攻の新設・重点化を皮切りに大学院の重点化が始まる。そして、翌94年には広域科学専攻の生命環境科学系が、1995年にはさらに相関基礎科学系、広域システム科学系が拡充整備され、理系3系の重点化が完成した（東京大学, 2011-1）。1996年には文系既設6専攻が「超域文化科学」「地域文化研究」「国際社会科学」の3専攻に統合整備され、これによって大学院重点化が完了したことになる。現在は、「総合文化研究科」として「言語情報科学」「地域文化科学」「広域科学」専攻などの5専攻で構成されている。

(2) 九州大学の大学院改革

　九州大学の場合は、大学院に重点を置いた組織再編は1997（平成9）年から開始されている。それまでの教員の所属組織であった「講座」を学部から大学院に移し、大学院研究科の「専攻」の整備・充実が図られる。同時に、教員の所属をそれまでの学部から「大学院研究科」に移している。大学院重点化が完了すると同時に、2000年から「学府・研究院制度」が導入され、大学院を教育組織と研究組織に区分することが試みられた。すなわち、大学院の研究組織であった従来の「研究科」が大学院の教育組織としての「学府（Graduate School）」と改称され、教員が所属する研究組織が「研究院（Faculty）」と改称された（日経BP企画, 2008：14）。この結果、九州大学大学院の先進性は他大学と比較しても先駆的なものとなった。

　九州大学では全ての教員が「研究院」に所属し、必要に応じて学部や大学

院の教育を担当する。教育組織と研究組織の分離は、九州大学の大学院・学部の枠を超えた柔軟なプログラムを可能とした。では、なぜ教育組織と研究組織の分離が必要であったのか。その理由としては、学際性の高い新たな学問分野が必要となったが、従来の「研究科」や「専攻」をベースにした横断的な研究とするのか、それとも大学院の研究組織それ自体を再編するのかという必要に迫られたからである。「学府・研究院制度」の導入は、こうした問題の軽減に貢献している。

　2008 (平成20) 年度の九州大学の概要によれば、現在、九州大学大学院の「学府」は「人文科学府」「比較社会文化学府」など17学府で構成され、「研究院」は「人文科学研究院」「比較社会文化研究院」など16研究院が設置されている。院生数は、修士課程在籍者が3,707人、博士後期課程在籍者が2,639人、専門職学位在籍者が497人となっている (九州大学, 2008: 22-23)。また、2008年度の博士後期課程修了者および単位取得退学者538人の進路は、「就職者数」が337人、「その他」が201人である。就職者数の内訳は、「企業等」(74%)「教員」(20.5%)「公務員」(4.5%)「その他」(1%) となっている (九州大学, 2008: 28)。企業などへの就職先が多いことが注目される。

6　文部科学省の方針転換：博士課程の定数削減

　九州大学の場合は、大学院が発展し、定員を割ったことはない。2010年度の九州大学大学院の修士課程の定員は1,625人、入学者は1,852人である。博士課程の定員は795人、入学者は837人である (九州大学, 2010: 24)。しかしながら、こうした九州大学のケースは一般的ではない。文部科学省が所管する「国立大学法人評価委員会」は、2008年度において12の大学で大学院が定員割れし、教職員の人件費がかさむ事態になっている事実を報じている (『NHKニュース』2009.11.09.)。文部科学省は、2009年6月5日に全国86の国立大学に対し、博士課程の定員削減を要請する通知を出し、これまでの大学院重視の政策を大きく転換している。いわば、自らが推進してきた博士課程の拡大策を自らの手で断ち切ったことになる。

2009年度における国立大学大学院博士課程の定員は14,116人であり、いわば、この定員数を削減しようとするものである。塩谷立文部科学大臣名で出された通知(2009年6月5日)では、「学生収容定員の未充足状況や社会における博士課程修了者の需要の観点等を総合的に勘案しつつ、大学院教育の質の維持・確保の観点から、入学定員や組織を見直すよう努めることとする」(元村, 2009: 3)と述べている。「社会需要の観点」とは、大学院博士課程修了者の就職難が問題化していることを意味している。すなわち、博士課程修了後の就職難への不安などから地域や分野によって大学院の定員割れが相次いだため、文部科学省も政策転換を迫られたというのが実態である。いずれにせよ、1911年から約20年間続いた研究拠点を大学の学部から大学院に移す「大学院重点化政策」は、頓挫したことになる。

　文部科学省は、自らの通知について「一律に削減を押し付けるものではなく、各大学が身の丈に合った経営を考える契機としてほしい」(『毎日新聞』2009.6.6.)とし、今後は、大学間で大学院を統合するなどの組織再編も含め、見直しを進める大学への財政支援の仕組みなどについて検討を進めることを予告している。しかしながら、文部科学省自らが進めた政策が頓挫した責任は、どうなるのだろうか。文部科学省は、「各大学が身の丈に合った経営を考える契機にする」と通知しているが、そもそも文部科学省自体が「身の丈に合った政策」を立案すべきではなかったのか。一方、各国立大学は大学院重点化政策によって重点的に資金配分を受けたわけだから、大学の経営には問題はなかろう。しかし、文部科学省の政策によって科学技術立国を支える貴重な戦力として大量に生み出され、そして挙げ句の果てに余剰人員とみなされた大学院生やポスドクの将来は、一体どうなるだろうか。第2章以降の課題としたい。

　次に、大学常勤職である大学教員数(教授−准教授−専任講師−助教−助手)の量的変容から若手研究者の問題を考えたい。いわば、大学における就職問題をポストの需要と供給の関係から検討するものである。大学教員の職を得ることは現在でも非常に厳しい。

7 大学教授職の推移

(1) 今日の大学教員数

2007（平成19）年度の文部科学省『学校基本調査―高等教育機関・統計表一覧』によれば、全国の国・公・私立大学の総計は756校、2,357学部で大学院と学部を含む学生数は約283万人に達している。この大学（学部、大学院、付属病院、附置研究所など）における専任教員数は外国人教員（5,761人）も含めて約16万8千人であるが、その内訳は〈表1-1-2〉のようになる。

なお、この他にも短大が434校あり、学生数が約18万人、教員数は外国人教員（264人）を含め11,015人（男：5,681人、女：5,334人）が専任教員である。〈表1-1-2〉から判断できることは、教授職に就く者が全体の約4割近くを占めており、完全に逆ピラミッド型になっていることである。逆に、教授を研究・事務などの面で支える助教・助手は2割であり、極端に少ないことがわかる。同じく女性教員の割合も全体の2割弱で少ない。このことから日本の大学教員の構造は、「いびつ」なものとなっていることがわかる。

〈表1-1-2〉2007（平成19）年度の大学教員数

	計	男	女	全教員に占める割合（％）
H19年度	167,648	137,124	30,524	100
学長	720	667	53	0.4
副学長	729	682	47	0.4
教授	66,786	59,371	7,415	39.8
准教授	39,646	32,428	7,218	23.6
講師	20,361	14,982	5,379	12.1
助教	32,786	25,649	7,137	19.6
助手	6,620	3,345	3,275	3.9
大学院担当者	96,254	84,924	11,330	57.4

出典：文部科学省, 2007.

また、〈表1-1-2〉では指摘していないが、日本の大学教員は国立と比べ私立の比率が高いことである。教員数167,648人の中で、国立大学が60,995人(36.4%)、公立大学が11,786人(7%)、私立大学が94,867人(56.6%)となる。国立大学は、全国に87校あり学生数は627,401人に過ぎないが、私立大学は580校で2,071,642人の学生を抱えている。国立大学は、1校あたり701人の教員がいて、教員一人あたりの学生数は10.3人である。一方、私立は1校あたりの教員数が163.6人に過ぎず、教員一人あたりの学生数は21.8人である。ほぼ国立大学の倍の学生数を抱えていることになる。

(2) 大学教員の年齢構成

また、大学教員の年齢構成を文部科学省の『学校教員統計調査—平成19年度結果の概要』から確認してみると、〈表1-1-3〉〈図1-1-4〉のようになる。この表の調査対象となった大学教員数は〈表1-1-2〉とは若干異なり167,971人であり、このうち男性137,325人、女性30,646人となっている。また、本務教員とは教授、准教授、講師、助教、助手である。最も高い割合を占めているのが「40歳以上45歳未満」と「45歳以上50歳未満」の14.4%である。また「50歳以上」は44.1%となり全体の半数近くを占めている。逆に「25歳以上35歳未満」では12.7%となり、〈表1-1-3〉が明確な逆ピラミッドになっていることを理解できる。

また、2001(平成13)年度における「50歳以上」は42.6%で、「25歳以上35歳未満」では14.7%であるから、確実に高齢化が進んでいることになる。もちろん、各大学で定年となる年齢が異なるなど条件的な違いがあるとは言え、日本の大学では「専任教員になるのは難しいが、一度なってしまえばおおむね教授職に就くことができる」という指摘も可能となろう。

(3) 戦後から現在までの大学教員の推移

ところで、戦後から今日までの学校教員の推移を確認してみると〈図1-1-5〉のようになる。とりわけ大学及び短期大学の教員数の推移をみると、両者とも他の学校教員と比べても増加の一途をたどっており、1950(昭和25)年

〈表1-1-3〉大学の年齢構成

区　　分	平成13年度	平成16年度	平成19年度
本務教員数(人) 合　計	151,593	159,724	167,971
	100.0	100.0	100.0
25歳未満	0.2	0.1	0.2
25～30歳未満	3.4	2.9	2.9
30～35歳未満	11.3	10.4	9.8
35～40歳未満	14.6	14.1	14.3
40～45歳未満	15.0	15.0	14.4
45～50歳未満	12.9	13.7	14.4
50～55歳未満	14.7	12.6	12.6
55～60歳未満	12.2	13.8	13.8
60～65歳未満	9.3	11.4	11.6
65歳以上	6.4	5.9	6.1
平均年齢（歳）			
計	47.6	48.1	48.3
男	48.2	48.7	49.1
女	44.2	44.8	44.9

(注) 1. 網掛け部分は最も割合の高い年齢区分である。以下の各表において同じ。
　　 2. 小数点以下第2位を四捨五入しているため、計と内訳の合計が一致しない場合がある。以下の各表において同じ。
出典：文部科学省, 2008-2: 17.

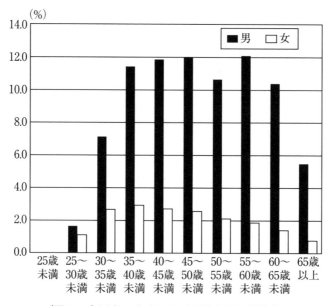

〈図1-1-4〉平成19年度における男女別年齢構成

出典：文部科学省, 2008-2: 17.

には1万人程度であった大学教員数は1980(昭和55)年では大学教員10万3千人、短期大学教員1万6千人となる。80年以降の大学教員の推移を文部省基本調査で5年ごとに確認すると、85年(昭和60)年が112,249人(460校)、90年が123,838人(507校)、95年が137,464人(565校)、2000年が150,563人(649校)、2005年が161,690人(726校)、2010年が174,403人(778校)となる。

〈図1-1-5〉から確認できることは、戦後から日本の大学教員数は右肩上がりで増大してきたということである。1979(昭和54)年に10万人の大台に乗った大学教員数は、その後も順調に増加し、2011(平成23)年には176,684人に達している。大学の数も1950(昭和25)年には105校しか存在していないが、2011年には780校となっており、飛躍的に増加している。一方、短期大学の学校数・教員数も戦後は順調に増大している。たとえば、1950年には149校2,124人に過ぎなかったが、1990年には593校20,489人となった。

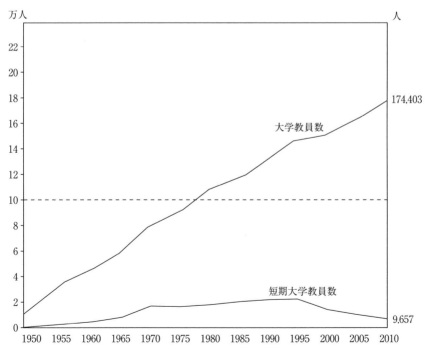

〈図1-1-5〉戦後の大学教員数の推移(1950〜2010年度)

出典：e-Stat, 2012.

しかしながら、その後の短期大学は学生の4年制指向もあり、2011年にはその校数を387校まで減らし、教員数も9,274人に減少している。

ポスドクから見た大学教員数の問題は、そのポストは増加しているものの、依然として年齢構成は「いびつ」であり、若手の就職は非常に難しいということである。つまりは、大学院博士課程を出て、学位を取得したとしても、大学・研究機関で専任職を得ることは非常に難しいと言うことである。

8　非常勤講師の増加

若手研究者の就職が非常に難しいという現実を、非常勤講師の増大という側面からも見てみよう。大学院を修了した若手研究者が大学で得られる専任職ポストと言えば、大学の場合には「助手」「助教」「専任講師」「准教授」などである。こうした常勤職を得られない場合、大学では「非常勤講師」というポストが用意される。学生側から見れば、「大学教員」ではあるものの、本務校を持つ非常勤講師もいれば、本務校を持たない非常勤講師も存在する。本務校を持たない非常勤講師は、1コマ2～4万円程度で働く任期付きのアルバイトのようなものである。現在、多くの非常勤講師は5年間を上限として再任されるが、交通費の支給はあっても、社会保険、住宅手当、研究費などは支給されない。

共産党の衆議院議員石井郁子氏が提出した「若手研究者の就職難と待遇に関する質問書」に対する内閣総理大臣福田康夫の「答弁書」によれば、2004（平成16）年10月現在で、日本の国公私立大学における非常勤講師の総数は193,717人であり、全教員数の39.8%を占めている。このうち、本務校を持たない非常勤講師は77,155人であり、全教員数の20.8%である（内閣総理大臣福田康夫, 2007）。「大学教員」とは、専任教員よりも非常勤講師の方が多数を占めていることになるが、非常勤講師が占める割合は当然のことながら、専任教員数が少ない私学の方が高くなる。ポスドクの多くが、大学の専任教員を目指して研究業績や教育業績を積んではいるが、その夢叶わず、ポスドクを長く続けるか、非常勤講師への道を選択する者が多いという現状が指摘さ

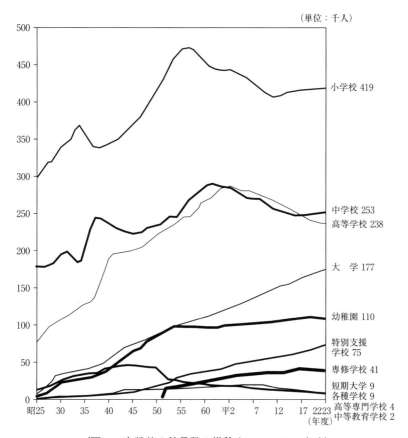

〈図1-1-6〉戦後の教員数の推移（1950〜2011年度）

出典：e-Stat, 2012.

れる。

　さて、わが国の大学院生を中心とした若手研究者の養成・育成は1990年代から量的な増加をめざして改革がなされてきたものの、若手研究者が就くことが出来る大学や研究所のポストは限られている。この需要と供給のアンバランスが日本のポスドク問題発生の最大要因である。政府・文科省は、こうした需要と供給の予測もしないでポスドク職を増やしたのであろうか。次章では、わが国のポスドク制度の起源と発展を確認する。

〈注記〉
1　大学院重点化政策の直接的な契機は、1991年に「東京大学の法学部で、教員の所属が学部から法学政治学研究科に移され、それに伴うさまざまな制度上の改革を実施したこと」に端を発した、と指摘される（江原・馬越, 2004:51）。
2　1999年には「学校教育法」や「国立学校設置法」が改正され、研究科以外の組織が設置可能となる。この改正は、大学院重点化の制度上の追認であるが、同時に大学院の名称として「学府」「学環」「研究院」「学堂」「学舎」などが使われ、判然としなくなったことも指摘されている（江原・馬越, 2004 :63 ）。
3　アンケート調査の対象となった在籍する院生（6,251人）のカテゴリーは、「社会人特別選抜」「一般選抜」「外国人特別選抜（留学生）」「博士後期課程」である。回答数は2,406人（回収率38.5%）である（甲斐, 2007:2）。
4　大学院規模の拡大とは、大学院在学者が1998（平成10）年5月現在で178,829人に達し、91年と比べると1.8倍の規模となったことを意味している。しかし、同答申では人口千人当たりの大学院学生数は1.3人、学部学生に対する大学院学生の比率は6.9%（1996年）であり、アメリカの7.7人、16.4%（1994年）、イギリスの4.9人、21.3%（1994年）など「諸外国の状況と比較するとなお大きな隔たりがある」としている（大学審議会, 1998）。

〈参考文献〉
江原武一・馬越徹編著2004『大学院の改革』東信堂.
e-Stat 2012「政府統計の総合窓口」
　　http://www.e-stat.go.jp/SG1/estat/List.do?bid=000001015843&cycode=0[2011.2.26. 取得]
甲斐昌一2007『「九州大学の教育研究と学生生活に関する大学院アンケート」の分析』九州大学教育改革企画支援室.
科学技術政策研究所2008「参考資料（統計表等）」pp.1-242
　　http://www.nistep.go.jp/achiev/ftx/jpn/mat155j/pdf/mat155j-rfr.pdf[2012.2.21.取得]
日経BP企画2008『九州大学—知の新世紀を拓く』日経BPムック.
九州大学キャリア支援センター2006『博士人材のキャリア形成の軌跡—若手研究者のキャリアパス多様化に向けて—』九州大学, pp.1-86.
九州大学2008『九州大学概要—2008年度—』九州大学.
九州大学2010『九州大学概要—2010年度—』九州大学.
京都大学2008「博士学位授与者数・平成19年度」
　　http://www.kyoto-u.ac.jp/contentarea/ku_data/sotugy4_2007.htm[2011.4.18.取得]
小林俊一1993「理学部の大学院重点化について」『東京大学教養学部進学情報センター・ニュース』第5号, http://park.itc.u-tokyo.ac.jp/agc/news/05/rigakubu.html [2011.4.18.取得]
大学審議会答申1998『21世紀の大学像と今後の改革方策について（答申）—競争的環境

の中で個性が輝く大学―」

http://www.mext.go.jp/b_menu/shingi/12/daigaku/toushin/981002.htm[2011.2.26 取得]

中央教育審議会答申2005『新時代の大学院教育―国際的に魅力ある大学院教育の構築に向けて―』pp.1–93.

http://www.mext.go.jp/b_menu/shingi/chukyo/chukyo0/toushin/05090501/all.pdf[2011.2.26.取得]

東京大学2011-1「東京大学大学院総合文化研究科・教養学部の歴史」

http://www.c.u-tokyo.ac.jp/history/index.html[2011.4.18.取得]

東京大学2011-2「大学院入学(修士・博士)」http://www.u-tokyo.ac.jp/index/e02_j.html [2011.4.18.取得]

内閣総理大臣福田康夫2007「衆議院議員石井郁子君提出若手研究者の就職難と待遇に関する質問に対する答弁書:平成19年12月25日」

http://www.shugiin.go.jp/itdb_shitsumon.nsf/html/shitsumon/b168337.htm[2011.5.8.取得]

日本学生支援機構2008「平成20年度学生生活調査結果」http://www.jasso.go.jp/statistics/gakusei_chosa/data08.html#no1[2011.5.8.取得]

元村有希子2009「大学院重点化は一体何だったのか」『化学と工業』Vol.62-8,pp.4–3. http://www.chemistry.or.jp/kaimu/ronsetsu/ronsetsu0908.pdf[2012.3.6.取得]

文部省1980「我が国の教育水準:戦後30年の教育の推移(教職員)」

http://www.mext.go.jp/b_menu/hakusho/html/hpad198001/index.html[2011.2.25.取得]

文部省1991「我が国の文教施策:学位制度の改善」(平成3年度)

http://www.mext.go.jp/b_menu/hakusho/html/hpad199101/hpad199101_2_152.html[2011.4.18. 取得]

文部省2000『大学審議会答申・報告―概要―』

http://www.mext.go.jp/b_menu/shingi/chukyo/chukyo4/gijiroku/03052801/003/001.htm[2011.4.17.取得]

文部科学省2007「学校基本調査速報 ―平成19年度― 高等教育機関 統計表一覧」

http://www.mext.go.jp/b_menu/toukei/001/07073002/006.htm[2011.2.26取得]

文部科学省2008-1『教育指標の国際比較:(平成20年版)』独立行政法人国立印刷局 pp.1-101.

文部科学省2008-2「学校教員統計調査―平成19年度結果の概要」

http://www.mext.go.jp/b_menu/toukei/chousa01/kyouin/kekka/k_detail/1278608.htm[2011.2.26. 取得]

文部科学省・科学技術政策研究所2009『我が国の博士課程修了者の進路状況調査報告書:平成20年度科学技術振興調整費調査研究報告書』pp. 1-95.』pp.1-95.

http://data.nistep.go.jp/dspace/bitstream/11035/678/1/NISTEP-NR126-FullJ.pdf[2011.2.26.取得]

〈表1-1〉〈図1-1-1〉戦後の大学院を設置する大学の学校数、大学院在籍者数(修士+博士+専門職)(1955~2009)

区分		大学院を設置する大学の学校数				大学院在籍者数					
		計	国立	公立	私立	計	国立	公立	私立	男	女
昭25年	1950	…	…	…	…	189	…	…	189	183	6
26	1951	…	…	…	…	1,052	…	…	1,052	1,019	33
27	1952	…	…	…	…	2,726	…	…	2,726	2,610	116
28	1953	…	…	…	…	5,814	1,930	137	3,747	5,567	247
29	1954	46	12	…	30	8,300	3,775	273	4,252	7,896	404
30	1955	47	12	…	31	10,174	5,022	409	4,743	9,581	593
31	1956	56	21	4	31	12,030	6,634	451	4,945	11,336	694
32	1957	62	21	6	35	13,226	7,404	475	5,347	12,432	794
33	1958	69	23	7	39	14,308	8,143	563	5,602	13,402	906
34	1959	78	25	9	44	15,350	8,700	724	5,926	14,303	1,047
35	1960	84	25	11	48	15,734	8,928	851	5,955	14,621	1,113
36	1961	91	25	15	51	16,637	9,382	976	6,279	15,411	1,226
37	1962	95	25	16	54	18,062	10,350	1,223	6,489	16,723	1,339
38	1963	103	29	16	58	20,719	11,935	1,518	7,266	19,190	1,529
39	1964	116	35	16	65	24,145	14,096	1,846	8,203	22,302	1,843
40	1965	131	43	17	71	28,454	16,809	2,146	9,499	26,311	2,143
41	1966	149	50	18	81	32,785	19,618	2,506	10,661	30,316	2,469
42	1967	162	53	19	90	36,469	21,626	2,348	12,495	33,656	2,813
43	1968	167	57	17	93	37,661	22,136	2,402	13,123	34,520	3,141
44	1969	175	58	17	100	39,423	22,897	2,419	14,107	35,943	3,480
45	1970	180	59	19	102	40,957	23,547	2,301	15,109	37,381	3,576
46	1971	188	61	19	108	41,637	23,483	2,265	15,889	37,873	3,764
47	1972	192	61	19	112	44,749	25,343	2,377	17,029	40,763	3,986
48	1973	197	61	19	117	46,146	26,131	2,386	17,629	42,016	4,130
49	1974	205	65	19	121	46,415	26,409	2,342	17,664	42,146	4,269
50	1975	213	66	18	129	48,464	27,735	2,323	18,406	43,917	4,547
51	1976	218	66	18	134	51,856	30,004	2,426	19,426	47,050	4,806
52	1977	230	67	19	144	53,251	31,190	2,462	19,599	48,101	5,150
53	1978	240	69	19	152	53,267	31,659	2,435	19,173	47,705	5,562
54	1979	249	72	20	157	53,244	31,862	2,432	18,950	47,321	5,923

	年									
55	1980	257	77	21	159	53,992	32,728	2,386	18,878	47,733	6,259
56	1981	260	78	22	160	55,594	34,093	2,501	19,000	48,813	6,781
57	1982	265	79	22	164	58,642	35,968	2,625	20,049	51,229	7,413
58	1983	268	82	22	164	62,000	37,941	2,737	21,322	53,972	8,028
59	1984	279	88	22	169	65,692	40,568	2,859	22,265	57,105	8,587
60	1985	281	88	22	171	69,688	43,049	3,006	23,633	60,506	9,182
61	1986	287	91	22	174	74,271	46,141	3,106	25,024	64,018	10,253
62	1987	288	91	22	175	78,914	49,476	3,306	26,132	67,501	11,413
63	1988	294	93	23	178	82,476	52,146	3,477	26,853	70,323	12,153
平元	1989	303	94	23	186	85,263	54,425	3,640	27,198	72,187	13,076
2	1990	313	95	23	195	90,238	57,885	3,890	28,463	75,672	14,566
3	1991	320	95	23	202	98,650	63,222	4,180	31,248	81,823	16,827
4	1992	335	97	23	215	109,108	69,866	4,512	34,730	89,499	19,609
5	1993	359	98	26	235	122,360	78,378	5,046	38,936	99,092	23,268
6	1994	371	98	30	243	138,752	88,388	5,795	44,569	110,627	28,125
7	1995	385	98	31	256	153,423	97,704	6,555	49,164	120,433	32,990
8	1996	405	98	32	275	164,350	105,021	7,046	52,283	127,032	37,318
9	1997	420	98	37	285	171,547	109,466	7,500	54,581	130,851	40,696
10	1998	438	98	41	299	178,901	113,614	8,054	57,233	134,589	44,312
11	1999	462	98	45	319	191,125	120,647	8,782	61,696	141,954	49,171
12	2000	479	99	50	330	205,311	128,624	9,719	66,968	151,095	54,216
13	2001	494	99	56	339	216,322	134,093	10,755	71,474	157,350	58,972
14	2002	507	99	60	348	223,512	137,956	11,681	73,875	160,767	62,745
15	2003	534	100	64	370	231,489	142,184	12,796	76,509	165,196	66,293
16	2004	546	87	69	390	244,024	146,913	13,575	83,536	172,588	71,436
17	2005	569	87	74	408	254,480	150,780	13,928	89,772	178,746	75,734
18	2006	586	86	75	425	261,049	153,327	14,319	93,403	182,394	78,655
19	2007	598	86	76	436	262,113	153,900	14,471	93,742	182,433	79,680
20	2008	604	85	76	443	262,686	153,813	14,704	94,169	182,660	80,026
21	2009	613	85	81	447	263,989	153,922	15,613	94,454	183,414	80,575
22	2010	616	86	80	450	271,454	157,092	16,403	97,959	189,321	82,133
23	2011	617	86	75	456	272,566	157,863	16,593	98,110	190,032	82,534
24	2012	621	86	75	460	263,289	154,768	16,276	92,245	182,829	80,460

出典：e-Stat2012「政府統計の総合窓口：大学院の在籍者数（昭和25年～）」より作成 http://www.e-stat.go.jp/SG1/estat/List.do?bid=000001015843（2013.1.26. 取得）

〈表 1-1-4〉〈図 1-1-5〉戦後の大学教員数の推移（1950～2011年度）

区分	幼稚園	小学校	中学校	高等学校	中等教育学校	盲学校	聾学校	養護学校	特別支援学校	高等専門学校	短期大学	大学	専修学校	各種学校	区分
昭和23年	5,917	282,236	169,283	68,707	…	783	1,039	—	…	…	…	…	…	6,856	1948年
24	7,169	302,151	182,727	75,381	…	990	1,453	7	…	…	…	7,437	…	14,581	49
25	8,028	305,520	182,008	82,932	…	1,168	1,791	15	…	…	…	11,534	…	15,291	50
26	9,245	313,513	181,184	91,603	…	1,375	2,058	15	…	…	2,124	17,475	…	18,272	51
27	12,142	322,573	183,900	100,881	…	1,520	2,330	14	…	…	2,956	23,123	…	21,174	52
28	16,796	323,362	185,189	105,316	…	1,650	2,575	23	…	…	3,620	32,819	…	23,384	53
29	21,607	331,107	193,014	108,825	…	1,737	2,747	24	…	…	4,221	36,489	…	25,961	54
30	24,983	340,572	199,062	111,617	…	1,839	2,957	27	…	…	5,023	38,010	…	28,251	55
31	26,970	345,326	200,798	113,849	…	1,859	3,082	51	…	…	5,505	39,289	…	30,375	56
32	28,344	351,532	195,615	118,231	…	1,911	3,212	178	…	…	5,687	40,444	…	32,902	57
33	29,200	364,004	187,394	123,418	…	1,942	3,310	279	…	…	6,187	41,481	…	33,256	58
34	30,134	368,077	188,766	128,394	…	2,003	3,430	402	…	…	6,087	42,775	…	34,955	59
35	31,330	360,660	205,988	131,719	…	2,055	3,501	534	…	…	6,161	44,434	…	36,688	60
36	32,789	348,876	231,593	134,378	…	2,104	3,573	720	…	…	6,394	45,471	…	37,626	61
37	34,703	340,838	246,555	140,186	…	2,176	3,627	980	…	298	6,743	47,850	…	37,694	62
38	37,041	340,216	245,952	158,629	…	2,220	3,687	1,317	…	680	7,284	50,911	…	41,594	63
39	40,975	343,306	241,630	178,735	…	2,266	3,775	1,848	…	1,166	7,918	54,408	…	43,966	64
40	45,193	345,118	237,750	193,524	…	2,344	3,871	2,322	…	1,691	8,704	57,445	…	44,724	65
41	49,821	347,438	233,986	198,559	…	2,399	3,921	2,864	…	2,198	9,321	62,642	…	47,491	66
42	53,406	351,416	232,138	199,880	…	2,451	3,992	3,470	…	2,506	11,492	66,738	…	47,565	67
43	57,625	356,012	230,516	199,971	…	2,501	4,081	3,992	…	2,855	13,449	71,786	…	48,815	68
44	62,481	361,149	227,407	200,804	…	2,569	4,211	4,682	…	3,081	14,829	74,706	…	48,916	69
45	66,579	367,941	224,546	202,440	…	2,682	4,337	5,310	…	3,245	15,445	78,848	…	48,175	70
46	68,607	374,883	224,646	204,541	…	2,781	4,428	6,126	…	3,369	15,320	76,275	…	48,155	71
47	72,797	381,591	225,836	207,204	…	2,851	4,480	6,985	…	3,513	14,910	80,959	…	47,266	72
48	79,826	392,937	232,123	213,431	…	2,990	4,652	8,630	…	3,605	14,677	83,838	…	45,888	73
49	82,032	403,939	232,827	218,107	…	3,065	4,712	10,489	…	3,652	14,868	86,576	…	45,570	74
50	85,680	415,071	234,844	222,915	…	3,206	4,804	12,089	…	3,691	15,169	89,648	…	44,021	75
51	89,664	424,355	237,595	226,799	…	3,201	4,772	13,254	…	3,711	15,557	92,929	6,593	38,160	76
52	93,981	433,168	243,109	230,613	…	3,233	4,746	14,774	…	3,712	15,769	95,470	15,796	30,445	77
53	97,549	445,767	247,741	233,852	…	3,310	4,874	17,028	…	3,734	16,027	98,173	18,214	27,936	78

年											西暦
54	100,331	459,580	246,146	237,637	…	3,346	4,800	22,796	…	3,713	16,208	100,735	19,056	27,720	79
55	100,958	467,953	251,279	243,592	…	3,363	4,755	25,373	…	3,721	16,372	102,989	20,211	26,478	80
56	100,229	473,965	258,487	247,718	…	3,352	4,749	27,081	…	3,722	16,696	105,117	21,867	24,893	81
57	99,587	475,043	269,645	248,107	…	3,378	4,718	28,271	…	3,751	16,866	107,422	22,213	24,083	82
58	99,808	473,987	273,703	252,714	…	3,353	4,709	29,268	…	3,772	17,202	109,139	22,616	23,156	83
59	99,170	468,672	278,933	258,624	…	3,351	4,600	30,239	…	3,772	17,411	110,662	23,530	22,731	84
60	98,455	461,256	285,123	266,809	…	3,328	4,560	31,340	…	3,770	17,760	112,249	24,238	22,010	85
61	97,758	454,760	289,885	270,630	…	3,279	4,537	32,258	…	3,797	18,205	113,877	25,622	21,082	86
62	98,095	448,977	292,057	274,913	…	3,309	4,545	33,266	…	3,841	18,774	115,863	27,171	20,532	87
63	99,331	445,222	288,641	280,325	…	3,325	4,543	34,293	…	3,881	19,264	118,513	28,780	20,106	88
平成元	100,407	445,450	286,301	284,461	…	3,346	4,563	35,391	…	3,954	19,830	121,140	30,277	19,840	89
2	100,932	444,218	286,065	286,006	…	3,381	4,605	36,812	…	4,003	20,489	123,838	31,773	19,312	90
3	101,493	444,903	286,965	286,092	…	3,441	4,765	39,147	…	4,061	20,933	126,445	33,512	18,745	91
4	102,279	440,769	282,737	284,409	…	3,572	4,900	40,767	…	4,126	21,170	129,024	35,211	18,600	92
5	102,828	438,064	278,267	282,499	…	3,547	4,884	41,786	…	4,184	21,111	131,833	35,818	17,756	93
6	103,014	434,945	273,527	282,085	…	3,517	4,880	42,720	…	4,265	20,964	134,849	36,073	17,148	94
7	102,992	430,958	271,020	281,117	…	3,528	4,830	43,555	…	4,306	20,702	137,464	36,433	16,304	95
8	103,518	425,714	270,972	278,879	…	3,523	4,830	44,370	…	4,345	20,294	139,608	36,830	15,792	96
9	103,839	420,901	270,229	276,108	…	3,500	4,861	45,630	…	4,384	19,885	141,782	37,220	14,975	97
10	104,687	415,680	266,729	273,307	…	3,479	4,864	46,913	…	4,408	19,040	144,310	37,415	14,642	98
11	105,048	411,439	262,226	271,210	37	3,467	4,883	48,143	…	4,433	18,206	147,579	37,463	14,084	99
12	106,067	407,598	257,605	269,027	124	3,459	4,877	49,211	…	4,459	16,752	150,563	37,656	13,412	2000
13	106,703	407,829	255,494	266,548	194	3,439	4,896	50,282	…	4,467	15,638	152,572	38,163	12,782	01
14	108,051	410,505	253,954	262,371	257	3,449	4,920	51,497	…	4,465	14,491	155,050	39,062	12,185	02
15	108,822	413,890	252,050	258,537	380	3,401	4,915	52,778	…	4,474	13,534	156,155	39,764	11,736	03
16	109,806	414,908	249,794	255,605	470	3,409	4,935	53,912	…	4,473	12,740	158,770	40,663	11,267	04
17	110,393	416,833	248,694	251,408	560	3,383	4,974	55,275	…	4,469	11,960	161,690	41,776	11,045	05
18	110,807	417,858	248,280	247,804	818	3,323	4,908	56,826	…	4,471	11,278	164,473	42,171	10,401	06
19	111,239	418,246	249,645	243,953	1,148	…	…	…	66,807	4,453	11,022	167,636	42,103	10,228	07
20	111,223	419,309	249,509	241,226	1,369	…	…	…	68,677	4,432	10,521	169,914	41,602	9,873	08
21	110,692	419,518	250,771	239,342	1,576	…	…	…	70,518	4,400	10,128	172,039	40,922	9,655	09
22	110,580	419,776	250,899	238,929	1,893	…	…	…	72,803	4,373	9,657	174,403	40,416	9,290	10
23	110,402	419,467	253,104	237,526	2,046	…	…	…	74,854	4,357	9,274	176,684	40,509	9,168	11
24	110,836	418,707	253,753	237,224	2,192	…	…	…	76,387	4,337	8,916	177,570	40,424	8,954	12

(注) 1 国・公・私立の合計数である。　2 本務教員である。　3 通信教育の教員は含まれていない。　出典：e-Stat, 2012.

第2章　ポスドク制度の起源と発展

〈水月昭道『高学歴ワーキングプア』〉

　放置され続ける余剰博士問題。12,000人の無職"博士"に加え、その数倍の規模で存在する無職オーバードクター。そして毎年新たに加算される5,000名の無職博士卒たち。彼らは30歳を超えて―40歳オーバーも少なくない―、行く当てもなく、街をさまよい歩く日々が続いている（水月, 2007: 134）。

1　ポスドク（PD）と特別研究員（DC）

　冒頭の水月氏が指摘するように、毎年約5千人ほどのポスドクが無職（無給かアルバイト程度）の状態にある。博士の学位を取得しながら、どうして無職なのか。本人の責任であろうか。それとも制度的問題であろうか。本章では、大学院博士課程を修了し、学位を取得した若手研究者の実態をポスドク制度に焦点を当てて考察する。とりわけ、日本におけるポスドク制度の起源と発展を概観し、なぜポスドク問題が発生するに至ったかを考察する。とりわけ、ポスドクに対する研究支援・経済支援を目的とした1985（昭和60）年の「ポストドクトラル・フェロー」（Postdoctoral Fellow）制度、その後の1991年の大学院博士課程在学者を対象とする「特別研究員制度（Doctor Course）」（以下、「DC」と略す）の目的や問題点などを考察したい。

　これらの制度は、わが国の大学院における制度改革、若手研究者の養成と確保、そして研究支援体制の充実・強化といった高等教育政策の一環として文部省が提起したものである。この政策の背景には、大学教員などの研究者

数に比べ、PD・DCなどの若手研究者が少なく、その不足を補う意味でも大学院などの教育研究の充実、若手研究者に対するフェローシップなどによる支援の拡大が必要不可欠であるという認識が存在している（文部省, 1996: 2）[1]。

　わが国の若手研究者の養成・育成は、1980年代から1990年代にかけて大きな飛躍を遂げたが、その直接的契機となった政策が1996（平成8）年の「ポストドクター等1万人支援計画」であった。同政策は、ポスドクの量的拡大と経済的支援体制の整備を目的とし、その身分・待遇などを改善するための研究奨励金や研究費などを支給するものである。現在、わが国のポスドクは年間2万人程度であり、学術研究に対する若手研究者の貢献度は相当に高いと認められる。したがって、ポスドク制度を整備し、普及させた政府と文部省などの省庁の政策は、基本的には称賛されるべきものと考える。ただし、現状のポスドク制度は、その量的拡大によってポストをめぐる競争が激化しているだけでなく、高齢化問題も生み出している。現在、こうしたポスドクの厳しい環境を示す言葉が俗に言う「ポスドク問題」であり、大学院を修了し、博士号を取得したにもかかわらず、大学や研究機関などにおける専任職に就けず、一時的に任期付きのポスドク職に就く人を表す言葉として定着している。

　しかし、ポスドク問題とはたんにポスドク個人の問題だけではなく、わが国の学術研究の未来をも左右する重要な問題であり、若手研究者が将来に不安を抱くことなく、研究活動に打ち込めるような環境を整えることが急務の課題となっている。わが国のポスドク制度の問題を検討することは、言い替えれば、わが国の大学院制度、学位授与制度、ならびに若手研究者の養成システムの問題を検討することに他ならない。したがって、各大学・研究機関が個別にこうした問題を改善することは不可能であり、当然のことながら国・政府の責任ある政策を期待したい。なお、ポスドク制度の先進国アメリカとわが国のそれを比較した場合には、両国の間には大きな差異も見られるので、この点に関しては、第9章以降において改めて論じたいと考える[2]。

2 「若手研究者養成」の始まり

　文部省は、わが国の学術研究の発展を目指して1980年代からの「大学院重点化計画」によって、大学院の定員増を目指している。この「大学院重点化」とは、第1章でも述べたように、1990年代からの国立大学を中心とした組織改編であり、大学院を大学組織の中心に位置づけ、修士号や博士号取得者数を増やし、科学技術力の向上を目的としたものである。「大学院重点化」政策は、東京大学を初めとして旧7帝国大学と筑波大、広大、一橋大、東工大などに及んでいる。また全学的ではないが、一部の学部が後述の予算措置を伴う大学院の重点化を実施しているケースもある。1991（平成3）年の大学審議会答申『大学院の量的整備について』では、専門分野を問わず、2000（平成12）年までに大学院生数を約2倍の20万人にまで拡大する方針が示された。その結果、あらゆる研究分野で大学院生は増加し、2000年の時点で大学院生数は20万5千人に達することとなる（久保田, 2004: 35）[3]。

　一方、学術審議会においても、こうした未来の学術研究を担う優れた若手研究者を養成・確保するために1984年2月6日に『学術研究体制の改善のための基本的施策について』が答申され、その結果、翌85年に日本学術振興会の特別研究員制度が創設された[4]。この時の「特別研究員制度」に対する政府予算額は2億2,700万円で、その内訳としては〈表1-2-1〉にもあるように、ポスドク採用者数が72人（月額199,000円支給）、DC採用者数が72人（月額116,000円支給）であった（学術審議会, 1995: 29）。この「特別研究員制度」創設の趣旨は、「優れた若手研究者に対して、その研究生活の初期において、自由な発想のもとに主体的に研究課題等を選びながら研究に専念する機会を与えることにより、わが国の学術研究の将来を担う創造性に富んだ研究者の養成・確保に資する」（日本学術振興会, 2006）というものであった。つまり、大学院博士課程の在籍者及び修了者などを対象に、優れた研究能力を有し、大学その他の研究機関で研究に専念することを希望する者を「特別研究員」として採用することを意図したものである。

　続いて、学術審議会は1990（平成2）年7月に、建議「特別研究員制度の改

〈表1-2-1〉日本学術振興会「特別研究員」の採用者数（1985-1995）

区分（年度）	85	87	89	91	93	95
採用者数（人）	144	568	904	1,100	1,700	2,480
PD	72	284	452	500	500	580
DC	72	284	452	600	1,200	1,900
研究奨励金（千円）						
PD（月額）	199	214	222	249	271	282
DC（月額）	116	123	128	136	174	195
予算額（百万円）	272	1,148	1,898	2,351	4,132	6,409

出典：学術審議会, 1995: 29.

善充実について―若手研究者の養成・確保のために―」によって、わが国の指導的研究者となる意欲と優れた能力を有する者が進んで博士課程に進学することを奨励し、翌91年度から新たな博士課程在籍者を対象とする特別研究員（DC）の採用を開始した。すなわち、それまでの申請資格は博士課程の2年次生からであったが、それを1年次生からも可能とし、採用期間も3年間に延長している。以上のような措置の結果、DCは1996年度に2千人を突破し、2002年度には3千人を超える数に達している。

3　ポスドク制度の拡大

　わが国のポスドク制度の開始は1985年であり、1995年までの10年間は〈表1-2-1〉にも示されているように、順調に量的な拡大が図られたとは言え、年間の新規採用者数は600人を超えることはなかった。しかしながら、ポスドクの量的拡大の方向に決定的な影響を及ぼしたものが1995（平成7）年11月15日に制定された「科学技術基本法」であった。同法は、わが国の科学技術政策の基本的な枠組みを提示し、将来の「科学技術創造立国」を目指して科学技術の振興を強力に推進していく体制を確立するものであった。同法制定の際には、「科学技術基本法提案理由説明」がなされ、わが国の科学技術の

進展を担う大学・大学院の劣悪な現状と若者の科学技術離れの問題が指摘された[5]。翌96年には、閣議決定された「第一次科学技術基本計画」によって、先述した「ポストドクター等1万人支援計画」が打ち出され、文部省・科学技術庁・通産省などを中心として、1996年度から2000年までに1万人のポスドクなどを支援する計画が決定された。

1996(平成8)年7月、学術審議会は奥田文部大臣に提出した答申『21世紀に向けての研究者の養成・確保』によっても博士課程在籍者への支援充実が提言されている。この答申においては、わが国の大学院博士課程に対する具体的な改善点として、①老朽化し、狭隘化した研究施設と設備の充実を図る、②教育指導体制の充実、とりわけカリキュラムの有機的統合、大学間の単位互換など自由な学習環境の整備などを図る、③研究を推進する上で必要不可欠な研究費・旅費の充実を図る、と述べられている(矢崎, 1997: 9-10)。

しかし、博士課程の機能充実を図る上で最も重要な点は、優秀な院生の確保であり、経済的な負担の軽減を行うことが最優先課題とされた。そこで、同答申では「ポストドクター等1万人支援計画」の早期実現を強く望むとし、博士課程の研究者養成機能を図るために、教育研究環境の改善など質的充実を図ること、ならびに博士課程在学者への経済的支援として、①日本学術振興会のDC特別研究員の拡充、②日本育英会奨学制度の充実、③RA制度の充実などを挙げている。博士課程修了者に関しては、研究者の流動性を高める措置などにより多様な研究機会の確保を図るだけでなく、日本学術振興会のポスドク特別研究員の拡充、非常勤研究員の充実、プロジェクト研究への参加支援策の充実などや国際的な視野に立った研究者の養成・確保の重要性についても指摘している。

こうして、1996年度からポスドク(特別研究員)の採用期間は3年間となり、その新規採用者数も〈表1-2-2〉に示すように、前年度の265人から408人に大きく増加した。ようするに、学術審議会答申『21世紀に向けての研究者の養成・確保』では、わが国の学術研究面で最先端の研究を担う優秀な若手研究者の育成と確保が最重要課題であり、そのためにも博士課程の機能充実と博士課程院生に対する経済的支援の重要性が指摘されたわけである。その後、

〈表1-2-2〉日本学術振興会「特別研究員」の採用者数(1996-2004)

区分(年度)	96	98	00	02	03	04
PDの新規採用者数(人)	408	452	521	511	716	535
PDの採用総数	819	1,328	1,586	1,689	1,895	1,906

出典:日本学術振興会, 2006-1: 3.

　ポスドクの新規採用数は大幅に増加し、たとえば2000年度には521人(全体で1,586人)、2003年度には716人(全体で1,895人)にも達している(日本学術振興会, 2006-1: 3)。そして、3年間の採用期間の間に、研究奨励金として月額364,000円が支給され、科学研究費補助金(特別研究員奨励金)も年度ごとに150万円が交付された。申請時の資格は、「採用年度の4月の時点で34歳未満の者で、博士の学位を取得している大学院博士課程修了等(医学・歯学・獣医学を修了した者は36歳未満)」となっている(日本学術振興会, 2006-1: 1-2)。

　現在のポスドクの研究奨励金の受給金額は、創設時のそれと比べて倍増し、研究環境も改善されており、条件面は相当に改善されたと言える。しかし、ポスドクが任期制であると言うことは、現状では「専任職に就けない者に対する任期付きの職」という側面もあり、大学・研究機関における就職難によって新たな問題も派生している。

4　ポスドク制度の現状と課題

(1) ポスドク制度の予算化

　わが国のポスドク制度の整備にとって大きな契機となった法律が、前節でも述べた「科学技術基本法」であった。同法は、わが国の科学技術振興に関する施策の総合的かつ計画的な推進を図ることを意図したものである。同法に基づき、翌年には「科学技術基本計画」という名称で、第一期(平成8年度～12年度)の計画が閣議決定されている。なお、すでに第二期(平成13年度～17年度)、第三期(平成18年度～22年度)の計画を終えている。また、新たに第四期(平成23年度～27年度)の計画も閣議決定されている。詳細に関しては、第6

章で述べることとする。

　とりわけ、第一期の「基本計画」の中では「創造的な研究開発活動の展開のための研究開発システムの構築」のためには、研究者におけるキャリア・パスの選択幅を広げることによって研究者の流動性を高め、研究活動をさらに活性化することなどが提言され、「独創的人材の発掘に留意しつつ、優れた研究者の養成、確保を図ること、特に活力ある若手研究者に活躍の機会を与えるなどその養成の強化を図ること、また研究者が研究開発活動に専念できる環境を整えること」(文部省, 1996) が明言されている。実現に向けた具体的な提言は、大学院等の教育研究の充実、若手研究者に対するフェローシップ等における支援の拡大・充実であり、「欧米に比べて手薄なポスドク研究者層を充実・強化し、その研究歴を研究者のキャリア・パスの重要なステップとして確立すること」(文部省, 1996) に努めることであった。

　この「研究者、研究支援者の養成・確保」については、①優秀な学生に対して日本育英会奨学金の貸与人数を拡充し、貸与金額等の改善・充実を図る。②日本学術振興会特別研究員(DC) の一層の充実を図る。③若手研究者層の養成、拡充等を図る「ポストドクター等1万人支援計画」を2000 (平成12) 年度までに達成し、わが国における研究者のキャリア・パスとしてのポストドクトラル制度の整備・確立を図ることなどが提言されている。しかしながら、ポスドクを経験した博士号取得者の就職先として考えられる大学・研究所の定員は増えていない。結局は、博士課程を修了し、かつ学位を持ちながらも就職できない状況が生まれる。これがわが国の「ポスドク問題」と呼ばれるものであるが、その点に関しては、第6節の「ポスドクの就職状況」で改めて論じることとする。

(2) 給与制度

　わが国のポスドク制度は、1985 (昭和60) 年の日本学術振興会の特別研究員制度によって開始された。この制度は、博士課程に在籍するDC、学位を取得したポスドク(PD)、スペシャル・ポスドク(SPD)、海外の研究機関に2年間派遣される海外ポスドクに区分される[6]。2006 (平成18) 年度の特別研究員

制度は、「海外特別研究員」「外国人特別研究員」を除けば、以下の4種類の制度があり、それぞれに年間150万円（SPDは300万円）以内の科学研究費補助金も支給されている（日本学術振興会, 2006-1）。

> 特別研究員（DC）：博士課程（博士後期課程又はそれに相当する課程）在学中の34歳未満の研究者を採用。採用期間は2-3年間で研究奨励金は月額20万円。
> 特別研究員（PD）：34歳未満の博士課程修了者（いわゆるポスドク）を採用。採用期間は3年間で、研究奨励金は月額36.4万円。
> 特別研究員（SPD=Special Postdoctoral Fellow）：特別研究員-PDのうち、特に業績の優れている者を採用。採用期間は3年間で、研究奨励金は月額44.6万円。
> 特別研究員（RPD=Restart Postdoctoral Fellow）：博士の学位取得者で、過去5年以内に出産又は子の養育のため、研究活動を一定期間中断していた者を採用。採用期間は2年間で、研究奨励金は月額36.4万円。

この特別研究員制度とは、学位取得後の若手研究者に対し、フェローシップとしての生活費（研究奨励金）と研究遂行に必要な経費としての「科学研究費補助金（特別研究員奨励費）」を支給することにより、研究に専念できる環境を提供することを目的としたものである。なお、SPDとは2002（平成14）年度から開始されたポスドクの中から世界最高水準の研究能力を有する若手研究員を養成・確保するための新たな特別研究員制度であり、2002年には12人、翌年には24人が採用されている（日本学術振興会, 2006-1）。このSPD制度においては、研究の場を受給者の出身大学・研究科ではなく、異なる環境の下で研鑽を積むことが研究者自身の研究能力の向上にとって重要であるとされただけでなく、受入研究機関における研究の活性化なども意図されている[7]。また、子育て支援や学術研究分野における男女共同参画を推進する観点から、優れた若手研究者が、出産・育児による研究中断後に円滑に研究現場に復帰できるように配慮された制度が2006年度より開始されたRPD制度である。

(3) その他の機関

　日本学術振興会の科学研究費補助金以外には、理化学研究所、産業総合研究所、科学技術振興機構と新エネルギー・産業技術総合開発機構などの独立行政法人、ならびに各大学、民間企業などでもポスドクが採用されている。これらの研究機関におけるポスドクの募集・採用は個別に行われ、給与制度も様々である。総合科学技術会議は2010年度から「最先端・次世代研究開発支援プログラム」を実施し、「若手・女性・地域の研究者への研究支援」と「新成長戦略に掲げられたグリーン・イノベーションやライフ・イノベーションの推進」を目的として、500億円の基金を元に45歳以下の若手研究者を支援している。応募件数は5,618件に達し、2011年2月には329件が採択され、約486億円の研究資金が配分されている(科学技術会議, 2012)。たとえば、産業総合研究所では、この「グリーン・イノベーション」(太陽光発電、蓄電池、次世代自動車、ナノ材料、情報通信システムの低消費電力化等の技術開発)や「ライフ・イノベーション」(創薬、再生医療、遠隔医療システム、介護・福祉ロボット等の技術開発の推進)に積極的に対応している(産業技術総合研究所, 2012)。

　科学技術振興機構においては、現在、「CREST・さきがけ」という名称で、「我が国が直面する重要な課題の達成に向けた基礎研究を推進し、科学技術イノベーションを生み出す創造的な新技術を創出することを目的」(科学技術振興機構, 2012)とした研究プログラムの募集を実施している。たとえば、「CREST」では、研究代表者が最適な研究チーム(数人〜20人程度の研究者、研究補助者等の集団)を指揮して研究課題を実施するというものであり、研究期間が5年以内で1件あたり1億5千万円〜3億円未満が配分される。要するに、同事業は若手研究者も含めた育成事業でもある。

5　ポスドクの雇用形態と課題

(1)「ミレニアム・プロジェクト」計画

　政府が主導する「ポスドクター等1万人支援計画」に基づく対象事業は、これまで述べてきたような日本学術振興会のポスドクのように、ある組織・

機関から奨学金を受給する「フェローシップ型」、理化学研究所・産業総合研究所などで直接雇用される「特殊法人雇用型」、文部科学省などの大型プロジェクトの研究費などで雇用される「プロジェクト雇用型」などに区分される (久保田, 2004: 35　科学技術・学術審議会人材委員会, 2003: 23)[8]。次の〈表1-2-3〉は、「ポストドクター等1万人支援計画」で支援を受けている2002年度のポスドクの雇用形態別の人数であり6,554人に達しているが、さらに海外派遣 (391人)、外国人招聘 (1,653人) も加えると、全体の総数は8,598人に達している (科学技術・学術審議会人材委員会, 2003: 23)。

しかしながら、この数字は「ポストドクター等1万人支援計画」の対象事業で雇用されたポスドクであり、支援事業以外の予算で雇用されているポスドクは含まれていない。文科省の調査によれば、2004年12月現在で国内のポスドク総数は12,583人に達しているが、これ以外にも「週に数日程度雇用されているポスドク」、「テクニシャン」(研究補助者) という名目で雇用されている者も存在し、ポスドクの実数は2万人を超えるとも予測されている (久保, 2006: 66，久保田, 2004: 36)。各大学にはアルバイト程度のポスドクや「研究生」「研究員」などという名称を与えられた無給のポスドクも存在しており、年間5千人程度と推測される。現在、こうしたポスドクの実態は把握されてはいないが、これらの無給やアルバイト程度のポスドクは就職までの名目上のポスドクである場合が多く、研究上のノルマも課されていない。任期付きながらも決まった額の給与や研究費が支給されるポスドクの場合は、優遇さ

〈表1-2-3〉2002年度のポスドクに対する形態別支援人数

フェローシップ型		特殊法人雇用型	プロジェクト型
日本学術振興会の特別研究員	新エネルギー開発機構の産業技術フェローシップ	理化学研究所・産業総合研究所などの特殊法人雇用	競争型資金による雇用
			(文科省分)
1,831人(注1)	396人	2,293人	2,034人(注2)

(注1) 科学技術特別研究員制度 (科学技術振興財団) からの移管統合に係る継続支援分の253人を含む。
(注2) 文部科学省が把握しているもののみ。他省の競争的資金で雇用されたポスドクは不明。
出典：科学技術・学術審議会人材委員会, 2003:23.

れているケースと言えよう。一方、2000年からスタートした国の大型プロジェクトが「ミレニアム・プロジェクト」(新しい千年紀プロジェクト)である[9]。このプロジェクトには「教育の情報化：ヒトゲノム」など6つの大型プロジェクトが企画され、このプロジェクトで雇用されたポスドクは、わが国では最も高額な給与を得ており、毎月50万円程度の給与が支給されている。

(2) 科学技術・学術審議会人材委員会の提言

2005年の科学技術・学術審議会人材委員会『多様化する若手研究人材のキャリアパスについて(検討の整理)』においては、ポスドク等若手研究者の現状と課題について、以下のような指摘がなされている。

> 「科学技術基本計画を通じて、我が国の研究水準の向上の成果が上がりつつある中、ポスドクが我が国の研究活動の活性化のための大きな原動力となっていることは評価すべきである。その反面、ポスドクや任期付の若手研究者のその後のキャリアパスが不透明であるという指摘がある。……博士号取得者のキャリアパスが不透明であることにより、優秀な人材がポスドクを経て研究者をめざす道を敬遠したり、博士課程への進学を避けたりすることになれば、我が国の科学技術関係人材の質と量の確保に関して深刻な事態になりかねない」(科学技術・学術審議会人材委員会, 2005)

科学技術・学術審議会人材委員会は、当面の各研究機関や企業等に期待される取り組み策として「若手研究者が活躍できるポストや機会の確保等の環境整備を中心とした、ポスドクから中堅、高齢研究者までを含めた戦略的な人材の活用方針の策定」「研究機関以外への進路も含め、多様化するポスドクのキャリアサポートについて、個々の研究者任せにするのではなく組織としてのキャリアサポートの取組に期待。特に、企業等とポスドクの関わる機会の充実が必要」「研究プロジェクトの企画・マネージメント能力など、大学等の研究機関でも産業界等でも通用する実力を身につけられるような大学

院教育の充実」（科学技術・学術審議会人材委員会, 2005）などの提言を行っている。

6 ポスドクの就職状況

(1) 一般的なポスドクの就職状況

わが国の大学院博士課程の定員数は、もともとは研究者養成が主たる目的であったために、大学など研究機関におけるポスト数に見合う数で推移してきた。しかし、文部省による大学院重点化が各大学で実施された1991年以降、大学院の拡充（学生定員増）がなされ、博士課程修了者も〈図1-2-1〉〈図1-2-2〉にあるように、2002（平成14）年度は13,642人に達し、同じくポスドクも政府全体で11,127人に達する状況となった。

一方で、少子化などの影響によって高等教育機関の教員数や民間の研究者数の増加は微増しているに過ぎず、結果的には博士課程を修了しても就職先を確保することが困難な状況となっている[10]。従って、現状のポスドクは若手研究者の養成・確保という目標は実現しているものの、若手研究者のための就職難を救済する「バイパス」の役目は十分に果たしていないことになる。しかし、任期制ながらも常勤研究者かそれに近い待遇のポスドクは、全体の4分の3程度である。繰り返しになるが、約5千人程度は無給かアルバイト程度のポスドクである。

また、ポスドクの高齢化も問題となっている。たとえば、2003年度には35歳以上のポスドクは既に全体の約4分の1を占め、40歳以上も約1割近くに達している（科学技術・学術審議会人材委員会2005）。一般的には、民間企業の中途採用は35歳を越えると非常に厳しくなり、40歳ではほとんど雇用されない状況にある。ポスドクの経済的問題、就職問題、高齢化問題など解決すべき課題は山積している。

(2) 日本学術振興会ポスドクの就職状況

日本学術振興会のポスドクは、ポスドク全体の1割程度に過ぎないが、厳しい選抜を経て選び抜かれた優秀な人材が多く、全体の就職状況は極めて良

58　第2章　ポスドク制度の起源と発展

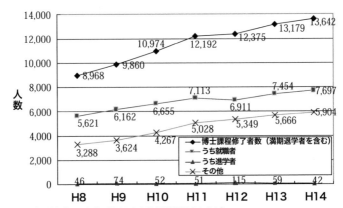

※各年度、前年度の3月末に修了した人数(満期退学者を含む)で、
　学校基本調査報告書による。
※博士後期課程(一貫制博士課程の3年次、4年次及び5年次の課程を含む。)
　学生及び医歯学、獣医学関係の博士課程学生の合計人数。

〈図1-2-1〉大学院博士課程の修了者数の推移

出典：科学技術・学術審議会人材委員会, 2003: 21.

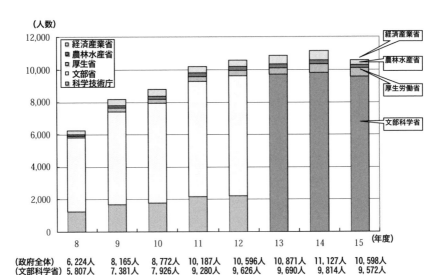

〈図1-2-2〉ポストドクター等1万人支援計画の推移

(注) 大学院博士課程在籍者も含まれる。
出典：科学技術・学術審議会人材委員会, 2003: 22.

好である。日本学術振興会のポスドクを終えた10年以内には9割以上が「常勤の研究者」に就職している。〈表1-2-4〉が示すように、日本学術振興会のポスドクの終了年度別の就職状況を確認すれば、2004年度に終了したポスドク (793人) の中で「常勤の研究職に就いた者」の割合は39%であった。しかし、94年度に終了し、10年経過したポスドク (284人) の中で「常勤の研究職に就いた者」の割合は93%に達している (日本学術振興会, 2006-2: 4)。まさに、政府・文科省による若手研究者支援事業が成功しているという一例を示すものである。問題点を指摘すれば、日本学術振興会のポスドクは国立大学に多く、私立大学が少ないということであろうか。

さらに、ポスドクの終了年度別の就職状況を「人文・社会科学系」「数物系」「化学系」「生物系」に区分して比較してみると、一般的には、「人文・社会系」が苦戦していると予想されがちであるが、その予想は見事に裏切られる。2004年度終了の「人文・社会科学系」ポスドク (226人) の中で「常勤の研究職に就いた者」の割合は41%であった。しかし、1994年度に終了し、10年経過したポスドク (63人) の中で「常勤の研究職に就いた者」の割合は93%にも達している (日本学術振興会, 2006-2: 10, 13)。言い替えれば、日本学術振興会のポスドクは厳しい選抜を経て選び抜かれた優秀な人材の宝庫であり、文系・理系を問わず、全体の就職状況は極めて良好である。

〈表1-2-4〉日本学術振興会ポスドクの終了年度別就職状況 (2005年4月1日現在)

	直後	4年経過	10年経過
	(2004年度終了者)	(2000年度終了者)	(1994年度終了者)
①常勤の研究職	299人 (39%)	550人 (80%)	244人 (93%)
②ポスドク・フェロー	246人 (32%)	58人 (8%)	3人 (1%)
③非常勤の研究職	219人 (29%)	82人 (12%)	14人 (5%)
④不明等	29人	76人	23人
合計	793人	766人	284人

＊数値は人数と割合。＊①〜③の割合は対象人数から④を除いたもの。
＊③は、「非常勤の研究職」以外に研究生、大学院生、教育機関・民間企業などの非研究職員及び無職を含む。
＊④は、未回答などにより、不明、出産育児に伴う中断及び死亡を含む。
出典：日本学術振興会, 2006-2.

7　ポスドク制度の特徴と問題点

　本章では、わが国のポスドク制度の起源と発展を概観したが、わが国のポスドク制度の基本的な特徴と問題点を確認しておきたい。

　第一には、わが国のポスドク数は現状では2万人を超えている。その内訳は、「雇用型」ポスドクが1万5千人程度であり、これに無給やアルバイト程度のポスドクを加えると2万人を超えると予想されている。しかしながら、その実態把握が十分になされていない。まずは、各大学でポスドク規程を整備した上で、その実態把握から始めるべきである。

　第二には、「雇用型ポスドク」の雇用形態は「フェローシップ型」「特殊法人雇用型」「プロジェクト雇用型」に区分されるが、いずれも任期制である。任期制という点を問題視しているわけではなく、任期期間中の身分待遇、雇用条件、社会保険や研究費の支給の有無、交通費の支給など研究面と生活面の保障が十分に整えられているのか、という問題である。ポスドクの身分保障を十分なものとするには、当然のことながら、わが国の高等教育機関全体への資金配分を増額する必要がある。欧米の高等教育機関における政府などによる公的資金の配分比率（額）と比べれば、わが国の場合は未だに低い。

　第三には、若手研究者を育成するという意味で、ポスドクの研究環境を物理的・経済的に支援するだけでなく、ポスドク終了後のキャリア支援も行う必要があろう。大学で職を得る場合には教授経験も必要であることを鑑みれば、若手研究者・教育者の養成という観点から大学院生時代とポスドク時代に「研究」と「教育」の両面から養成するシステムを構築する必要がある。しかしながら、わが国の若手研究者・教育者養成の現状はキャリア支援の面からすれば一貫した政策がない。この点こそ、ポスドク制度を再構築する際の重要な視点となろう。

　第四には、大学の「助手」「助教」は、ポスドクと同じく任期制のポストであるが、ポスドクと「助手」「助教」との関係を考慮する必要もあろう。このことは、わが国の大学におけるテニュア・トラック（常勤職への道のり）の問題を、若手研究者・教育者の視点から再検討するという意味である。現在、

「助教」は任期制ながらも、授業担当も求められている。しかし、「助教」になる際には教授経験の有無は問われていない。教授経験無くして、教授を職務として求められるという矛盾がある。そこで、ポスドクの際に教授経験を積み、ポスドク経験者を「助教」として採用することが望ましいのではなかろうか。また、ポスドクの任期制を維持することは、人事の流動性を高めるという点からやむを得ない措置であろうが、任期が終了し、ポスドクとしてもはや採用されない場合には、企業などの民間会社や、その他の専門的な職業に就職出来るような道筋を整備すべきであろう[11]。アメリカでは博士号取得者が大学等の研究機関に加え、営利企業や政府関係機関など多様な場で活躍しており、2001年において、営利企業へ就職した者の割合は34％となっている。わが国の場合にも多様な選択肢を整備したい（科学技術・学術審議会人材委員会, 2004）。

　ポスドク制度のあり方を考える上で、基本的な視点は、ポスドクとは一般的には大学・研究所の専任教員が展開する研究の非常勤支援職員として扱われるが、ポスドクは成熟した研究者ではなく、支援を必要とする研究者に他ならない、ということである。各大学においては、専任の研究員と非常勤の研究員では身分・待遇に大きな差が生まれるだけでなく、その立場も異なっている。若い優秀なポスドクがいくら研究の発展に寄与・協力しても、任期終了後に解雇されれば、その能力やキャリアにも終止符が打たれるケースもあろう。ポスドクの数的な量を増やすことも重要であるが、ポスドクがキャリア・パスとして、将来の大学教員・研究者になるための魅力的で、意味のある職種にすべきであろう。

　以上、わが国のポスドク制度の起源と発展を概観しながら、ポスドク制度の問題点を考察した。第3章から第8章までは、わが国のポスドク制度の問題点をさらに深く考察するために、様々な角度から多角的に検討したいと考える。まずは、ポスドク制度の現状把握から始めたい。

〈注記〉

1 1994（平成6）年の大学などの研究者数は日本全体で約23万人であった。一方、日本学術振興会のポスドクは500人、DCが1,600人の合計2,100人に過ぎない（学術審議会, 1995:17, 29）。

2 アメリカの若手研究者のキャリアパス（＝様々な経験を通じて専門的な知識や技術、能力を身につけていく過程としての職歴・経歴）は、大学院生時代にはTA、RAを経験し、博士課程の後にはポスドク、ティーチング・スタッフ（講師・インストラクター）などを経て、大学その他の研究機関でテニュア・トラックと呼ばれる教授職へと連なる常勤のポストを得ることになる（山本, 1995: 21）。そこには一貫した若手研究者を養成するシステムが構築されている。また、学位取得という面から見ても、博士課程の最終段階で学位を取得するという目的とプロセスが明確に決められている点が日本とは異なっている。つまりは、アメリカの大学院の場合には大学院を中心とした正規の研究・教育課程と指導教員が進める個別研究プロジェクトへの参画などによる研究訓練が明確に確立され、それが若手研究者の養成システムにもなっている。

3 2005年度のわが国の大学院生の内訳は、修士課程の在籍者数が164,550人、博士課程が74,907人、専門職大学院が15,023人、法科大学院が11,043人となり、その総数は約265,500人に達している（文部科学省, 2006-3）。

4 特別研究員制度は、学術振興会だけのものではない。科学技術振興事業団が実施する「科学技術特別研究員」（1990年創設）、理化学研究所が実施する「基礎科学特別研究員」（1989年創設）、新エネルギー・産業技術総合開発機構が実施する「産業技術研究員」（1995年実施）もある。1997年度の採用数は、科学技術特別研究員が385人、基礎科学特別研究員が205人、産業技術研究員が120人となっている（学術国際局学術課, 1997: 38）。

5 わが国の科学技術の進展を担う大学・大学院の劣悪な現状と若者の科学技術離れの問題点に関しては、以下のように指摘された。「我が国の科学技術の現状を見ると、まことに憂慮すべき状態にあります。特に、独創的・先端的科学技術の源泉となる基礎研究の水準は欧米に著しく立ち遅れており、基礎研究の担い手たるべき大学・大学院、国立試験研究機関等の研究環境は欧米に比べ劣悪な状況に置かれております。また、科学技術の高度化・専門化に対応して総合的・学際的な取り組みが緊要となっているにも拘わらず、大学、国立試験研究機関、民間等の研究者が、組織や専門分野の壁を超えて十分に有機的に連携しているとは言い難い状況にあります。さらに、将来の我が国の科学技術を担う若者に科学技術離れの現象が見られることは、国の将来にとって由々しいことであります」（文部省, 1996）

6 日本学術振興会（Japan Society for the Promotion of Science）は文部科学省所管の独立行政法人である。学術研究の助成、研究者の養成のための資金の支給、学術に関する国際交流の促進、学術の応用に関する研究等を行うことにより、学術の振興を図ることを目的とする（独立行政法人日本学術振興会法3条）。また、日本学術会議と緊密な連絡を図るものとされている（16条）。その他に、科学研究費補助金による研究助成や21世紀COEプログラムに関して委員会を設置し、このプログラムによる補助金に

関し大学評価・学位授与機構、日本私立学校振興・共済事業団及び大学基準協会の協力を得て審査・評価も行っている。
7　特別研究員（DC1）は博士課程後期1年次生が対象で、支援期間が3年。特別研究員（DC2）は、博士課程後期2年次生以上で、支援期間が2年。特別研究員（21COE）は、「21世紀COEプログラム」選定拠点である大学院の博士課程後期学生を対象とし、支援期間2年間または3年間（21世紀COEプログラム等の拠点大学から推薦を受け、審査の上採用される特別枠の採用者）。なお、2003（平成15）年度のポスドク申請者から、採用後、研究に従事する研究室を大学院在学当時の所属研究室（出身研究室）以外の研究室に選定することを申請時の条件として付加されている（日本学術振興会, 2006-1）。
8　文部省が支援する特別研究員には、日本学術振興会特別研究員以外にも1996（平成8）年度から開始された「未来開拓学術研究推進事業」において博士課程修了の若手研究者を参画させる「リサーチ・アソシエート」、国立大学や大学共同利用機関が行う研究プロジェクト等にポスドク・レベルの若手研究員を参加させる「非常勤研究員」などの制度もある（学術国際局学術課, 1997: 34）。
9　新しいミレニアム（千年紀）の始まりを目前に控え、人類の直面する課題に応え、新しい産業を生み出す大胆な技術革新に取り組むこととし、これを新しい千年紀のプロジェクトとする。具体的な支援分野はわが国経済社会にとって重要性や緊要性の高い情報化、高齢化、環境対応の三つの分野について、技術革新を中心とした産学官共同プロジェクトを構築し、明るい未来を切り拓く核を作り上げるもの。「各分野のプロジェクトのテーマ」は、「情報化」（誰もが自由自在に情報にアクセスできる社会を目指して）「高齢化」（活き活きとした高齢化社会を目指して）「環境対応」（循環型社会の構築を目指して）である（内閣総理大臣, 1999）。
10　たとえば、2005年度における国公私立別の研究者数は国立大学が134,000人、公立大学が22,300人、私立大学が134,900人となり、その総数は291,000人である。しかし、この数は5年前の281,000人と比べるとわずか3.5%の増加に過ぎない（日本私立大学連盟, 2007: 2）。博士課程修了者やポスドクの最近の増加数と比べれば、就職先を確保することがいかに困難であるかが理解されよう。
11　2008年度から開始された文部科学省科学技術振興調整費「イノベーション創出若手研究人材育成」によって名古屋大学、京都大学、九州大学、早稲田大学などの10大学が採用され、若手研究者の育成事業がスタートしている。その試みは多彩であり、大学院修了者やポスドクを対象にした産学連携研究プログラム、国内外でのインターンシップ、就職セミナーなどが開講されている（文部科学省, 2008）。詳しくは第7章で論じることとする。

〈参考文献〉
科学技術会議2012「最先端・次世代研究開発支援プログラム」
　　http://www8.cao.go.jp/cstp/sentan/jisedai/jisedai_program.pdf[2012.10.9.取得]
科学技術・学術審議会人材委員会2003『国際競争力向上のための研究人材の養成・確保

を目指して―科学技術・学術審議会人材委員会第二次提言―』
http://www.mext.go.jp/b_menu/shingi/gijyutu/gijyutu10/toushin/03063001.htm[2007.3.22取得]

科学技術・学術審議会人材委員会2004『科学技術と社会という視点に立った人材養成を目指して―科学技術・学術審議会人材委員会第三次提言―』
http://www.mext.go.jp/b_menu/shingi/gijyutu/gijyutu10/toushin/04072901.htm[2007.3.22取得]

科学技術・学術審議会人材委員会2005『多様化する若手研究人材のキャリアパスについて(検討の整理)』
http://www.mext.go.jp/b_menu/shingi/gijyutu/gijyutu10/toushin/05072101/htm[2007.3.22.取得]

科学技術振興機構2012「CREST・さきがけの概要」
http://www.senryaku.jst.go.jp/teian/top/gaiyo.html[2012.10.9取得]

学術国際局学術課1997「ポストドクター等1万人支援計画の推進」文部省高等教育局学生課『大学と学生』第381号, pp. 32-39.

学術審議会1995『21世紀に向けての研究者の養成・確保について―中間まとめ―』pp.1-40.

久保真季2006「若手研究者の不安に応える―日本学術振興会からの支援―」東京化学同人『現代化学』第423号, pp. 66-69.

久保田 文2004「大学院は出たけれど」日系BP社『日経バイオビジネス』第36号, pp. 32-43.

高等教育教育局 2001「グローバル化時代に求められる高等教育の在り方について(答申)」『文部科学時報』No. 1496, pp. 42-49.

産業技術総合研究所2012『独立行政法人産業技術総合研究所・中期目標』 http://www.aist.go.jp/aist_j/outline/middle_target3/middle_target3_1.html[2012.10.9.取得]

水月昭道2007『高学歴ワーキングプア―「フリーター生産工場」としての大学院』光文社新書.

全私学新聞,2002年1月3・13日合併号

日本学術振興会2006-1「特別研究員制度の概要(PD・DC2・DC1)」 http://www.jsps.go.jp/j-pd/pd_gaiyo.htm[2007.3.13.取得]

日本学術振興会2006-2「特別研究員-PDの就職状況調査結果について(2005.4.1.現在)」pp.1-15, http://www.jsps.go.jp/j-pd/data/pd_syusyoku/03_pdtyousa.pdf [2007.3.20. 取得]

日本私立大学連盟2007「私立大学大学院の充実発展のために」(社団法人)日本私立大学連盟 pp.1-38.

内閣総理大臣1999「ミレニアム・プロジェクト(新しい千年紀プロジェクト)の基本的な枠組みと構築方針について」http://www.kantei.go.jp/jp/mille/991020millpro.html[2007.3.22取得]

バートン・クラーク(潮木守一監訳)1999『大学院教育の研究』東信堂.

山本眞一1995「アメリカの大学教員養成システム」民主教育協会『IDE・現代の高等教育』No. 363, pp. 19-25.

矢崎義雄1997「大学院（博士課程）学生への支援の充実について」文部省高等教育局学生課編『大学と学生』第381号, pp. 8-12.

文部省1996「科学技術基本計画」
http://www.mext.go.jp/b_menu/shingi/kagaku/kihonkei/honbun.htm[2006.7.8.取得]

文部科学省2006-1『新時代の大学院教育―国際的に魅力ある大学院教育の構築に向けて（中間報告）』
（http://www.mext.go.jp/b_menu/shingi/chukyo/chukyo0/toushin/05061401/shiryo...）[2006.7.8.取得]

文部科学省2006-2『平成17年度学校基本調査』
http://www.mext.go.jp/b_menu/toukei/001/05122201/index.htm[2007.3.24.取得]

文部科学省2006-3「大学における教育内容等の改革状況について」pp.1-30
http://www.mext.go.jp/b_menu/shingi/12/daigaku/toushin/981002.htm[2006.7.8.取得]

文部科学省2008『SYMPOSIUMイノベーション創出若手研究人材：資料集』文部科学省科学技術振興調整費, pp. 1-108.

第3章 「雇用型ポスドク制度」の現状と課題
―― 文部科学省の全国調査を中心に ――

〈38歳ポスドク：既婚者〉

　月収20万円、ボーナス等無し、国保、年金は自分持ちです。家族がおり養っております。経済的には限界に近いです。論文の総被引用件数は800を越えています。h-indexは18を越えています。低い方だとは思いません。日本は研究者に何を求めているのですか？　研究業績のある研究者は不要ですか？（科学技術政策シンポジウム実行委員会「科学技術政策シンポジウム」）（2008年11月16日）。

1　文部科学省の全国調査

　冒頭の38歳のポスドクの声は、2008年11月16日に科学技術政策シンポジウム実行委員会が主催した「科学技術政策シンポジウム」のアンケートに寄せられたものである。このアンケートには50人近いポスドク・若手研究者が自らの現状や問題点を述べている。同シンポは、ポスドク問題を社会的にアピールする意図で開催され、記念講演として2002年にノーベル物理学賞を受賞した小柴昌俊東京大学特別栄誉教授が行い、「基礎研究を国が本気になって応援することを願いたい」と述べ、基礎科学を担う若手研究者にエールを送る内容となっている。また、シンポの報告者の一人である大石名古屋大助教は、「数年ごとに職を失うポスドクは、常に次の職場を探す必要があり、落ち着いて研究ができない。若手博士が研究に専念できないのは学問の進展にとって痛手だし、社会全体としても損失だ」（科学技術政策シンポジウム実行委員会2008「科学技術政策シンポジウム」）として、ポスドク制度の問題点を訴える。

1996（平成8）年の「ポストドクター等1万人支援計画」によって、ポスドクを量的に増大するという目的は4年目にして達成される。文部科学省・科学技術政策研究所第1調査研究グループ（以下、「第1調査研究グループ」と略す）は、ようやく2004（平成16）年度から全国の大学・公的研究機関などを対象に行ったポスドクの雇用実績や進路動向に関する一連の調査結果を分析し、わが国のポスドク制度の実態解明に乗り出す。同調査における「ポストドクター等」の定義は序章で述べたものと同じである[1]。第1調査研究グループは、わが国の科学技術の将来や国際競争力の維持・強化のためには「創造的・独創的な科学技術人材の養成・確保を図ることが重要である」とした上で、第一期・第二期科学技術基本計画（平成8年度〜17年度）の下でポスドク等の若手研究者が確実に増加し、わが国の研究活動の活発な展開に大きく寄与したことを認めている。しかし、他方ではポスドクの任期終了後のキャリアパスが不透明であるとの認識の下、第三期科学技術基本計画（平成18年度〜22年度）でも示されている「ポスドクに対する自立支援や多様なキャリアパス支援を促進するための施策を検討・実施する」こと、「実施された施策による効果を把握する」ために、ポスドク等の雇用実態把握に向けたデータの整備が必要であるとしている（文部科学省・科学技術政策研究所, 2006: 1）。

　以上のように、文部科学省は就職難・高齢化などの問題に直面している「ポスドク問題」の解決に向け、第1調査研究グループは2004（平成16）年度からポスドクの雇用実態の解明を目的とした機関別アンケート調査を実施している。以下、2004（平成16）年度と2006（平成18）年度に実施された全国調査を基に「調査の目的とポスドク定義」「財源別内訳」「年齢分布、女性比率、外国人比率、社会保険加入率」「分野別の雇用状況」に区分して整理し、最後に「わが国のポスドク問題」として総括する。なお、2004（平成16）年度のポスドク等の雇用数は14,854人、2005（平成17）年度が15,496人、2006（平成18）年度が16,394人となっており、雇用型ポスドクの総数が確実に増加していることが理解される（文部科学省・科学技術政策研究所, 2008-1: 3）。

　ただし、第1調査研究グループの調査が「雇用型ポスドク」を主なる対象とした限定的な調査であった点を忘れるべきではない。すなわち、各大学に

はポスドク制度が存在しないにもかかわらず事実上のポスドクを雇用しているケース、週に数日程度雇用されているアルバイト程度のポスドク、「テクニシャン」(研究補助者)という名目で雇用されているポスドク、無給のポスドクなども存在する。こうしたポスドクを含めると、わが国のポスドク総数は2万人を超えるとの予測もある(久保田, 2004: 36)。要するに、年間で5千人程度存在する無給かアルバイト程度のポスドクは調査の対象外となっている。第1調査研究グループの調査では、わずか813名のポスドクが「雇用関係なし・その他」として、その存在が指摘されているに過ぎない(文部科学省・科学技術政策研究所, 2008-1: 9)。

2 調査の目的と「雇用型」ポスドクの実態

第1調査研究グループによるポスドクに関する実態調査は、全国の大学・公的機関等においてポスドクや博士課程在籍者のうちで「雇用型等の経済的支援を受けている者の実数を把握し、今後の研究者支援施策の参考とすることを目的」として実施されたものである。しかし、本書の目的がポスドクの実態解明であることから、博士課程在籍者への調査結果の分析は行わず、ポスドクに関する調査結果のみを本章での分析対象とする。

ところで、第1調査研究グループが調査対象とする「雇用型ポスドク」の定義は、「大学・公的研究機関等において研究活動に従事する研究者等のうち、競争的資金等の外部資金、運営費交付金や自己財源により一定期間採用され、当該研究機関において研究活動に従事する者」(文部科学省・科学技術政策研究所, 2006: 2)である。特に、ポスドクに対して雇用関係がなく給与等の支給がない場合であっても、受け入れにあたり内規などに基づいている者は調査対象に含まれている[2]。同調査では、2005(平成17年)12月に調査票が1,236機関に発送され、翌年の2月15日までに914機関から回答(回収率74%)を得ている。翌06年の調査では、1,211機関のうち1,041機関から回答(回収率86%)を得ている(文部科学省・科学技術政策研究所, 2006, 2008-1)。調査結果によれば、2004年度のポスドク雇用数は〈図1-3-1〉にもあるように、総数が

14,854人であり、その機関別内訳は「大学」8,484人(57,1%)、「独立行政法人」5,695人(38,35%)、「民間企業」283人(1,9%)、「公益法人」264人(1,8%)、「国立試験研究機関」72人(0,5%)、「公設試験研究機関」56人(0,4%)である。

また、2006年度のポスドク雇用数は総数が16,394人であり、その機関別内訳は「大学」10,743人(65.5%)、「独立行政法人」5,000人(30,5%)、「民間企業」101人(0.6%)、「公益法人」261人(1,6%)、「国立試験研究機関」228人(1.4%)、「公設試験研究機関」61人(0,4%)である(文部科学省・科学技術政策研究所, 2008-1: 4)。増加の幅が最も大きかった機関は「大学」の2,259人(8.4%)であり、逆に「独立行政法人」の695人(7.8%)が最大の減少となっている。大学の中では、国立大学の増加が最も著しく、2004年度は6,297人(42.4%)であったが、2006年度は8,033人(49%)に増加している。他方、私立大学においては2004年度は1,4687人(9.9%)であったが、2006年度は1,867人(11.4%)

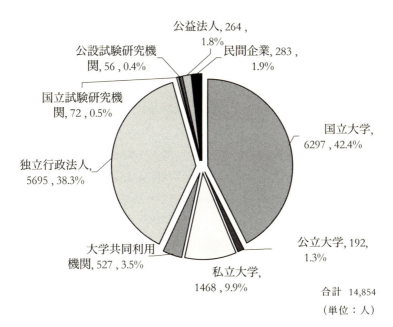

〈図1-3-1〉2004 (平成16) 年度のポスドク等の機関別内訳

出典：文部科学省・科学技術政策研究所, 2006: 7.

に微増しているに過ぎない。政府からの様々な競争的資金が国立大学を中心に配分され、必然的にポスドク数も多数を占めている実態が浮かび上がる。

3 財源別の内訳

次に、2004年度の14,854人の雇用型ポスドクの「財源別内訳」を見てみると以下のように整理される。

「競争的資金・その他の外部資金」6,407人 (43.1%)
(1)「競争的資金」4,579人 (30.8%)
　　「21世紀COEプログラム」1,436人 (9.7%)
　　「戦略的創造研究推進事業」1,231人 (8.3%)
　　「科学研究費補助金」958人 (6.4%)
　　「科学技術振興調整費」464人 (3.1%)
　　「その他競争的資金」490人 (3.3%)
(2)「競争的資金及び奨学寄附金以外の外部資金」1,572人 (10.6%)
(3)「奨学寄附金」256人 (1.7%)
　　「運営費交付金・その他の財源」　　4,929人 (33.2%)
　　「フェローシップ・国費留学生等」　2,705人 (18.2%)
　　「雇用関係なし・その他」　　　　　 813人 (5.5%)
　　　　　　　　　　　　　合計　　14,854人 (100%)

「雇用関係なし・その他」の813人が、ポスドク規程はあるものの無給かアルバイト程度のポスドクと思われる。次に、同じく2006年度の16,394人の雇用型ポスドクの「財源別内訳」を見てみると以下のように整理される。

「競争的資金・その他の外部資金」7,543人 (46%)
(1)「競争的資金」4,855人 (29.6%)
　　「21世紀COEプログラム」1,462人 (8.9%)

「戦略的創造研究推進事業」824人 (5%)
「科学研究費補助金」1,324 (8.1%)
「科学技術振興調整費」451人 (2.8%)
「その他競争的資金」794人 (4.8%)
(2)「競争的資金及び奨学寄附金以外の外部資金」2,216人 (13.5%)
(3)「奨学寄附金」472人 (2.9%)
「運営費交付金・その他の財源」　　5,095人 (31.1%)
「フェローシップ・国費留学生等」　2,714人 (16.6%)
「雇用関係なし・その他」　　　　　1,042人 (6.4%)
合計　　16,394人 (100%)

　2004 (平成16) 年度と2006 (平成18) 年度を比較すると、おおむね全ての財源分野でポスドク雇用者は増加しているが、例外としては「戦略的創造研究推進事業」が1,231人 (8.3%) から824人 (5%) に、「科学技術振興調整費」464人 (3.1%) から451人 (2.8%) に減少している。しかしながら、「雇用関係なし・その他」は813人 (5.5%) から1,042人 (6.4%) に増加していることが目を引く。

　以上のような統計から判断する限り、わが国の「雇用型ポスドク」の特徴は、文部科学省・科学技術庁・通産省など政府関係から配分される資金でおおむね雇用されているということになり、各大学における自前の基金や民間企業による雇用は少ない。つまりは、政府がポスドクの経済的支援を優先的に実施する際には、ポスドクにとっては「追い風」となるが、ひとたび経済不況となって政府資金が削減されれば一気に「逆風」になりかねない危険性を伴う。ポスドクが政府の政策に左右されることなく安定的に研究活動が可能なような環境を整えることが絶対条件であるとともに、ポスドクの多くが将来の各大学における若手教員・研究者ポストに就くことを考えれば、各大学でもポスドクを育成する自前の資金調達が一層必要となろう。

4　年齢分布、女性比率、外国人比率、社会保険加入率

①年齢分布

ポスドクの年齢構成にも目を向けると、〈図1-3-2〉が示すように2004年度は「29歳以下」が27,8%、「30～34歳」が46%、「35～39歳」が16,4%、「40歳以上」が9.3%、「不明」が0.5%であり、35歳以上のポスドクは、すでに全体の約4分の1を占め、40歳以上も約1割近くに達している。ポスドクの高齢化問題は、すでに自明のことであり、緊急の対策を講じる必要に迫られている。

一方、2006年度の年齢分布に目を向けると「29歳以下」が25,5%、「30～34歳」が44.3％、「35～39歳」が18,7%、「40歳以上」が10.4%、「不明」が1%であり、35歳以下のポスドク比率はわずかに減少傾向にあるが、逆に35歳以上は増加傾向にある（文部科学省・科学技術政策研究所, 2008-1: 6）。2年間の間に、ポスドクの年齢は必然的に上昇することになり、今後、ますますポスドクの高齢化が進むことが予測される。

②女性比率

2004年度のポスドク女性は3,139人であり、全体の中での比率は21.1%

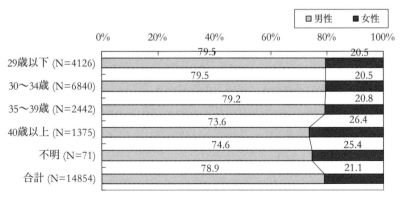

〈図1-3-2〉2004（平成16）年度のポスドク等の年齢分布

出典：文部科学省・科学技術政策研究所, 2006: 10.

であった。女性ポスドクの年齢分布は「29歳以下」が27%、「30 〜 34歳」が44.7%、「35 〜 39歳」が16.2%、「40歳以上」が11.6%、「不明」が0.6%となっている（文部科学省・科学技術政策研究所, 2006: 11）。2006年度のポスドク女性は3,767人であり全体の中での比率は23%を占めている。女性ポスドクの年齢分布は「29歳以下」が24.2%、「30 〜 34歳」が42.3%、「35 〜 39歳」が19.1%、「40歳以上」が13.8%、「不明」が0.6%となっている（文部科学省・科学技術政策研究所, 2008-1: 7）。女性の場合は、「29歳以下」「30 〜 34歳」のポスドク比率は減少しているが、逆に「35 〜 39歳」「40歳以上」の比率が増加している。女性の場合もポスドクの高齢化が明確であり、今後、ますます高齢化が進むことが予測される。加えて、女性ポスドクの場合は女性特有の問題を忘れるべきではない。すなわち、出産、育児、介護など、女性研究者としてだけではなく妻として、母として、嫁としての役割も果たすことが求められる。次の30代理系ポスドクの状況は、日本の女性の置かれた状況をよく物語っている。

　「できるかぎり別居結婚は避けたいが、日本ではなく外国に職を求めなければならない可能性がある。短期間で各地を転々とする生活ではなかなかタイミングも見極められないし、現実問題として家庭を持つことは難しい。実際に家庭を持っている人もいるが、余程理解のある配偶者であり、かつかなりの楽観主義者でないとなかなか踏み出せない」（文部科学省・科学技術政策研究所, 2008-2: 28）。

　もう一つ重要な問題として忘れてはならないことは、そもそも日本の女性研究者の割合は他の先進諸国と比べても最低比率だということである。2010年における統計上では、日本の女性研究者の比率は13.6%であり、アルゼンチン51.5％、イギリス36.8%、フランス27.4%、韓国15.6%などである（文部科学省, 2011: 66）。女性研究者の割合を増やすことが日本の課題となっている。

③外国人比率

2004年度の外国人ポスドクは3,507人であり、全体の比率は23.6%に達し、約4分の1は外国人のポスドクで占められていることが理解される。機関別では、「大学」25.6%、「独立行政法人」22%、「民間企業」11.3%、「その他」12.8%となっている（文部科学省・科学技術政策研究所, 2006: 12）。2006年度の外国人ポスドクは3,888人に増加したが、全体の比率は横ばいの23.7%であった。機関別の報告はなされていない（文部科学省・科学技術政策研究所, 2008-1: 12）。理由は不明である。

外国人ポスドクの身分待遇は、雇用型ポスドクであれば日本人と同じ待遇で雇用されているものの、日本人とは異なる問題を抱えていることにも配慮すべきである。すなわち、外国人であるがゆえの就職問題、家族がいる場合の子どもの教育、日本での住居や生活上の問題などである。こうした外国人ポスドクの問題も十分な実態把握が行われていない。

④社会保険加入率

2004年度におけるポスドクの社会保険（健康保険・厚生年金）加入率（事業者負担の対象になっている者）は55.4%と約半数程度に止まっている。この調査の目的は、雇用型ポスドクの中で常勤勤務者に近い労働時間・日数で研究活動に従事している人数を調査するための指標となるものである。非加入者の場合は、フェローシップ型雇用者等であっても雇用関係のない者、日々雇用の者、週あたりの勤務時間が常勤勤務者の4分の3に満たない者、配偶者の被扶養者などが含まれている。機関別では、加入率は「大学」40.1%、「独立行政法人」75.8%、「民間企業」96.1%、「その他」58.9%となっている（文部科学省・科学技術政策研究所, 2006: 14）。2006年度のポスドク社会保険加入率は、60.5%であり、機関別では「大学」48%、「独立行政法人」86.2%、「民間企業」77.2%、「その他」67.8%となっている（文部科学省・科学技術政策研究所, 2006: 8）。2004年度と比較した場合、「民間企業」が96.1%から77.2%へと減少しているが、この理由は経済不況が要因であると考えられる。いずれにせよ、全体的にはポスドクの社会保険加入率は、大学が最も低く、早急な改善が望まれる。

5 分野別の雇用状況

①分野別の雇用者数

2004年度に雇用されたポスドクの分野別内訳は、〈図1-3-3〉のように「ライフサイエンス」40.7%、「ナノ・材料」14.1%、「人文・社会」8.2%となっている[3]。

2006年度の場合は、「ライフサイエンス」39.47%、「ナノ・材料」11.5%、「人文・社会系」9.7%となる(文部科学省・科学技術政策研究所, 2008-1: 9)。次に、〈図1-3-4〉にも示したように、分野別のポスドク等の所属構成機関構成を見てみると「人文・社会」では93.6%、「フロンティア」では73.9%が「大学」に属している。一方、「エネルギー」では71.5%、「ナノ・材料」では51.1%が「独立行政法人」に属している。今後は、所属機関別にポスドクの実態を調査する必要があろう。

②分野別の年齢構成

〈図1-3-5〉は、2004年度における分野別のポスドク等の年齢分布である。

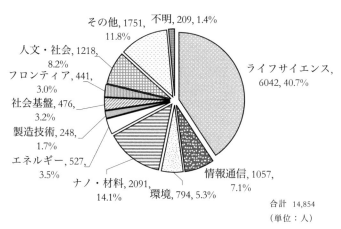

〈図1-3-3〉2004(平成16)年度のポスドク等の分野別比率

出典：文部科学省・科学技術政策研究所, 2006: 15.

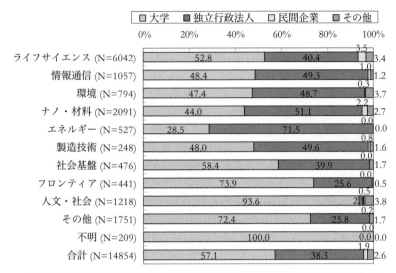

〈図1-3-4〉2004（平成16）年度のポスドク等の分野別の所属構成機関構成

出典：文部科学省・科学技術政策研究所, 2006: 16.

いずれの分野も「30～34歳」のポスドクの割合が最も高く、「35歳以上」のポスドクの場合は「製造技術」が32.3％と高く、次いで「環境」の29.4％と

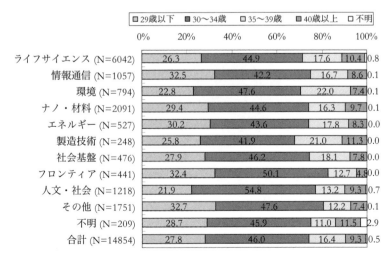

〈図1-3-5〉2004（平成16）年度のポスドク等の分野別の年齢構成

出典：文部科学省・科学技術政策研究所, 2006: 7.

なっている。逆に「フロンティア」が17.5%と最も低い。

　2006年度における分野別のポスドク等の年齢分布は、いずれの分野も「30～34歳」の割合が最も高く、「35歳以上」のポスドクは「ライフサイエンス」が34.1%と高く、次いで「人文・社会」の31.7%となっている。逆に「フロンティア」が19.7%と最も低い（文部科学省・科学技術政策研究所，2008-1: 10）。

③**女性比率・外国人比率**

　2004（平成16）年度の分野別の女性比率は、「人文・社会」36.5%、「ライフサイエンス」28%で上位を占め、逆に少ない分野が「製造技術」9.3%、「ナノ・材料」10.5%であった（文部科学省・科学技術政策研究所，2006: 17）。2006（平成18）年度の分野別の女性比率は、「人文・社会」38.8%、「ライフサイエンス」29.5%で上位を占め、逆に少ない分野が「エネルギー」11.2%、「情報通信」11.5%であった（文部科学省・科学技術政策研究所，2008-1: 11）。ポスドクの女性比率が「人文・社会」で約4割を占めていることが顕著な特徴である。

　同じく、2004年度の分野別の外国人比率は「製造技術」44%、「ナノ・材料」が34.9%、「エネルギー」・「社会基盤」33.6%で上位を占め、逆に少ない分野が「人文・社会」14.4%、「フロンティア」15.9%であった（文部科学省・科学技術政策研究所，2006: 18）。2006年度の分野別の外国人比率は「ナノ・材料」37.7%、「情報通信」34%、「エネルギー」33%、「社会基盤」32.6%で上位を占めている。逆に、少ない分野が「人文・社会」13.4%、「フロンティア」13.9%であった（文部科学省・科学技術政策研究所，2008-1: 12）。

6　就職・転職動向

　さて、最後にポスドク終了後の就職や転職の動向についても概観しておきたい。第1調査研究グループは、2007（平成19）年11月に『ポストドクター進路動向8　機関調査』の結果を公表し、ポスドクの就職や転職の動向についても詳細に報告している。同報告は、文部科学省の「科学技術関係人材の

キャリアパス多様化促進事業」で2006年度に採択された8機関（北大、東北大、早大、名大、阪大、山口大、九大、独立行政法人理化学研究所）を対象に、2005（平成17）年度に当該機関に所属していたポスドク終了後の進路動向を調査したものである。

8機関に対する調査の概要は、ポスドク総数3,870人であり、その分野別内訳は理学（1,719人:44.4%）、工学（882人:22.8%）、農学（277人:7.2%）、保健（643人:16.6%）、人文（217人:5.6%）であり、理工・農学系が全体の74.4%を占めている。その他には、ポスドクの男女比は男性が3,021人（78.1%）、女性が848人（21.9%）、日本国籍を有する者が2,957人（76.4%）、日本国籍以外が913人（23.6%）である。年齢は、29歳以下が613人（15.8%）、30〜34歳が1,869人（48.3%）、35〜39歳が922人（23.8%）、40歳以上が459人（11.9%）となり、35歳以上が全体の35.7%を占め、全体的に高齢化している。

①ポスドクからポスドクへ

本調査の調査対象であった3,870人のポスドクの中で、ポスドクの一定期間の任期終了後、再度、同一機関のポスドクになった者が2,592人（67%）となり、全体の約7割がポスドクの任期を更新している。また、同じくポスドクながら他機関のポスドクになった者が310人（8%）であり、結局、「ポスドクからポスドク」となった者は75%となる。すなわち、ポスドクの4分の3は毎年、ポスドクの任期を更新する者であり、ポスドクの就職がかなり厳しい状況であることを示す資料となっている。結局、こうした状況がポスドクの高齢化や就職難を招く要因にもなっている。

また、他機関のポスドク職に就いた者310人の中で、「国内の機関」は154人（49.7%）、「国外の機関」は130人（41.9%）、「所在不明」は26人（8.4%）となっている。ポスドクの転職先は海外が多く、海外への知的流失も多くなっている。海外の転職先としては、日本国籍の者は「アメリカ」へ移動する比率が高く、日本国籍以外の者は「中国や韓国」などのアジアへ流失する傾向が見られる（文部科学省・科学技術政策研究, 2007: 15）。

②ポスドクから他の職種へ（転職）

　一方、ポスドクからポスドク以外の職（学生・無職を含む）に就いた「転職者」が752人（19%）、「職業不明者」が216人（6%）となっている。この752人の「転職者」の内訳は、〈図1-3-6〉のようになっているが、「研究・開発者」が619人（82%）である。そのうち、国内の大学に常勤職で就職した者は「助手」148人、「講師」50人、「助教授」30人、「教授」2人、「その他の大学教員」57人、「教員以外の研究者」39人の合計326人（52.7%）である。また、「専門的知識を要する職」に就いた68人の中には、「小中高等学校の教員」3人、「医師等」31人、「知的財産関連職」5人などが含まれている。しかしながら、「その他」の中には「学生」13人、「無職」35人も含まれており、博士号を取得しながらも、無職の状態に追い込まれるポスドクが毎年度において少なからず存在していることも忘れてはならない。

③その他の動向

　ポスドクに関する転職・転出者のその他の特徴的な動向としては、転職者752人の中で「国内の機関」が567人（75%）で、「国外」が169人（23%）となっている。国内では大学などの「学術研究機関」への転職が397人（70%）となっ

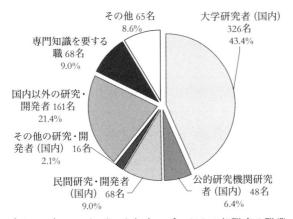

〈図1-3-6〉2005（平成17）年度のポスドクの転職者の職業

出典：文部科学省・科学技術政策研究, 2007: 7.

ているが、次いで「民間企業」が95人 (16.8%) と多い (文部科学省・科学技術政策研究, 2007: 9)。

また、転職者752人の中で「常勤職」は71%、「非常勤職」は11%、「不明」は18%となっている。転職・転出者の男女比率にも特徴が見られ、「大学研究者」に就く比率が男性が9%高く、「不明」の比率は女性が8%、「無職」の比率は女性が7%高い。

年齢から見た場合には、ポスドクの年齢が上がる場合には全体的にはポスドクの比率は減少傾向にはあるが、29歳以下と40歳以上を比較した場合に、「他機関のポスドク」比率は32%から10%に減少し、「国内以外の研究・開発者」の比率が7%から20%に、「職業不明」の比率が12%から27%に上昇する (文部科学省・科学技術政策研究, 2007: 21-22)。

分野別で見た場合の主なる特徴としては、「理学系」は転職・転出者に占めるポスドクの比率は36%と高い。また、理学系では日本国籍を有するポスドクが「国内以外のポスドク」になる者が43.8%、日本国籍を有しないポスドクにおいては「国内以外のポスドク」になる比率が81.6%と高く、他の分野と比べると「国内のポスドク」から「国外のポスドク」になる者の割合が高い。同じ傾向は「農学系」でも言えるが、「農学系」の場合は「職業不明」の者も30%と高い。「人文・社会系」では国内の大学研究者に就く比率が57%と高い。同じく、「教育・芸術等」の分野も「国内の大学研究者」の比率が41%と高い (文部科学省・科学技術政策研究, 2007: 26)。

7　ポスドクへのインタビュー調査

ところで、2008 (平成20) 年度に第1調査研究グループは、関東地域の大学及び大学共同利用機関で研究活動に従事しているポスドク (68人) に対し「キャリアパスの特徴」「研究職への拘り」「非研究職に対する意識等」に関するインタビュー調査の結果を公表している。同調査では、調査対象者となったポスドクの58人 (85%) が大学や公的研究機関の研究者を目指しているだけでなく、研究職を第一希望とするポスドクの動機に関しては「自分の

希望するテーマ」や「職位の高いポスト」を求める者は比較的少なく、長期的に安定して「研究できること」であった (文部科学省科・学技術政策研究所, 2008-2: 48)。しかしながら、現状では少子化などの影響によって高等教育機関の教員数や民間の研究者数の増加は微増しているに過ぎず、結果的には博士課程を修了しても就職先を確保することが困難な状況となっている。

2005年の科学技術・学術審議会人材委員会『多様化する若手研究人材のキャリアパスについて (検討の整理)』では、ポスドク等若手研究者の問題点について次のような警告を発している。

「ポスドクが我が国の研究活動の活性化のための大きな原動力となっていることは評価すべきである。その反面、ポスドクや任期付の若手研究者のその後のキャリアパスが不透明であるという指摘がある。……博士号取得者のキャリアパスが不透明であることにより、優秀な人材がポスドクを経て研究者をめざす道を敬遠したり、博士課程への進学を避けたりすることになれば、我が国の科学技術関係人材の質と量の確保に関して深刻な事態になりかねない」(科学技術・学術審議会人材委員会, 2005)。

つまりは、ポスドクは若手研究者の養成・確保という目標を実現しているものの、若手研究者のための就職難を救済する「バイパス」の役目を十分に果たしていないことになる。

8 「雇用型ポスドク」の特徴と問題点

この文部科学省の調査は、わが国の「雇用型ポスドク」の特徴を把握する上では貴重な全国調査である。同調査の結果は、以下の点で、わが国の雇用型ポスドク制度の特徴と問題点を把握する上で重要なものである。以下、本章の総括として、以下の点を指摘しておきたい。

第一には、わが国の「雇用型ポスドク」は、政府から配分された公的資金

でおおむね雇用されている現状にあるが、経済不況などの要因で公的資金の削減がなされれば、ポスドクの削減も実施されよう。しかし、ポスドクとはわが国の将来の学術体制を左右する貴重な人材であり、将来の若手研究者・教育者として安定的に養成・育成する必要がある。

第二には、ポスドクの高齢化問題はもはや避けることの出来ない問題であり、緊急の対策を取る必要がある。男女ともポスドクの約1割が40歳を超えている。

第三には、わが国のポスドク総数の中で外国人比率は約4分の1を占めている。外国人がわが国の学術研究体制を支えていることは明白であるが、その実態把握は不十分である。研究面だけでなく、生活面、就職面などに関する調査が必要であろう。

第四には、ポスドクの社会保険加入率(事業者負担の対象になっている者)は2006(平成18)年で約6割程度に止まっている。まずは100％に近づける努力が望まれるが、特に大学の加入率を上げるべきであろう。

第五には、ポスドクの正確な実態把握を行うためには、今後は分野別の調査が必要となろう。雇用型ポスドクが所属する分野は機関によって大きく異なる。たとえば、「人文・社会」の分野では9割以上のポスドクが「大学」に属している。こうした所属機関に加え、分野別の年齢構成、男女比、外国人比率なども分野によって異なっている。

以上、文部科学省調査研究グループが2004(平成16)年度と2006(平成18)年度の雇用型ポスドクの実態把握を目的として実施した調査結果を分析し、わが国のポスドク制度の問題点を列記した。次章では、関東地方の各大学におけるポスドク制度の実態を明らかにしたい。

〈注記〉

1 「博士の学位を取得後、①大学等の研究機関で研究業務に従事している者であって、教授・助教授・助手等の職にない者や、②独立行政法人等の研究機関において研究業務に従事しているもののうち、任期を付して任用している者であり、かつ所属する研究グループのリーダー・主任研究員等でない者。①、②ともに、博士課程に標準修業

年限以上在学し、所定の単位を修得の上退学した者(いわゆる「満期退学者」を含む)」と規定されている(文部科学省・科学技術政策研究所, 2006: 3)。
2　逆に、この「雇用型ポスドク」の定義から除外されたポスドクとは、第一に、「内規」を持たない大学のポスドクである。そもそもポスドクに関する内規が存在しない大学は、主に私立大学であろう。ポスドクに関する「内規」を持たない博士課程を有する私立大学は、関東地域の大学に対する調査からしても半数程度は存在するのではなかろうか。第二に、ポスドクに関する「内規」はあっても、「アルバイト程度のポスドク」「テクニシャン(研究補助員)」「研究所の(名目上の)研究員」などがポスドクに含まれるか否かは各大学によって異なるであろう。そもそも、各大学のポスドクとは次章の関東地域の調査でも明確にされているように、その一般的な採用条件は「35歳未満」「博士の学位を有すること」「研究業績・意欲・資質など」が挙げられている。言い換えれば、35歳を過ぎた者、研究員という名目で大学に残っている者は除外されることになる。第三には、大学院博士課程を修了せずに常勤職を得るために大学に残っている相当数の「オーバードクター」も除外されている。以上のようにポスドクに関する実態把握は不十分な状況にある。
3　この分野別内訳は、第二期科学技術基本計画上の重点分野分類(「ライフサイエンス」「情報通信」「環境」「ナノテクノロジー・材料」「エネルギー」「製造技術」「社会基盤」「フロンティア」)の8分野と「人文・社会」「その他」「不明」の合計11分野である(文部科学省・科学技術政策研究所, 2006: 14)。

〈参考文献〉

久保田　文 2004「大学院は出たけれど」日系BP社『日経バイオビジネス』第36号, pp. 32-43.
科学技術・学術審議会人材委員会 2005『多様化する若手研究人材のキャリアパスについて(検討の整理)』
　　http://www.mext.go.jp/b_menu/shingi/gijyutu/gijyutu10/toushin/05072101/htm[2007.3.22.取得]
科学技術政策シンポジウム実行委員会 2008.11.16.「科学・技術の危機とポスドク問題─高学歴ワーキングプアの解消をめざして─」
　　http://www.kokko-net.org/kokkororen/08_torikumi/t081119.html[2012.11.30.取得]
文部科学省・科学技術政策研究所(第1調査研究ループ) 2006『大学・公的機関におけるポストドクター等の雇用状況調査 平成17年調査』pp.1-187.
　　http://www.nistep.go.jp/achiev/ftx/jpn/mat128j/pdf/mat128j.pdf[2009.3.22.取得]
文部科学省・科学技術政策研究所(第1調査研究ループ) 2007『ポストドクター進路動向8機関調査』pp.1-53.
文部科学省・科学技術政策研究所(第1調査研究ループ) 2008-1『大学・公的機関におけるポストドクター等の雇用状況調査─2006年度の実績─』pp.1-31.A1-109.
　　http://www.nistep.go.jp/achiev/ftx/jpn/mat156j/pdf/mat156j.pdf[2012.11.16.取得]
文部科学省・科学技術政策研究所(第1調査研究グループ) 2008-2「インタビュー調査：

ポストドクター等のキャリア選択と意識に関する考察―高年齢層と女性のポストドクター等を中心に―』pp.1-86. NISTEP-RM152-FullJ.pdf[2012.11.16.取得]
文部科学省2011『科学技術指標2011統計集』pp. 1-153.
　http://www.nistep.go.jp/achiev/ftx/jpn/mat198j/pdf[2012.11.16.取得]

第4章　首都圏のポスドク制度
――関東地域の大学・大学院へのアンケート調査の結果――

〈34歳ポスドク：既婚者〉
　私の置かれているポスドクの年間の休日は土日祝日を除いても、夏季・冬季・春季の休暇は厳密には取ることができません。ポスドクは短期間の契約状況のため、その短い期間中に次の職の履歴書作成、そして研究論文の作成があり、前者においては無駄な時間が掛かりすぎます。これでは研究に没頭できません。私は既婚者であります。妻も博士課程を出ており、研究職を求めていますが中々大変です。私の低賃金では生活は苦しいです(科学技術政策シンポジウム実行委員会「科学技術政策シンポジウム」(2008年11月16日)にて)。

1　「アンケート調査」による実態分析

　わが国のポスドク制度の起源は、第2章でも述べたように1985(昭和60)年の日本学術振興会の「特別研究員制度」であった。その後、1996年に閣議決定された「ポストドクター等1万人支援計画」によって、わが国のポスドクは拡大することになる。しかし、現状ではポスドクの就職難や高齢化などの「ポスドク問題」が指摘され、近年においては文部科学省や他の研究機関でも実態調査が開始されている。本章では、わが国のポスドク制度の実態把握が未だ不十分な点を鑑み、関東地方の大学におけるポスドク制度の運用システムの実態解明を行うものである。なお、こうした各大学におけるポスドク制度の実態を解明することを意図した研究は前例がない。

(1) 調査の概要

本節では、わが国のポスドク制度の実態解明を目的として、関東地域の172大学に対して実施した「アンケート調査」の分析結果を報告する。調査対象となった大学は、大学院博士課程や研究所(センター)を有する4年制大学であるが、理系と文系のバランスに配慮しながら、それぞれの大学から1研究科、ないしはポスドクを雇用していると予想される研究所(センター)を抽出し、「アンケート用紙」(A4判2枚)を送付した。

1) 調査期間：2008年11月29日(郵送の日付)～2009年1月31日(返送の期限)
2) 調査対象の大学：(埼玉)18大学、(千葉)4大学、(東京)132大学、(神奈川)18大学　　　　　　　　　　　　　　　　　　　　　　　合計172大学
3) 回答のあった大学：80大学(回収率：46.5%)
4) ポスドクを雇用する大学：(埼玉)4大学(私立4)、(千葉)1大学(私立1)、(東京)26大学(私立19・国立7)、(神奈川)4大学(私立3・公立1)

回答のあった大学は、合計で80大学(回収率：46.5%)であるが、その中でポスドクを雇用する大学は35大学であった。ただし、回答を得た中には国立大学が1大学で5研究科と1研究所ごとに別々の回答があり、これを6大学として処理した。また、私立大学の中にも1大学で3研究科の回答があり、これを3大学として処理した。80大学の中には「ポスドクを雇用していない」、ないしは「ポスドク制度が存在しない」という回答も45大学あった。ただし、これらの45大学の中にはポスドク制度が存在しないものの、「事実上のポスドク」が存在すると指摘する大学も3大学あった[1]。回答者は、おおむね教務関係(教務課や大学院教務課など)の職員であるが、その他の課(総務部人事課や学生支援課など)、事務職の責任者(事務局長、事務長)などからも回答を得た。また、少数ながら学部長、研究関係のセンター長である教員からの回答もあった。

(2) 質問項目

本調査の質問項目は、全13項目あり、おおむね記述式の回答をお願いした。以下は、質問項目の全文である。

①ポスドクに関する規程(内規)はありますか。
②ポスドク制度の発足年はいつですか。
③ポスドク制度を管理している委員会や責任機関はありますか(ある場合には、委員会や責任機関名をお書き下さい)。
④ポスドクの選抜基準と方法を簡潔に記述して下さい。
⑤貴機関(センター)の2008年度におけるポスドクは何人採用されていますか。
⑥ポスドクの1週間あたりの勤務時間と日数は、どれくらいですか。
⑦ポスドクの1ヶ月、ないしは1年間の給与はどのようになっていますか。
⑧ポスドクの待遇として、以下の点は加入(ないしは支給)されていますか(健康保険、共済年金、労働保険、交通費、その他)。その他(研究費など)がある場合には、ご記入下さい。
⑨ポスドクは授業を担当しますか。する場合は週に何コマですか。
⑩ポスドクの主なる業務内容をいくつか挙げて下さい。
⑪ポスドクの就職(研究職や一般企業など)への特別支援はありますか。ある場合には、具体的な支援内容を挙げて下さい。
⑫ポスドク制度の問題点や改善点はありますか。ある場合には、その内容をご指摘下さい。
⑬貴学のポスドク制度の特色などあれば、挙げて下さい。

本調査への各大学の回答は、本章の最後に〈表1-4-1〉として概要を掲載した。〈表1-4-1〉は、回答のあった35大学のなかからポスドクの採用数が多い上位12大学(A〜L)を選んだ。回答者の自由記述は全文を掲載できないので、回答の趣旨に反しないように筆者の判断で簡略化した。なお、本調査の際には大学名を公開する許可を得ていないため、大学名は一部例外を除いて非公

2 ポスドク「規程」と「選抜基準・方法」

(1) 規程の有無

　ポスドク制度の発足年(質問項目②)は、津田塾大学(国際関係研究所)の1975年は別格として、ポスドク制度を2000年以前に創設した大学としては東邦大学(理学部)が1995年、東京工芸大学(工学研究科)と北里大学(医療系研究科)が1997年であった。残りの大学はすべて2000年以降であった。ポスドクの雇用数(質問項目⑤)は35大学で207人であったが、時給1,500 ～ 2,300円のアルバイト程度と思われる者も20人近く含まれている。なお、全国的には国立大学のポスドク総数は7割を超えるが、本調査の場合は私立大学が8割近くを占めている。

　207人の内訳は、国立26人(12.5%)、公立22人(10.6%)、私立159人(76.8%)であった[2]。各大学におけるポスドク制度に関する規程(質問項目①)は、「ある」とする大学が31大学、「ない」とする大学が4大学であり、約9割の大学がポスドク規程を有していることになる。各大学によって規程の内容は異なるが、おおむねポスドク制度の「目的」「資格」「身分」「職務内容」「採用(期間)」「給与等待遇」「成果の公表」「除籍」などが定められている。

　ポスドクを管理する委員会(管理機関)の有無(質問項目③)に関しては、「ある」とする大学が28大学、「ない」とする大学が7大学であった。大学院研究科の場合は、「大学院」か「研究科」であるが、「学部・教授会」「理事会」なども管理機関となっている。また、研究所や学内外の競争資金を持つセンターなどは、「プロジェクト運営委員会」「プロジェクトの代表」などが管理機関となる場合もある。こうしたポスドク規程と管理機関の有無は、各大学でポスドク制度を整備する前提条件となるものであり、責任ある機関が一貫してシステム全体を統括し、待遇改善やキャリア支援などを行う上では必要なものである。

(2) 選抜基準・方法

　ポスドクの選抜基準や方法（質問項目④）などの採用条件に関しては、各大学ともに「35歳未満」「博士の学位を有すること」「研究業績・意欲・資質など」が挙げられているが、応募方法は「公募制」か「推薦制」となっている。「公募制」の場合は推薦者は必要ないが、「推薦制」における推薦者は「研究指導教員」「プロジェクトの代表者」などであり、推薦された者を「選考（書類・面接など）」し、「教授会決定する」ものである。

　審査方法としては、「一次審査」で出願書類の審査（履歴書・研究業績・発表論文・応募者本人に関する事情聴取可能な者の氏名・連絡先など）を行い、合格者と面接する「二次審査」といった段階的な審査が一般的である。一次審査・二次審査後に「審査委員会が候補者に順位を付け、研究科委員会で3名連記の投票により上位3名を選出する」（東京・国立・社会学）という大学も存在する。その他には、「学長がポスドクの申請があった時に、研究科委員会の意見を聴取し決定する」（東京・私立・医学）という大学も見られる。選考方法の詳細は不明であるが、各大学のポスドク規程を見る限りでは「博士の学位」を有するか、「それに準じた研究業績を持つ者」が採用されている。採用条件として「1〜2年任期の専任講師と同等の扱い」（東京・国立・商・経済・法の各研究科）を挙げている大学もある。こうした大学は、自らの大学の教員資格の基準をポスドク採用条件としており、明確な基準が明示されている。

3　ポスドクの業務内容や待遇など

(1) 業務内容や勤務時間

　ポスドクの業務内容（質問項目⑩）としては、大学、もしくは外部資金による研究プロジェクトの「研究補助」や「研究支援」などの研究補助業務が中心である。しかしながら、「機器のメンテナンス」「研究センターなどの補助業務」「研究会・シンポジウムの企画・運営・参加」「授業・試験監督補助」「学部主催行事補助」「大学院入試等の学内業務」「学部・大学院の教育補助」など、大学の一般業務や教育補助業務などを担当させる大学も多い。大学内

の「研究所の運営」にポスドクを配置している大学もある。ポスドクが研究補助だけでなく大学の多様な業務を担当している実態が浮かび上がる。

ポスドクの勤務時間(質問項目⑥)は、「1日7〜8時間、週5日間勤務」というケースが10大学と最も多く、その他は1日8時間勤務で週2〜6日という大学が11大学あった。1週間当たりの勤務時間を定めている大学もあり、「週あたり30〜38時間以内」という大学も4大学あった。研究所の運営のために、月1回のスタッフ・ミーティング(13:00-16:00)への出席を義務づけている大学(東京・私立・国際関係)もある。

大学における授業担当の有無(質問項目⑨)に関しては、ポスドクに授業担当を課している大学は、明治大学(3コマ以内)、一橋大学(商・経済・法・社会の4研究科で1〜2コマ)だけであった。一橋大学の場合は、各研究科で若干の内容的差異は見られるものの「学部1・2年生を対象としたゼミナールを週2コマ担当」「年間4単位以上の講義を担当」している。一方、明治大学では学部の兼任講師を兼ねることが可能であり、一橋大学では2研究科で専任講師(契約講師)と同等の採用が行われている。両大学の試みは、いわばポスドクの「教育歴」に配慮した方策である。

(2) 待遇(給与)

ポスドクの給与(質問項目⑦)は、勤務時間に対応しているものと考えられるが、給与は「時給制」(2大学)、「月給制」(25大学)、「年俸制」(5大学)の3パターンに区分される。それ以外には、「条件によって異なる」(1大学)とする大学、「無回答」の大学が2大学あった。「時給制」では1時間当たり2,300円を支給する大学(埼玉・私立・地球環境)、月に1回程度の学内研究所のスタッフ・ミーティング(13:00-16:00)に参加した場合に1,500円を支払い、その他の個別業務に対して謝金(時給1,000円)を支給する大学があった(東京・私立・国際関係)。これらの大学のポスドクは、「アルバイト程度」のポスドクであると考えられる。「月給制」で最も高額な給与を支払っている大学(神奈川・私立・工学)は「週5日以内・35時間以内」で月額45万円を支給しているが、一般的には勤務時間が1日7〜8時間の「週6日間」で月給25〜30万円(2大学)、

「週4～5日間勤務」で月給20～27万円(10大学)、「週2日間勤務」で10～11万円が支給されている。「年俸制」では、「週4日間勤務」で年間約330万円(給与280万円、研究費50万円)を支給している大学(東京・私立・仏教)が最も高額であった。

給与以外にポスドクに対して研究費を支給している大学は3大学のみであり、年間10～50万円が支給されている。社会保険(質問項目⑧)は、12大学が交通費の支給が「なし」であったが、それ以外の大学はおおむね「健康保険」「共済年金」「労働保険」「雇用保険」に加入している。「介護保険(40歳以上)」に加入している大学(東京・私立)も1大学あった。

4　ポスドク制度の実態と問題点

(1) ポスドク制度の大学における現状

最後に、ポスドクに関する問題点を確認する。ポスドクの任期制に関しては、各大学のポスドク規程や回答から、全ての大学で「1年任期」を原則とし、それを超えた場合には「プロジェクトの存続期間を超えない」(10大学)、「最長1年の更新」(5大学)、「必要と認められた場合には通算5年を限度とする」(4大学)、「再任は可能であるが、原則3年を超えない」(4大学)、「更新を認めない」(2大学)という結果が得られた。「その他・回答なし」も10大学あった。

ポスドクは、任期終了後は専任職に就く者、海外の大学も含めた他大学のポスドクになる者、職を失う者など多様であるが、いずれにせよ、ポスドクの就職(研究職や一般企業など)への組織的支援に対する質問(質問項目⑪)への回答は、ほぼ皆無であった。わずかに2大学だけが「指導教員が可能な限り支援している」(東京・私立・理学)、「研究プロジェクトを統括する研究室ごとに行っている場合はある」(東京・私立)と回答しているに過ぎない。東京私立大学(工学研究科)の職員はポスドク制度の問題点への回答として、「フルタイム勤務を義務づける一方、給与等の待遇が低い点はポスドクからすると改善したい点と考える。しかし、大学として厚遇することは難しい。ポスドク育成の視点から国の補助金増額を求めたい」(2009年1月の回答)と述べている。

その他の問題(質問項目⑫と⑬)としては、以下のような内容が指摘された。①給与やポジション(助教の増員)などの「人事面の処遇の難しさ」(5大学)、②就職などの「キャリア支援の難しさ」(5大学)、③優秀なポスドク、ないしは適任者を確保するための「選考の難しさ」(2大学)、④財源不足などを理由とする「採用人数の増加の難しさ」(2大学)、⑤ポスドクの「雇用制度それ自体の不備」、⑥「研究環境の未整備」、⑦「実態把握が出来ていない」、⑧「宿舎など日常生活の支援」(各1大学)というものである。

これらの回答結果から、現在の各大学におけるポスドク制度の問題点を要約すれば、優秀な人材を確保するための「選考方法の確立」、給与やポジションなどの「人事・待遇面」の改善、採用者数増加のための「資金の増額」、研究環境を含めたポスドク制度自体の整備、任期終了後の「キャリア支援」の充実などが挙げられる。しかしながら、ポスドク制度の問題点を改善する方策を提言している大学の回答は少ない。キャリア支援に関しては「ポスドクを雇用する企業などの拡充」「ポスドクの雇用制度の整備」「ポスドク育成の視点から国の補助金の増額」「ポスドク雇用の安定した資金調達」などが指摘されている。

(2) ポスドク制度の大学における課題

わが国のポスドク制度は、政府・文部科学省が主導しながら、これまではアメリカに比べて手薄なポスドクの量的拡大を最優先課題とし、経済的支援を拡大・強化してきた。しかしながら、2000年頃から大学や公的研究機関におけるポストの需要と供給のバランスの崩れにより、ポスドクの「就職難」や「高齢化」といった問題が表面化することになる。従って、現状では多くのポスドクが競争の激しい常勤学術職ポストを目指して、将来的には閉ざされてしまう危険性を孕む研究職へのキャリア・パスを歩んでいるような状態となっている。本章の目的は、わが国の「ポスドク問題」に加え、各大学におけるポスドク制度の運用システムの実態から、さらなるポスドク制度に関する重要な問題点を浮き彫りにすることであった。今回のアンケート調査の結果を踏まえ、大学におけるポスドク制度の問題点と改善点を指摘したい。

第一には、一般的にはポスドクは若手研究者と位置づけられているが、本調査では「授業・試験監督補助」「学部主催行事補助」「大学院入試等の学内業務」「学部・大学院の教育補助」など、大学の一般業務や教育補助業務などを担当している実態が浮かび上がった。各大学の様々な事情はあろうが、ポスドクの役割とポスドクへの期待を明確にする必要があるのではなかろうか。こうしたポスドクの役割と期待の違いは、各大学における給与などの格差を生み出す要因にもなっている。ポスドクの位置づけを明確にしないと、わが国のポスドク制度それ自体の存在意味も曖昧なものとなる危険性がある。まずは明確なポスドク規程を設け、優秀な人材を選抜するシステムを整えた上で、ポスドクが安心して研究に打ち込める環境を整えることが重要となろう。

　第二には、ポスドクが優秀な「若手研究者」であるだけでなく、将来的には大学教員になる可能性の高い「若手教育者」でもあることも自覚したい。本調査では、授業担当をポスドク業務と位置づけている大学は明治大学と一橋大学の２大学のみであった。ポスドクが若手研究者としてだけでなく、若手教育者としての経験を積むことは、ポスドクに対する経済的な支援という側面だけでなく、「教育歴」という側面からも必要であろう。

　第三には、ポスドク制度を運用する責任機関の組織的なあり方の問題である。本調査では、各大学においてポスドク制度を運用する責任機関は設けているものの、ポスドクの選抜、業務管理、ポスドク問題の処理、任期終了後の就職支援など一貫したポスドク制度の運用機関とはなりえていない。ポスドクを将来の若手研究者・教育者として採用し、育成する一貫したシステムの構築が急務ではなかろうか。

　第四には、各大学におけるポスドクへの「キャリア支援」の実施が皆無に等しい。ポスドクへのキャリア支援に関しては、現在、個別の大学で組織的な取り組みを開始しているケースもあるが、政府、各大学、企業、学会など一体化した支援体制の構築が求められる。今後の成果に期待したい[3]。

　最後に、ポスドクとは成熟した研究者ではなく、支援を必要とする「若手研究者・教育者」に他ならない。学術研究の最先端に位置し、激しい競争下

にさらされているポスドクを養成・育成することは、わが国の学術研究の未来を左右するだけでなく、各大学の後継者を育成する上でも重要な課題となりつつある。

5　その他の調査機関の指摘

　文部科学省の調査以外でも、各研究機関で独自にポスドクの調査が実施されている。以下、各機関の独自調査の概要を報告する。

(1) 日本地球惑星科学連合

　日本地球惑星科学連合とは、2005年秋の日本学術会議の改革に対応して地球惑星科学関連学協会を束ねる窓口組織として発足し、2008年12月1日から一般社団法人日本地球惑星科学連合として再編された組織である。団体会員は、2010年7月段階で日本宇宙生物科学会、日本応用地質学会、日本海洋学会、社団法人日本気象学会など48学協会が名を連ねている。年1回の連合大会などをはじめ、ニュース・レターなどの刊行物も発行されている。この日本地球惑星科学連合に関連する研究機関及び大学に属するポスドクの実態調査が『若手任期付き研究員雇用実態調査報告書』である。

　同報告書は、2005年2-5月にかけてポスドクに対する「公募の有無」「任期」「給与」「勤務時間」「保障」「各種休暇」「旧姓の使用条件等」をアンケート調査したものである。合計28人のポスドクから回答を得ているが、その内訳は国立大学のポスドク（任期付き助手を含む）14人、独立行政法人研究機関ポスドク（任期付き研究員含む）10人、常勤・任期なし職員4人の合計28人である。同調査の結果で、特徴的な点だけを列記すると、ポスドクの「採用時の年齢制限がない者が多い」こと、「任期は3年以下か5年以下」であること、勤務時間は「週40時間以下」が最も多い。日本育英会の奨学金免除職に該当し、健康保険、社会保険、雇用保険の適用は大半がされているが、大学に勤務するポスドクで「適用なし」も2人いる（尾花・吉村他, 2006:2-3）。

　また、雇用保険が適用されても、雇用後半年経つと雇用保険の適用が外さ

れるケースもある。ポスドクの雇用は不安定であるから、こうした各種保険の適用が必要であることが指摘される。しかしながら、勤務時間が「30時間未満」となると社会保険や雇用保険が適用されるケースは全くなく、30時間以上が保険適用の条件となっているようである。週40時間程度勤務しているポスドクの場合は、年間10日程度の有給休暇がある。産休は、労働基準法で決まっているものの、常勤職は産休でも有給であるが、ポスドクの場合は「無休」である場合が多い（尾花・吉村他, 2006:4-5）。以上のことからも、同報告書では常勤職とポスドクとの差異は歴然としているが、ポスドク問題の解決は「様々な局面に立つポスドクの様々なニーズに対応することで、ひとつひとつ問題をクリアしていく姿勢が求められる」（尾花・吉村他, 2006:7）と提言している。

〈注記〉

1 「事実上ポスドクにあたる人はいるが、ポスドクという身分を与えているわけではない。非常勤や研究員として勤務している。制度として管理していないので、回答ができない」や「ポスドク制度はないが、ポスドク制度に準じたものとして任期制助手という制度がある。兼任講師の扱いで博士後期課程修了者の研究支援を行っている」などとする回答が3大学あった。
2 2006年度のポスドク採用数は、総数が16,394人で、そのうち大学では10,743人雇用され、国立大8,033人（74.8%）、公立大が199人（1.9%）、私立大が1,867人（17.4%）、その他644人（6%）であった（文部科学省・科学技術政策研究所, 2008: 4）。
3 2008年度から開始された文部科学省科学技術振興調整費「イノベーション創出若手研究人材育成」によって名大、京大、九大、早大などの10大学が採用され、若手研究者の育成事業がスタートしている。大学院修了者やポスドクを対象にした産学連携研究プログラム、国内外でのインターンシップ、就職セミナーなどが実施されている（文部科学省, 2008-1）。

〈参考文献〉

尾花由紀・吉村玲子他 2006『若手任期付き研究員雇用実態調査報告書』pp.1-9.
　　http://www.sgepss.org/sgepss/danjo/ninki_060407.pdf#search[2011.3.14.取得]
科学技術政策シンポジウム実行委員会 2008.11.16.「科学・技術の危機とポスドク問題─高学歴ワーキングプアの解消をめざして─」
　　http://www.kokko-net.org/kokkororen/08_torikumi/t081119.html[2012.11.30.取得]
北野秋男（2009）「我が国の「ポストドクター」の現状と課題」日本大学人文科学研究所

『研究紀要』第78号, pp.59-71.
北野秋男 (2010)「我が国の「ポスト・ドクター」の実態に関する研究—関東地域の大学・大学院へのアンケート調査の結果—」大学教育学会『大学教育学会誌』第32巻, 第2号, 2010. 11. pp.104-112.
文部科学省2008-1「SYMPOSIUMイノベーション創出若手研究人材：資料集」文部科学省科学技術振興調整費, pp. 1-108.
文部科学省2008-2「平成20年度科学技術振興調整費新規採択課題一覧」
　http://www.mext.go.jp/b_menu/houdou/20/05/08051604/001/001.htm[2012.2.8. 取得]
文部科学省・科学技術政策研究所 (第1調査研究グループ) 2008「インタビュー調査：ポストドクター等のキャリア選択と意識に関する考察〜高年齢層と女性のポストドクター等を中心に〜」pp.1-86.NISTEP-RM152-FullJ.pdf[2012.11.16.取得]

〈表1-4-1〉各大学のポスドク制度の比較一覧表

	A 埼玉 (私立)	B 千葉 (私立)	C 東京 (私立)	D 東京 (私立)	E 東京 (私立)	F 東京 (私立)
地域 PD採用の研究科・機関名	医学研究科	工学・情報科学・社会システム科学研究科	工学研究科	国際関係研究所	大学院	研究・知財事務室
①規定	○	○	○	○	○	○
②発足年	2002	2003	2005	1975	2004	2006
③責任機関の有無	○	○	○	○	×	○
(機関名)	大学事務部(総務課・人事課)	学務部(産官学融合課)	大学院	国際関係研究所	×	研究・知財戦略機構
④選考基準・方法	選考基準：①満39歳未満、②博士の学位を有する者か、学位取得が確実な者、③本学の特定研究プロジェクト等において一定の職務を分担しての研究に従事する者。選考方法：教授会の議を経て学長が行う。任期：1年ごとに更新、原則として3年以内。	選考基準：①35歳未満で博士の学位を有する者(日本学術振興会のPDを含む)②本学のPDとする。選考方法：プロジェクトの代表者(教授)が推薦し、特別研究員に関する規程(採用手続きの推薦書、業績書、責任者の推薦書、学位記の写し)に基づき選抜。任期：1年。ただし、当該プロジェクトの終了時まで、理事長の承認のもと、年度ごとに更新。	選考基準：①35歳未満(更新時には適用しない)。②博士の学位を取得する者か、学位取得が確実な者。選考方法：研究業績、意欲、資質等を総合的に判断して決定。任期：1年以内、通算して2年を超えないが、学長が必要と認めたときは通算して5年間を限度とする。	選考基準：①大学院博士後期課程修了者で博士の学位を有する者、および博士課程修了で証書を有する者。各学期末において学位取得見込みの者(博士の学位取得が確実な者。*PD制度というより、研究所研究員としての所属、ポジションをポスドクに与えている。 選考方法：研究代表者の推薦による。任期：3年。	選考基準：①博士の学位を有する者。②当該研究プロジェクトを遂行するための専門的知識・能力があること。選考方法：研究代表者の推薦による。所管機関長の推薦による。任期：当該研究期間。	選考基準：①35歳未満の者。②博士課程修了者のうち博士の学位を有する者(社会・人文科学分野は博士の学位を取得する者に相当する能力を有する者。選考方法：公募制。採用希望者は申請書、履歴書、業績書、推薦書、学位取得証明書、その他必要な書類を提出。③研究プロジェクトの計画性、②PDを必要とする妥当性。③候補者の業績等について書類による審査を行う。任期：1年。当該研究の終了時までを限度とし、更新できる。ただし5年以内。
⑤採用者数	10	8	14	12	16	20
(有給者数)	10	8	14	0	13	20

⑥勤務時間と日数	週に3日(10:00～16:00) 1ヶ月で70時間を超えないこと。	原則週に5日。1日8時間勤務	週に6日(9:00～17:00)	月1回のスタッフ・ミーティング(13:00～16:00)、および研究会出席が義務付けられている	週に2-5日(9:00～17:00)	週あたり20時間以上40時間以内
⑦給与	¥259,500(月額)	¥250,000(月額)	¥250,000(月額)	ミーティング1回につき¥1,500、その他個別業務は時給で¥1,000	¥100,000～¥140,000(月額)ただし、プロジェクト研究費・外部から支給	¥230,000(月額)
⑧保険加入・研究費	健康保険、共済年金、労働保険	健康保険、共済年金、労働保険、交通費 研究費¥200,000	健康保険、共済年金、労働保険、交通費	▲	健康保険、労働保険	健康保険、交通費
⑨授業担当	×	×	×	各自で非常勤講師として大学と契約することはある。	×	3コマ(兼任講師を兼ねることができる。3コマ以内を限度とする)
⑩主な業務内容	特定の研究テーマに従った研究活動。	①音響フロンティアセンターのプロジェクトに関する調査・研究(学術フロンティア)②HIVの宿主細胞分裂分子調節に対する作用機序の解明(ハイテクリサーチセンター)③国又は地方公共団体等から補助を受けて行う研究に従事。	①国又は地方公共団体、民間等から補助を受けて行う研究②本学大学院工学研究科委員または工学研究マネジメント研究科教授会が認めた研究(規程第3条)	研究所の運営(詳細は内規参照)。	研究の実施	本学の教員が行う研究プロジェクトについて、一定の職務を分担する為、研究に従事する。ただし、プロジェクトごとに異なる。ただし、補助的業務は認めない。
⑪就職支援	×	×	×	×	×	×
⑫問題点・改善点	PDを通常の常勤職員として積極的に雇用する企業等の拡充。	×	フルタイム勤務を義務づける一方、給与等の待遇が低い点はPDとして改善したいと考える。しかし、処遇は難しいとして大学としても厚い処遇は難しい。PD育成の視点から国の補助金増額を求めたい。	無給であること	▲	PDの勤務管理を教員からの報告で行っている為、正確に実態を把握することが困難。
⑬その他(特色)	初年度採用の年齢制限を39歳迄としている。	×	×	科研費研究者番号の交付を受けられること(現在ほとんどの研究代表者及び分担者として科研費交付を受けている)。	▲	▲

地域	G 東京 (私立)	H 東京 (国立)	I 東京 (国立)	J 神奈川 (私立)	K 神奈川 (私立)	L 神奈川 (公立)
PD採用の研究科・機関名	人事部（人事課）	商学研究科	フロンティア研究センター	工学研究科	大学	研究推進センター
①規定	○	×	×	○	○	○
②発足年	2004	×	×	1997	2002	2003
③責任機関の有無	○	×	×	○	○	○
（機関名）	学部または大学院	学部または大学院		工学研究科委員会	学長室・常任理事会	研究院
④選考基準・方法	選考基準：博士の学位を有する者か、同等の能力を有すると認められる者。①文部科学省経常費補助金特別補助、等での自立を支援する。その要件を満たす場合は、研究者を予定する。選考方法：研究プロジェクトの研究代表者又は研究分担者が行う。任期：1年。当該研究の研究期間内に限り、4回を限度として更新可能。	選考基準：大学院後期博士課程修了、あるいは単位取得退学者の若手研究者に一定の教育研究経験を与えつつ、研究者としての自立を支援する。選考方法：書類選考及び面接。定員は5名。任期：1年	選考基準・方法：JSPSの申請と同様に、研究計画書を提出させ、書類審査後、面接を行う。	選考基準：①35歳未満の者②博士の学位を有する者。選考基準：①採用願書、履歴書、研究業績書、指導教授の推薦書などを提出。②工学研究科委員会の議を経て、工学研究科長が行う。任期：1年。更新は妨げないが、通算3年を超えることは出来ない。研究プロジェクトの遂行上必要な場合には、通算5年を超えない。	選考方法：①日本学術振興会特別研究員は除く。②博士の学位を有する者。人文・社会科学分野の者は博士の学位を取得するに相当する能力を有する者。③文部科学省等から選定されたプロジェクト等において一定の職務を分担し、研究に従事するにふさわしい者。	選考方法：研究院研究分科会運営会議にて、雇用財源に応じて当人の業績等を審査。
⑤採用者数	18	7	6	8	14	22
（有給者数）	18	7	6	8	14	22
⑥勤務時間と日数	週に5日（1日あたり実働時間は7時間）	週あたり30時間	▲	週に5日（9:00〜18:00）	1日の勤務時間は8時間以下（1時間の休息を含む）。	週に5日（10:00〜18:00）

⑦給与	¥364,000か¥270,000（月額）当該プロジェクトの研究代表者か分担者が決定する。	¥2,400,000（年額）	¥300,000-¥400,000（月額）	¥270,000（月額）	¥376,000（月額）	¥200,000（月額）
⑧保険加入・研究費	健康保険、雇用保険、厚生年金、介護保険（40歳以上の場合）	健康保険、労働保険、厚生年金保険	健康保険、共済年金、労働保険、交通費		労働保険、雇用保険	健康保険、労働保険、交通費
⑨授業担当	×	2コマ：専任講師（契約教員）と同等の採用。	×	×	×	×
⑩主な業務内容	各研究プロジェクトの遂行に必要な研究全般（研究プロジェクトにより異なる）。	①学部1・2年生を対象としたゼミナールを週2コマ担当する。②研究科長が認める業務に従事する（試験監督等）。	研究・研究補助	①本大学が行う研究プロジェクト等各種研究活動の研究補助。②本大学の学部及び大学院の教育補助。③その他、工学研究科委員会が認めた業務。	①ハイテク・リサーチ・センター整備関連業務（基礎研究）他。②学術フロンティア推進事業関連業務（基礎研究・シンポ準備他）。	研究
⑪就職支援	学部または研究科単位ではないが、研究プロジェクトを統括する研究室ごとに行っている場合はある。	×	×	×	×	×
⑫問題点・改善点	▲	×	就職をどうするか、教員の定員（助教をとくに）を増やせればよい。	①優秀かどうかの判定が困難。②適任者を探す方法が難しい。③給与やポジション等、人事面の処遇が難しい。④宿舎、子弟の教育など日常生活の支援。⑤雇用のための予算確保。	予定しているPDの人数を確保できていない。	×
⑬その他（特色）	▲	予算の関係もあり、1年任期の契約教員として雇用しているが、研究科内では専任講師と同等の扱いをしている。主な仕事として1・2年生を対象としたゼミを担当してもらっている。	×	センター、グローバルCOEプログラム、文部科学省学術フロンティア推進事業等で任用している点。	×	×

○は「あり」、×は「なし」、▲は「記入なし」（未回答）

第5章　人文・社会系分野における「ポスドク問題」

〈日本社会学会に対する若手研究者の要望（自由回答）〉
　若手研究者の就職問題や教員の多忙化問題については、大学（教育研究機関）や研究への社会的評価とかかわっているので、広い意味で政治的な問題だと思います。解決のためには諸学会の対外的な威信や発言力が必要でしょうし、解決したいという意思も必要だと思います（単純に言えば、教員数や教育研究予算の増加のためのロビー活動をする意思や力があるかどうか。また院卒者が研究職以外の職で受け入れられるようにするために、研究に対する社会的評価の向上を求める活動を行うかどうかなど）」（日本社会学会, 2009: 101）。
　　　　　　　　　　　　　　　　　　　＊回答者がポスドクか否かは不明。

1　人文・社会系博士課程修了者の増加

(1) 博士課程修了者の増加

　第3章でも述べたように、2006年度のポスドク総数は16,394人であり、その内訳は自然科学系が12,369人（約75.4%）を占め、「人文・社会系」が1,589人（9.7%）、「その他・不明」が2,436人（14.8%）となる（文部科学省・科学技術政策研究所, 2008: 9）。日本のポスドクは、その多くが自然科学系で占められていることは明白ではあるが、人文・社会系のポスドクにおいては、自然科学系とは様相を異にする問題点も含まれている。本章では、人文・社会系ポスドクの実態と問題点を明らかにしたいと考える。
　第1章でも述べたように、わが国の大学院の在籍者数は1985年には69,688人に過ぎなかったが、2005年には239,460人となり、約3.5倍に増え

ている。同じく博士課程在籍者数も、21,541人から74,909人となり、約3.5倍になっている。わが国の大学院の量的増加を促した契機となったものが、1991年5月17日の大学審議会答申『大学院の整備充実について』である。この答申では、欧米諸国に比べて質的にも量的にも不十分な大学院の飛躍的充実を図ることが目指され、「大学院の量的整備」が国家政策として掲げられる（文部科学省, 2000）。また、1991年から「大学院重点化」政策も開始され、大学院を大学の中心組織に改革する動きが始まる。この大学院重点化政策以降は人文・社会科学分野においても、博士後期課程の院生数を増加させる要因となる。たとえば、人文科学分野では1998年に6,019人であったが、2009年には7,307人で21.4％の増加、社会科学分野は5,217人が7,137人となり、36.8％の増加となる（日本社会学会, 2009: 10）。

次に、2002年度から2006年度までの人文・社会系の博士課程修了者17,422人における進路動向の特徴を指摘しておきたい。資料は、2012年に文部科学省・科学技術政策研究所第1調査研究グループ（以下、「第1調査研究グループ」と略す）が行った『我が国における人文・社会科学系博士課程修了者等の進路動向』である。この調査における人文科学とは「文学・史学・哲学・その他（心理学や文化人類学等）」（7,023人：40.3％）であり、社会科学とは「法学・政治、商業・経済、社会学、その他（社会福祉・政策学等）」（6,960人：39.9％）である。その他の領域として「家政、教育、芸術・その他」（3,439人：19.7％）も対象となる（文部科学省・科学技術政策研究所, 2012: i）。同調査が指摘する人文・社会系分野の特徴は、以下のようになる。

①人文学系では文学（2,642人）を専攻する者が最も多く、社会科学系では商業・経済を専攻する者（2,907人）が多い。三番目が教育（1,739人）である。
②人文・社会科学系博士課程修了者は女性比率は平均で40％であり、理系分野（理学・工学・農学・保健）の平均19.5％よりもはるかに高い。
③人文・社会科学系博士課程修了者の学位取得率は〈図1-5-1〉でも示したように、50％以下であり、理系分野の平均80％以上と比べると断然低い。特に、人文科学系は32.2％、社会科学系は44.7％、その他は47.3％

第5章　人文・社会系分野における「ポスドク問題」

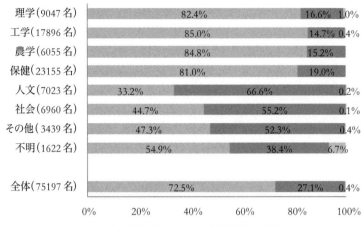

〈図1-5-1〉学問分野別の学位取得状況

出典：文部科学省・科学技術政策研究所, 2012: i.

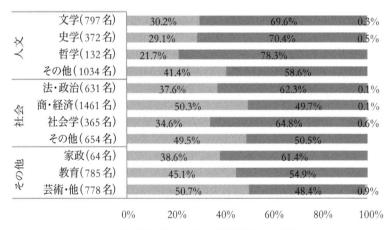

〈図1-5-2〉人文・社会科学系の学位取得状況

出典：文部科学省・科学技術政策研究所, 2012: i.

である。〈図1-5-2〉の学問分野別で見ると、一番高い率が人文科学系では「その他」(心理学や文化人類学等)の41.4%、社会科学系では「商・経済」の50.3%、その他は「芸術・他」が50.7%である。

(2) 学位取得者数の増加

　人文・社会系博士号取得者の増加は、1991(平成3)年2月8日における大学審議会答申『学位制度の見直し及び大学院の評価について』による翌91年の学位規則改正を契機とする。この改正は、従来の「論文博士」に加え、新たに「課程博士」が新設され、学位取得者の増加を招くことになる。博士号取得者数は、1980年以後の25年間で3倍を超えるまでになる。たとえば、1981年における博士号授与数は6,599人(課程博士：2,424人、論文博士：4,175人)であったが、2005年には17,396人(課程博士：13,177人、論文博士：4,219人)に増加している。この17,396人の内訳は、「保健」「工学」「理学」「農学」などの自然科学系が約8割をしめ、「人文・社会科学」は1,774人(10%)に過ぎない(科学技術政策研究所, 2008: 87)[1]。

2　人文・社会系博士の就職先

　人文・社会系博士課程修了者(博士課程修了者及び満期退学者)の就職は、自然科学系と比べると非常に厳しく、民間企業などの一般社会で活躍する者は少ない[2]。これまでは、人文・社会科学系の博士課程修了者の進路については、そもそも進路把握率が低く、ようやく文部科学省も2004(平成16)年から全国的な調査を行っているに過ぎない。2010年度に全国の大学を対象に文部科学省が行った全ての分野における博士課程修了者16,096人に対する全国調査では、「就職者」60.9%、「ポストドクター等」17.9%、「不明者」7.1%となり、その他は、おおむね「一時的な仕事」である非常勤講師、非常勤研究員、無給の研究員、研究生・科目等履修生、家事手伝い、帰国者(外国人留学生)、進路未定者などである(文部科学省, 2010: 42)。分野別で見てみると、自然科学系分野は「就職者」「ポストドクター等」は80%を超えるが、〈図1-5-3〉の人

106　第5章　人文・社会系分野における「ポスドク問題」

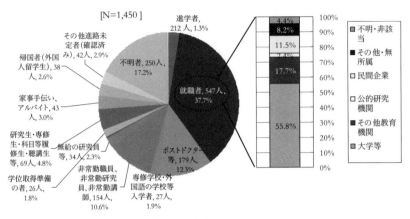

〈図1-5-3〉人文科学系

出典：文部科学省, 2014: 43.

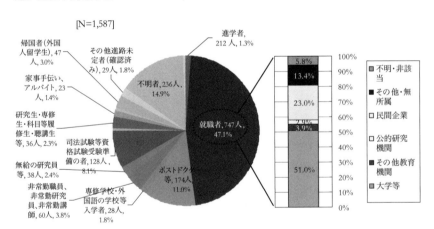

〈図1-5-4〉社会科学系

出典：文部科学省, 2010: 43.

文系は50%、〈図1-5-4〉の社会科学系は59.2%に留まり、自然科学系と比べると就職が厳しいことは一目瞭然である。とりわけ、人文科学系の就職率が一番低く、非常勤職員や非常勤研究員等の割合が高い。社会科学系は司法試験等の試験準備を行う者が多い。

次に、人文・社会系を自然科学系と比べれば就職率は低いものの、「大学教員」になる割合が高いことも特徴である。2007年度の博士課程修了者の就職先は、全分野を対象にすれば、全体として9割以上が専門的・技術的職業に就き、大学以外も含めた教員は約3割に近い。大学教員に限定すれば2割程度である。しかしながら、全分野から人文・社会系に目を移すと大学教員への就職率は高い。たとえば、人文科学で48.4%、社会科学で49.5%、教育学で59.9%になる。この数値の意味は、「自然科学に比して、人文・社会科学の博士課程修了者の雇用状況が大学教員のポスト数に決定的に依存している」(広渡, 2008: 13)ことを物語る。一方、大学教員数は第1章でも述べたように、2000年が150,563人(649校)、2005年が161,690人(726校)、2010年が174,403人(778校)となり、全体としては増加しているものの、大学院生数は、これを上回る勢いで増大しており、大学院を修了した若手にとって大学教員への就職は、困難な状況になっている。

3 人文・社会系ポスドクの現状

第3章でも述べたように、第1調査研究ループの調査によれば2004年のポスドク雇用数は、14,854人、2005年度は15,496人、2006年度は16,394人であり、順調に量的増加を達成している(文部科学省・科学技術政策研究所, 2008: 3)。このポスドク総数の中で、人文・社会系のポスドク数は、どのように変化し、どのような特徴を指摘できるのであろうか。すでに、ポスドク全体の状況に関しては第3章でも述べているので、本章では、人文・社会系のポスドクの特徴を概観することとしたい。

①分野別雇用者数

2006年度のポスドクの分野別雇用者数は、「ライフサイエンス」が6,459人(39.4%)と最も多く、「人文・社会系」は1,589人(9.7%)であった。自然科学系分野が「ライフサイエンス」「情報通信」「環境」「ナノテクノロジー」「エネルギー」「製造技術」「社会基盤」「フロンティア」に区分されるとすれ

ば、わが国のポスドク比率は、おおむね8割を自然科学系が占め、人文・社会系は1割前後と言うことになる（文部科学省・科学技術政策研究所, 2008: 9）。

人文・社会系	2004年 1,218人（8.2%）	2006年 1,589人（9.7%）

②分野別年齢構成

　2006年度におけるポスドクの年齢構成は、いずれの分野でも30～34歳が最大の割合を占めているが、他分野と比べると人文・社会系（1,589人）は29歳以下の若手の比率が最も低く、40歳以上の比率が最も高い。35歳以上が全体の3割以上を占めているが、そうした分野は他にはない。若手が最も多い「情報通信」分野（1,282人）は29歳以下が30.8%、30～34歳が44.5%、35～39歳が16.2%、40歳以上が8.3%である（文部科学省・科学技術政策研究所, 2008: 10）。

	29歳以下	30～34歳	35～39歳	40歳以上	
人文・社会系	20.2%	47.6%	18.4%	13.3%	年齢不明 (0.5%)

③分野別の男女比率

　2006年度におけるポスドクの女性比率は、全分野の中で人文・社会系（1,589人）が38.8%で最も高く、最も低い分野が「エネルギー」の11.2%であった。人文・社会系の約4割が女性であり、女性が進出しやすい分野である（文部科学省・科学技術政策研究所, 2008: 11）。

人文・社会系	男性 (61.2%)	女性 (36.6%)

④分野別の外国人比率

　2006年度におけるポスドクの外国人比率は、全分野の中で人文・社会系（1,589人）が13.4%で最も低く、最も高い分野が「ナノテクノロジー・材料」

の37.7%であった。人文・社会系で外国人が研究を続けることの困難さを示していると思われる(文部科学省・科学技術政策研究所, 2008: 12)。

| 人文・社会系 | 日本人 (86.6%) | 外国人 (13.4%) |

⑤機関別ポスドク数

2006年度における人文・社会系(1,589人)のポスドクの雇用先を機関別に確認しておきたい。国立大学は819人、公立大学は19人、私立大学は564人、大学共同利用機関は59人、独立行政法人は58人、国立試験研究機関は25人、公益法人は40人、民間企業は5人となっている。人文・社会系のポスドクの9割以上が大学、もしくは大学共同利用機関で雇用されている点が自然科学系との大きな違いであろう(文部科学省・科学技術政策研究所, 2008: A2-A38)。

⑥人文・社会分野の財源別内訳

最後に、2006年度における人文・社会系(1,589人)のポスドクの財源別内訳を確認すると、以下のようになる(文部科学省・科学技術政策研究所, 2008: A66)。とりわけ、注目されるのが「雇用関係なし」が480人(30.2%)にも達していることである。「雇用関係なし」に関する他の分野は、「ライフサイエンス」313人(4.8%)、「情報通信」21人(1.6%)、「環境分野」36人(4.4%)、「ナノテクノロジー・材料」29人(1.5%)、「エネルギー」6人(1.5%)、「製造技術」6人(1.3%)、「社会基盤」13人(2.7%)、「フロンティア」45人(7.9%)である。こうした自然科学系と比較すると、いかに人文・社会系で「雇用関係なし」が多いかがわかる。人文・社会系ポスドクの最大の問題点であると言っても過言ではない。

「雇用関係なし」	480人	「科学技術振興調整費」	10人
「フェローシップ・国費留学生など」	390人	「その他競争的資金」	5人
「運営費交付金・その他の財源」	270人	「奨学寄附金」	16人
「21世紀COEプログラム」	192人	「その他外部資金」	124人
「科学研究費補助金」	102人		

4 政府の人文・社会系ポスドクへの認識

　わが国の科学技術の在り方や研究に関わる若手研究者の人材育成の基本的方向性を検討する「科学技術・学術審議会人材委員会」は2002年から3回の提言を行っている。第一次提言は、『世界トップレベルの研究者の養成を目指して―科学技術・学術審議会人材委員会　第一次提言―』と題して、2002（平成14）年6月に公表している。この提言では、科学技術創造立国を目指す日本が、その担い手となる研究に関わる人材の養成・確保に関する基本政策を提言したものである。世界トップレベルの研究者養成を行う際の課題としては、「優れた研究成果を創出する直接の担い手はいうまでもなく研究者であり、また、現在、我が国が取り組む大きな課題となっている経済活性化や知的財産戦略の観点からも、まずは我が国から世界をリードするような独創的な研究成果を数多く創出していくことが不可欠であり、人間力戦略の一環として、世界トップレベルの優れた研究人材の養成が国家的な重要課題となっているからである」（科学技術・学術審議会人材委員会, 2002:1）と指摘されている。

　しかしながら、わが国の未来を担う世界のトップレベル人材の養成問題は自然科学系の人材養成が主眼であり、人文・社会系は考慮の対象からは除外される。

　　「我が国が抱える課題の現状や総合科学技術会議における検討状況を踏まえ、本委員会におけるこれまでの検討では、自然科学系の研究を想定したものに焦点を絞ることとした。人文・社会科学系に特有な諸問題の取り扱いについては別途検討することとしている」（科学技術・学術審議会人材委員会, 2002: 2）。

　この一文こそ、日本における今日の人文・社会科学系の置かれた状況を端的に示している。すなわち、わが国の学術研究の重要な領域は自然科学系分野であり、人文・社会科学系は「除外」されていると言っても過言ではない。

同じく、2003年6月には第二次提言『国際競争力向上のための研究人材の養成・確保を目指して―科学技術・学術審議会人材委員会　第二次提言―』が公表される。第二次提言は、第一次提言に続いて、国際競争力を向上させるための研究人材の養成・確保に関する諸課題を検討するものであるが、依然として人文・社会科学系を軽視する路線に変化はない。第二次提言の「留意事項」として、「科学技術・学術について、人間社会や地球環境との調和の取れた発展を図っていくためには、自然科学と人文・社会科学を総合した人類の英知が求められる」といった教科書的な提言がなされるものの、すぐさま「人文・社会科学系人材の養成・確保に固有の課題等については、本提言に向けた検討では、詳しい分析を加えるには至らなかった」(科学技術・学術審議会人材委員会, 2003: 2)としている。第一次提言に続いて、第二次提言でも検討対象から除外されていることになる[3]。同じく2004年7月の第三次提言『科学技術と社会という視点に立った人材養成を目指して―科学技術・学術審議会人材委員会　第三次提言―』では、「自然科学と人文・社会科学の各分野で得られた知識の統合」(科学技術・学術審議会人材委員会, 2004)といった言及しかない。

　教育学者の佐藤学は「科学技術基本法」(第1条)において、人文科学系が除外されている点を憂慮し、「人文社会科学は科学技術政策の枠外に置かれている」(佐藤, 2007: 8)と指摘する。

「科学技術基本法」(第1条)
　「この法律は、科学技術(人文科学のみに係るものを除く。以下同じ。)の振興に関する施策の基本となる事項を定め、科学技術の振興に関する施策を総合的かつ計画的に推進することにより、我が国における科学技術の水準の向上を図り、もって我が国の経済社会の発展と国民の福祉の向上に寄与するとともに世界の科学技術の進歩と人類社会の持続的な発展に貢献することを目的とする」

佐藤は、人文学の危機は教養の危機であり、社会科学の危機は制度構想と

政策立案の危機であることを指摘する。佐藤が指摘する科学技術政策の枠外に置かれた人文・社会科学の危機は、学問それ自体が抱える問題もあろうが、極めて国家政策的な問題でもあると言えよう。ただし、日本学術会議（第一部）においては2008年6月に「日本の展望」委員会を設置し、人文・社会分野の若手研究者の育成に関して積極的な提言を行っている[4]。この提言においては、国の学術政策は人文・社会科学を含めて総合的に立案・推進されるべきことが述べられている。たとえば、2010年4月5日に公表された『日本の展望―人文・社会科学からの提言―』においては、人文・社会科学が自然科学と同様に学術の重要な柱を担っているとした上で、ポスドクなどの「若手研究者の定義」を見直すことが提言される。その趣旨は、人文・社会系のポスドクが自然科学系とは異なり、博士号を取得するためには膨大な資料や現地調査が必要となり、20代で博士号取得の可能性が低いことを踏まえた上で、次のような具体的提言がなされる。人文・社会系ポスドクの実態に合わせた重要な提言であるが、いまだに実現されてはいない。

「「若手研究者」の定義を自然年齢の絶対的な要件を排して、30代前半から博士号取得後7年程度までとするとともに、彼らが継続的に雇用される常勤研究職に就くまでの間の経済的支援制度を設けるべきである」（日本学術会議, 2010: 17）。

5　日本社会学会のポスドク調査

次に、ポスドクの実態をさらに明らかにするために、日本社会学会が実施した若手研究者の現状と課題に関する報告を検討してみよう。日本社会学会では、2009年に若手研究者の研究・生活の現状や進学・就職動向などに関する実態調査を、同学会に所属するポスドク、大学院生、非常勤講師、常勤職研究者などを対象に実施している。その調査結果は、『若手研究者の研究・生活の現状と研究生活活性化に向けた課題―日本社会学会若手会員へのアンケート調査報告書―』と題して刊行されている。日本社会学会は、2007年

11月に「若手研究者問題検討特別委員会」を設置し、この委員会を中心として、以下のようにアンケート調査を実施している。

　調査対象：2009年4月1日時点で満40歳以下の学会正会員1,387人
　　　　　　　　　　　　　　　　　　　　　　（一般会員と院生会員）
　調査期間：2009年3月〜4月（郵送によるアンケート調査）
　有効回収率：615（44.3%）
　有効回答者の属性：男性371人（60.3%）、女性240人（39%）
　　　　　　　　　　25歳以下12人（2.0%）・26〜30歳152人（24.7%）・31〜35歳234人（38.0%）・36〜40歳214人（34.8%）・不明3人（0.7%）
　　　　　　　　　　教員232人（37.7%）・院生189人（30.7%）・非常勤講師84人（13.7%）・研究機関研究員82人（13.3%）・その他26人（4.2%）・不明2人（0.3%）

　以下、ポスドクなどの「研究機関研究員」に焦点化して、日本社会学会の調査結果(pp.29-39)を見てみよう。本調査における「研究機関研究員」82人（13.3%）とは、「研究機関研究員」のみと回答した63人、「研究機関研究員かつ非常勤講師」と回答した6人、「研究機関研究員かつ大学院生」と回答した13人である。この場合の大学院生とは、日本学術振興会の特別研究員（D.C.）やCOEの特別研究である。また、「研究機関研究員」82人の中で、任期つきポストに就いている者が72人であり、3年以内の任期がほとんどを占めている。そこで、本調査では「任期つき研究員」（60人）と「任期つき院生研究員」（12人）と言う名称で区別しているが、ポスドクと呼ばれる者は、前者であろう。

①「任期つき研究員」の生活実態（個人収入）

年収600万円以上	3.5%
年収400～600万円	26.3%
年収200～400万円	45.6%
年収100～200万円	15.8%
年収100万円未満	8.8%

＊「任期つき研究員」の生活状態は、常勤の教員、大学院生、非常勤講師との中間に位置するとは言え、400万円未満が7割を占めている。また、200万円以下も約25％になり、ぎりぎりの生活状態を送る者が4分の1を占める。

②「任期つき研究員」の収入の種類

本人の収入	93.2%
奨学金	1.7%
親の援助	6.8%
配偶者の収入	32.2%
その他	1.7%

＊「任期つき研究員」の収入は、本人の収入が一番多いものの、配偶者の収入にも依存している状況が伺える。反対に、奨学金などは全くない状況にある。

③「任期つき研究員」の査読つき論文数と学会発表

　「任期つき研究員」が発表した「査読つき論文数」は、平均4.01本で教員（常勤）の5.56本よりは少ないものの、非常勤講師（3.46本）、任期つき院生研究員（3.08本）、大学院生（1.58本）よりは多い。また、「学会発表」も平均9.21回で教員（常勤）の11.27回よりは少ないものの、非常勤講師（7.04回）、任期つき院生研究員（6.58回）、大学院生（3.62回）よりは多い。もちろん、この結果は年齢と大きな関係があり、おおむね教員（専任）は30代後半であり、大学院生は20代前半から後半であるから、論文数も学会発表も明確な違いが生まれるのは当然である。

　本調査では、教員や「任期つき研究員」が論文や学会発表を他の者よりも多数行う要因として、「能力があるから」（能力決定モデル）、「業績があるからポストを得ている」（業績決定モデル）、「恵まれた地位があるから」（地位決定モデル）としているものの、「これら三つのモデルのうちどれがもっとも妥当かを、今回の調査結果では直接導き出すことは困難である」（日本社会学会,

2009: 34) と結論づけている[5]。

④「任期つき研究員」が感じる研究上の困難と将来

「任期つき研究員」が自らの研究や生活の現状、将来に対する展望に関する意識も調査対象になっている (日本社会学会, 2009: 35-37)。第一の「研究を進めていく上で感じた困難」(「文献購入の経済的余裕」「文献を収集するための環境」「調査のための資金」「学会・研究会への参加」など) に関しては、おおむね40～50％が困難を「とても感じる」「ある程度感じる」と回答している。一定程度の困難はあるが、非常勤講師の経済的苦境と比べれば、低い数値であることも指摘される。

第二の「自分の将来」(「任期なしの研究職に就きたい」「研究職であれば、任期の有無にはこだわらない」「研究職にはこだわらない」) に関しては、「任期なしの研究職に就きたい」が「とても感じる」「ある程度感じる」が90％近い。しかしながら、「研究職であれば、任期の有無にはこだわらない」「研究職にはこだわらない」では30％程度である。「任期つき研究員」の特徴は、研究職に強くこだわっていることが明確である。

第三の「職を選ぶ際に重視する条件」(「地理的条件」「給与など経済的条件」「研究ができる環境」) に関しては、「地理的条件」「給与など経済的条件」が50％前後であるが、「研究ができる環境」は90％近い。「任期つき研究員」の特徴は、「経済的・地理的条件」は余り重視しないものの、とにかく「研究できる環境」を望んでいることになる。

以上の点から、ポスドクなどの「任期つき研究員」の総合的な特徴は、現状では経済的な困難や将来への不安はあるものの、常勤職に就くことを強く希望していることが伺える。常勤職を得られれば、地理的・経済的な条件を重視せず、とにかく安定した研究できる環境が欲しい、ということであろう。しかしながら、こうした状況は非常勤講師や院生も同じ傾向にあることも指摘できる。とりわけ、経済的には非常勤講師が最も苦しい立場にあることも理解される。

本調査におけるポスドクなど若手研究機関研究員の状況に関する結論は、

研究や教育によって継続的・安定的に収入を得られる立場にあるとはいえず、「むしろ研究者として安定的な給与や研究費を得ることができるか、高学歴ワーキングプアの道をたどるか、はたまた一般の会社や企業に職を求めるかの岐路に立たされているとさえいえる」(日本社会学会, 2009: 29) と指摘する。まさに崖っぷち状態であり、そこに大きな不安要因が存在していることになる。最後に、学会全体としての支援の必要性を指摘するものの、「21世紀のアカデミックな研究・教育市場、あるいは社会全体に対して高めうる研究を学会員が日々行う」ことができれば、「過度に悲観的になる必要もない」(日本社会学会, 2009: 38) とも指摘される。

6　各大学・機関の若手研究者養成プログラム

最後に、東京大学と立命館大学における人文・社会系分野に対する若手研究者支援の具体的な動きを追ってみたい。

(1) 東京大学文学部・人文社会系研究科

同研究科は、2010年から日本学術振興会の「組織的な若手研究者等海外派遣プログラム」に採択された「次世代人文社会学育成プログラム」を開始している。このプログラムは、3年間で98人の学部学生、大学院生、若手研究者を世界各地の大学や研究機関に派遣しようとするプログラムである。採用された候補者には渡航費と滞在費が支給され、東アジア、ヨーロッパ、北米地域への留学や研修の機会が人文・社会系の学生・研究者にも与えられることとなった。同プログラムの趣旨は、「多様な文化の共存が全地球的な課題となっている現在、このような人文社会学はますますその重要性を増しています。本プログラムは、豊かな人文社会知を備え、言語や国境、文化的な背景のちがいを越えて交流と発信ができる人材を育成することを目標としています」(東京大学文学部・人文社会系研究, 2011) というものである。これは東大濱田総長が提唱する「タフな東大生」育成計画の一環をなすとともに、文学部・人文社会系研究科の策定した国際化推進長期構想を具現化したものでもある。

(2) 立命館大学

　立命館大学では、2007年度から「ポストドクトラルフェロープログラム」を、2008年度からは「立命館グローバル・イノベーション研究機構」(R-GIRO)を実施し、大学独自の予算で若手研究者の育成に努めている。特に、人文・社会系ポスドクの育成に力を注ぎ、2007年度23人、2008年度44人、2009年度55人、2010年度54人を採用している。前者の「ポストドクトラルフェロープログラム」は8人程度を募集し、博士学位取得7年以内の者を対象にする。給与は年間396万円で、1人の優秀者には50万円の研究奨励費も支給される。後者のR-GIROは、自然科学に加え、人文・社会科学分野(「平和・ガバナンス領域」「人・生き方領域」「日本の文化・地域の文化領域」「複合新領域」)の研究支援を目的とし、1プロジェクト2人を採用し、給与は年間400万円、研究費も年間200万円が支給される(斉藤他, 2011: 41)。

　本書において、立命館大学のポスドク支援に注目した理由は、大学全体として研究の高度化を計画的に立案し、実行している点にある。2006年度には「立命館大学研究高度化中期計画(2006～2010年度)」を、2011年度には「立命館大学第2期研究高度化中期計画(2011～2015年度)」を立案し、5年間の研究活動計画を提示している。その際の研究活動の理念は、5つの事柄が掲げられているが、「3. 研究と大学院教育の融合した機能を高め、若手研究者等の育成に努める」ことが明記されている。立命館大学のような大学独自の資金と明確なビジョンに基づく若手研究者の養成が各大学のモデルとなることを期待したい(立命館大学, 2006)。

7　人文・社会系ポスドクの特異状況

　1990年代に日本の学術研究のあり方は、個人研究からプロジェクト型に大きく方向転換したことが挙げられ、文部科学省の競争型資金に代表されるような大型プロジェクトが各大学に配分され、そこで多くの大学院博士課程の院生が臨時雇用されるか、リサーチ・アシスタントとして採用されることになる。同じくポストドクターも期限つきながら、大量に採用される。こう

したことが大学院の博士課程への進学者を増加させた要因と考えられる。ただし、これらの分野の多くは自然科学系であり、人文・社会系においては博士課程の院生やポスドクは増加しているものの、第1調査研究ループの調査結果でも明らかなように、人文・社会分野のポスドクで最も多くの者が「雇用関係なし」の状態に放置されている。こうした状況は、自然科学系分野にも見られる現象とはいえ、人文・社会系は、その比率が最も高い。このことの意味は、文部科学省の競争型資金に代表されるような大型プロジェクトが自然科学系を中心に配分されていることを物語っている。

　人文・社会科学の学問分野における研究方法は、おもに文献研究であり、研究成果が簡単に出る分野ではない。研究内容が外国研究や国際比較研究、歴史研究や理論研究が多く、かつ日本語で論文を書く。そうすると、自然科学系と比べると国際性や卓越性の水準も見劣りする。さらには、人文・社会系の博士号取得は依然として研究の集大成のような意味合いもあり、簡単に学位を取得できるわけでもない。50歳以上であっても、学位のない教授が多いことも一般的である。人の何倍も努力をして、博士号を取得し、ポスドクになっても、大学の常勤学術職は限定的である。人文・社会系は、自然科学系とは異なった状況に置かれており、政府・大学・学会などによる特別な支援を要する分野であると考える。

〈注記〉
1　学位取得者を分野別で見てみると、最も高い割合を示している分野が「工学」と「農学」の85％であり、次いで「理学」の82％、「保健」の81％である。一方、「社会」は45％、「人文」は33％となり、学問分野での偏りが目立つ（文部科学省・科学技術政策研究所, 2008: 14）。
2　たとえば、2010年6月29日の中央教育審議会大学分科委員会『中長期的な大学教育の在り方に関する第4次答申』では、「人文・社会科学系では、修士課程と博士課程（前期）から博士課程（後期）への進学率は高いが、博士課程修了者のキャリアパスの中心は、主に大学教員であり、修了者が社会の様々な場で活躍する多様なキャリアパスが学生に十分に明らかにされていない」（中央教育審議会大学分科委員会, 2010）との指摘がなされている。
3　この委員会では、人文・社会科学作業分科会が設けられ、各分科会による報告書が提出されている。その成果が2010年4月5日の『日本の展望―人文・社会科学からの

提言』である。また、同日に『日本の展望―学術からの提言2010』も公表されている。詳しくは、http://www.scj.go.jp/ja/info/kohyo/pdf/kohyo-21-tsoukai.pdfを参照されたい。
4　歴史社会学の竹内洋は人文社会系学問の危機として、「大衆社会のなかでの学問のポピュリズム化つまり学問の下流化と、こうした大衆的／ジャーナリズム的正当化の時代のなかで、ういてしまう学問のオタク化である」(竹内, 2007: 32)と指摘している。
5　興味深いのは、「任期つき院生研究員」である。任期つき院生研究員の立場は、「査読つき論文数にも学会発表数も影響を与えない」(日本社会学会, 2009: 34)という指摘がなされる。任期つき院生研究員は、日本学術振興会やCOEなどの特別研究員であるが、同時に博士課程の1年次や2年次生でも採用され、両者の間には「何の関連もない」という過激な結論を導き出している。

〈参考文献〉

科学技術・学術審議会人材委員会2002『世界トップレベルの研究者の養成を目指して―科学技術・学術審議会人材委員会　第一次提言―』pp.1-25.
　　http://www.mext.go.jp/b_menu/shingi/gijyutu/gijyutu10/toushin/020702a.pdf[2012.11.3取得]
科学技術・学術審議会人材委員会2003『国際競争力向上のための研究人材の養成・確保を目指して―科学技術・学術審議会人材委員会　第二次提言―』pp.1-44
　　http://www.mext.go.jp/b_menu/shingi/gijyutu/gijyutu10/toushin/03063001/001/001.pdf[2012.11.3　取得]
科学技術・学術審議会人材委員会2004『科学技術と社会という視点に立った人材養成を目指して―科学技術・学術審議会人材委員会　第三次提言―』
　　http://www.mext.go.jp/b_menu/shingi/gijyutu/gijyutu10/toushin/04072901.htm[2012.11.3取得]
科学技術政策研究所2008「参考資料(統計表等)」pp.1-242
　　http://www.nistep.go.jp/achiev/ftx/jpn/mat155j/pdf/mat155j-rfr.pdf[2012.2.21.取得]
科学技術政策研究所 科学技術基盤調査研究室2012『科学技術指標2012』pp.1-202
　　NISTEP-RM214-FullJ.pdf[2012.10.30取得]
斉藤富一他2011「人文・社会科学分野のポストドクターを対象とした研究支援策の構築―立命館大学における若手研究者育成の視点から―」立命館大学『大学行政研究』(第6号)pp.35-48.
　　http://r-cube.ritsumei.ac.jp/bitstream/10367/2362/1/30042808_0603.pdf[2012.11.1.取得]
佐藤　学2007「人文社会科学の危機に対峙して」文部科学省『学術の動向』(4月号), pp.8-9.
竹内　洋2007「人文社会科学の下流化・オタク化と大衆的正当化」文部科学省『学術の動向』(4月号), pp.29-33.
中央教育審議会大学分科委員会2010『中長期的な大学教育の在り方に関する第4次答申

http://www.mext.go.jp/b_menu/shingi/chukyo/chukyo4/houkoku/1295686.
　　　htm[2011.11.1.取得]
東京大学文学部・人文社会系研究科 2011「次世代人文社会学育成プログラム」
　　　http://www.l.u-tokyo.ac.jp/program/1639.html「2011.5.9.取得」
日本学術会議 2010『日本の展望―人文・社会科学からの提言』pp.1-47.
　　　http://www.scj.go.jp/ja/info/kohyo/pdf/kohyo-21-tsoukai-1.pdf[2012.11.1.取得]
日本社会学会 2009『若手研究者の研究・生活の現状と研究生活活性化に向けた課題―日本社会学会若手会員へのアンケート調査報告書―』.pp.1-94.
　　　http://www.gakkai.ne.jp/jss/hokokusho.pdf[2012.7.21.取得]
広渡清吾 2007「特集・人文社会科学の役割と責任」文部科学省『学術の動向：特集◆人文社会科学の役割と責任』『学術の動向』pp.550-57.
　　　http://www.h4.dion.ne.jp/~jssf/text/doukousp/pdf/200704/0704_5557.pdf[2012.10.30.取得]
広渡清吾 2008「人文社会科学における若手研究者の育成」文部科学省『学術の動向：特集1（若手研究者の育成）』,pp. 11-15.
藤田英典 2008「大学院における若手研究者育成の現状と課題―人文社会科学大学院の場合―」文部科学省『学術の動向：特集1（若手研究者の育成）』,pp. 28-32.
文部省 2000『大学審議会答申・報告―概要―』
　　　http://www.mext.go.jp/b_menu/shingi/chukyo/chukyo4/gijiroku/03052801/003/001.htm [2011.4.17.取得]
文部科学省 2010『博士課程修了者の進路実態に関する調査研究の結果について（平成22年度先導的大学改革推進委託事業）』pp.1-10.
　　　http://www.mext.go.jp/a_menu/koutou/itaku/__icsFiles/afieldfile/2011/06/16/1307208_1.pdf[2012.11.3.取得]
文部科学省・科学技術政策研究所（第1調査研究ループ）2008『大学・公的機関におけるポストドクター等の雇用状況調査―2006年度実績―』pp.1-31.A1-109.
　　　http://www.nistep.go.jp/achiev/ftx/jpn/mat156j/pdf/mat156j.pdf[2012.11.16.取得]
文部科学省・科学技術政策研究所（第1調査研究グループ）2012『我が国における人文・社会科学系博士課程修了者等の進路動向』pp.1-108.
　　　http://data.nistep.go.jp/dspace/bitstream/11035/1165/2/NISTEP-RM215-FullJ.pdf[2012.10.30.取得]
立命館大学 2006「研究高度化中期計画」
　　　http://www.ritsumei.ac.jp/research/collaboration/vision/plan.html/ [2012.11.1.取得]

第6章　ポスドク・キャリア支援の現状と課題

〈20代後半男性ポスドク：理系〉
　数日前メーリングリストで流れたポストは、年二百数十万とか、そういったのが多くて、それは科学研究費を使ってポスドクを雇うというものでした。待遇でいうと、社会保障とか全然なくて、もう一つシビアなのは多分非常勤扱いだということなんです。……そうすると、ポスドクとしては、そこの収入も少ないし、社会保障もない。社会保障付きで、ちゃんと雇えるような、そういった間口を増やしてほしい(国立教育政策研究所・日本物理学会キャリア支援センター編, 2009: 60)。

1　「科学技術基本法」の制定

　わが国においてポスドクの量的拡大に決定的な影響を及ぼしたものが、1995(平成7)年11月15日に制定された「科学技術基本法」である。同法は、わが国の科学技術政策の基本的な枠組みを提示し、将来の「科学技術創造立国」を目指して科学技術の振興を強力に推進していく体制を確立するものであった。翌96年、閣議決定された「第一期科学技術基本計画」によって、「ポストドクター等1万人支援計画」が打ち出され、その量的拡大が目指される。「第二期科学技術基本計画」では、若手研究者の流動性を高めるために5年任期制の提言がなされ、「第三期科学技術基本計画」では、ポスドクの量的拡大に起因する就職難の問題が提言されている。
　ポスドク制度の起源と発展に関しては、すでに第2章でも述べているので、

本章では1995(平成7)に制定された「科学技術基本法」と、それに基づく3次の「科学技術基本計画」で提言されたポスドク政策を確認しておきたい。「科学技術基本法」の「目的」は、以下のように規定されている(文部省「科学技術基本法」第1条, 1995)。

> 「科学技術(人文科学のみに係るものを除く。以下同じ)の振興に関する施策の基本となる事項を定め、科学技術の振興に関する施策を総合的かつ計画的に推進することにより、我が国における科学技術の水準の向上を図り、もって我が国の経済社会の発展と国民の福祉の向上に寄与するとともに世界の科学技術の進歩と人類社会の持続的な発展に貢献することを目的とする。」

政府の役割は科学技術の振興を計画し、その実現を図ることであるが、その具体的な計画内容を示したものが「科学技術基本計画」である。同法の第9条では、科学技術振興を目的とした「研究開発の推進」「研究施設及び研究設備の整備、研究開発に係る情報化の促進」などの基本事項に関する方針を立案・作成することが示されている(「科学技術基本法」第9条, 1995)。わが国の科学技術計画の全体像を示した「科学技術基本計画」は、1996(平成8)年から5年ごとの周期で3次の計画が実施されている。以下、それぞれの期間における重点項目を確認しながら、ポスドク政策への提言内容を確認しておきたい。

2 「第一期科学技術基本計画」(平成8年度〜12年度)

「第一期」の冒頭では、世界の「グローバル化、ボーダレス化と国際的な経済競争の激化」という認識の下で、科学技術が果たすべき大きな役割が確認される。日本の科学技術の問題としては、「研究開発投資が平成5・6年度と2年連続して減少していること」「政府負担研究費の対GDP比率が欧米主要国の水準を下回っていること」が重要な問題として指摘される。そこで、政

府研究開発投資を21世紀初頭には対GDP比率で欧米主要国並みに引き上げるという方針が打ち出され、第一期の科学技術関係経費の総額は約17兆円と決定される。この予算総額の中で、直接的なポスドク支援策が「ポストドクター等1万人支援計画」であり、1998（平成10）年度において文部省、科学技術庁、厚生省、農林水産省及び通商産業省において対前年度1,591人増の9,756人のポストドクター等を支援することになる。文部省は、このうちの7割以上に当たる6,898人（対前年度1,197人増）を支援している。

なぜ、ポスドクの1万人支援計画が打ち出されたのであろうか。その理由は、第一には、わが国の研究開発システムの問題点として「柔軟性や競争性が低く、組織の壁を越えた連携・交流等が十分に行えない」こと、技術者を含む研究者に比べて「研究支援者の数がかなり少ない」などの問題が提起される。この「研究支援者」こそがポスドクに他ならない。そして、こうした問題が将来のわが国の科学技術人材としての若手研究者の間に科学技術離れの現象を引き起こす要因にもなっているとし、その対策として柔軟で競争的な開かれた研究開発環境を実現することが目指される。そして、「研究者のキャリア・パスの選択の幅を広げること」によって研究者の流動性を高めながら、研究開発を更に活性化することが提言されるが、その意味はポスドクというポストの増大によって研究支援者の数を増大させ、研究者の流動性を高めながら、研究開発を活性化させることが狙いであった。

また「研究者の流動化」を促進するためには、「研究者の任期制の導入」「各種の競争的資金の大幅な拡充と多様化」「学長・所長等の裁量で重点配分できる研究資金の拡充」「予算執行に係る各省庁の事務手続きの迅速化・効率化」「大学院等の教育研究の充実」「若手研究者に対するフェローシップ等の支援の拡大・充実」「大学・高等専門学校等における自然科学系教育の改善・充実」などの具体的な施策が提言される。

「第一期科学技術基本計画」で述べられたポスドク政策は、その量的拡大を目指しながら、わが国の大学・研究機関における硬直化した人事制度を流動化し、活性化するという意味では多大な効果があったことは疑いない。こうした積極的なポスドク政策は高く評価される。しかしながら、わが国のポ

スドク政策はポスドクの「量的拡大」と「研究者の流動化を促す」という初期の目的は果たしたかもしれないが、同時にポスドクの待遇改善や身分保障、そしてキャリア支援の側面が不足していたという問題点も指摘できる。ポスドク職の「充実・強化」(文部省, 1996)については、以下のような提言が見られる。

> 「欧米に比べて手薄なポストドクトラル研究者層を充実・強化し、その研究歴を研究者のキャリア・パスの重要なステップとして確立することに努め、もって、研究者としての能力の涵養と、これらの研究者層が研究開発の重要な一翼を担う体制の実現を図り、我が国の研究開発能力を強化する。さらに、研究者が研究開発活動に専念できる環境を整備することとし、研究開発を支援する人材を養成・確保するとともに、外部の支援機能を活用し得る制度を整備する」(文部省, 1996)。

「第一期」において、わが国では初めて研究者のキャリア・パスとしてのポスドク制度の整備・確立が明言されたことになるが、そのスタートからポスドク支援策は「研究支援者の増大」と「研究開発の強化」のための手段であったことになる。すなわち、わが国のポスドク政策はポスドクの身分・待遇の改善やキャリア支援は二の次であり、あくまでも研究支援者の確保であったことになる。いわば、ポスドクにとっての「不幸」「落とし穴」は、ポスドク政策のスタート時点から始まっていたことになる。

3 「第二期科学技術基本計画」(平成13年度～17年度)

「第二期」の重点政策としては、第一には、「科学技術の戦略的重点化」による基礎研究の推進と重点分野の設定が行われたことである[1]。第二には、「優れた成果の創出・活用のための科学技術システム改革」による競争的研究資金の倍増、産学官連携の強化などが行われたことである[2]。とくに、後者の科学技術システム改革の一環としては、①競争的な研究開発環境の整備、

②任期制の広範な普及等による人材の流動性の向上、③若手研究者の自立性の向上が指摘される。第二期科学技術基本計画の総予算額は24兆円に増額され、他の政策経費に比べて科学技術分野予算は別格という扱いを受けている。

　第二期においては、第一期の研究成果が強調されたことも特徴的である。すなわち、「米国に次ぐ世界第2位の論文発表数を誇ること」「産学官連携の取組が進展していること」「世界をリードする研究成果（新しいがん治療の開発、再生医療用材料の実用化、太陽光発電において世界最高の変換効率とその量産化技術の開発など）が出されたこと」などが挙げられ、その成果が強調されている。第一期ではポスドクを1万人に増やすことが目指されたが、第二期の課題としてポスドクと研究指導者との関係の構築、ポスドクの進路問題が、以下のように指摘される。

　　「競争的かつ流動性のある研究開発環境の整備については、競争的資金はほぼ倍増し、若手研究者を対象とした研究資金も大幅に増加した。ポストドクター等1万人支援計画は、数値目標が4年目において達成され、我が国の若手研究者の層を厚くし、研究現場の活性化に貢献したが、ポストドクター期間中の研究指導者との関係、期間終了後の進路等に課題が残った」（文部科学省, 2001）。

　1996（平成8）年に打ち出されたポスドク職の増大・強化は、4年目にして達成されたが、同時にポスドクの進路（就職）が問題となっていることも認識されている。つまりは、量的目標を達成して、ようやくポスドクの就職問題が認識されたことになる。むろん対策も打ち出される。ポスドクの進路対策としては、「研究指導者が明確な責任を負うことができるよう研究費でポスドクを確保する機会を拡充すること」が指摘され、「研究指導者」が責任を負うべきことが提言される。しかし、これは責任の所在のすり替えに過ぎない。もともと、ポスドクの量的拡大は国家政策であり、研究指導者に責任が無いとはいわないが、まずは政策の不備があった点を自覚すべきではなかろうか。

また、ポスドクの進路も「能力に応じた処遇を行うとともに、ポスドクの行政・企業等への派遣や優秀な博士課程学生への支援充実等を図るとともに、その効果を評価すること」が指摘され、ポスドクの行政・企業などへの派遣を強化することが打ち出される。しかし、「第一期」で述べられたポスドク職の量的増加は「研究開発の活性化」であったはずであり、行政・企業へ派遣するためではなかった。ポスドクの就職難が認識されて「慌てて行政・企業への就職」が打ち出された印象がぬぐえない。もちろん、行政・企業において研究開発を行う場合は別である。しかしながら、肝心の政府・行政機関で積極的にポスドクを採用したという事実もない。企業もまたしかりである。2001年の時点では、文部科学省も就職難を引き起こしつつある「ポスドク問題」の発生には気づいているものの、「ポスドク支援の充実」や「行政・企業への派遣」で問題は解消できると予想しているように思われる。そして、この時点においても、優秀なポスドクの一層の競争を促すために「任期制維持」を堅持するとして、以下のような理由が述べられている。

　若手研究者の任期制に関しては、アメリカなどにおけるテニュア制が研究開発環境の活性化の源となっていると指摘した上で、日本でも、「将来に向けて、このような活力ある研究開発環境を指向し、30代半ば程度までは広く任期を付して雇用し、競争的な研究開発環境の中で研究者として活動できるよう、任期制の広範な定着に努める」とされる。このため、さしあたり「国立試験研究機関」「独立行政法人研究機関」「国立大学等」の国の研究機関等において、30代半ば程度までの若手研究者については「広く任期を付して雇用するように努めること」「研究を行う職については原則公募とすること」「広く資質・能力のある研究者に公平な雇用機会を提供すること」が具体的に示される。

　「ポスドク3年任期」の柔軟な対応も打ち出される。すなわち、現行の若手育成型任期付任用の期間は原則3年とされているが、3年では実質的に研究に専念できる期間が短いことを踏まえ、若手研究者は「原則5年間の任期付研究員とすること」「一定の条件の下に再任もできるようにすること」も必要な措置として挙げられる。その際には、業績や能力に応じた処遇を図れる

よう改善を行うことが促される。ポスドクの任期が3年から5年に延長されたこと、再任も認められたことは現実的な対応ではあるが、ポスドクのさらなる高齢化問題が発生することも予見できたはずである。しかしながら、そうした問題認識は見られない。

さらには、研究者が多様な経験を積むとともに、研究者の流動性を高めるため、産学官間の交流や国際交流も重視されようになる。とりわけ行政、産業界などの幅広い分野で活躍できるような多様なキャリア・パスを確保するため、ポスドクや若手研究者の当該分野への派遣を促進するとして、以下のような具体的な提言がなされる。

- 研究に関し、優れた助教授・助手が教授から独立して活躍することができるよう、制度改正も視野に入れつつ、助教授・助手の位置付けの見直しを図る。あわせて、助教授・助手が研究開発システムの中で存分に能力を発揮できるよう、研究支援体制の充実、大学等における幅広い視野を持つ創造的人材の育成の推進など総合的な取組を進める。
- 優れた若手研究者が自立して研究できるよう、各研究機関において、研究スペースの確保など必要な配慮を行う。
- 競争的資金の倍増の中で、若手研究者を対象とした研究費を重点的に拡充するとともに、競争的資金一般においても、若手研究者の積極的な申請を奨励する。
- 特に優れた成果を上げた若手研究者に対する表彰等を充実する。

つまりは、ポスドクを含めた研究者のさらなる「流動性」を高め、大学や研究機関全体を競争の渦に巻き込み、研究成果の向上を求めるものとなっている。であるとすれば、本書では思い切って教授職以外の任期制導入も検討対象とすべきことを提言したい。その代わりに、大学に対する「事前規制」を大幅に緩和し、成果・結果や説明責任を問うシステムへと切り替える必要がある。「事前規制」をしながら、「事後規制」まですることは、大学に対するさらなる管理強化を意味し、大きな政策的矛盾が生まれるからである。

また、上記の提言は大学教員の職階制の見直しにつながる。大学の職階制は、それまでは教授−助教授−講師−助手であったが、2007（平成19）年度からは教授−准教授−講師−助教−助手という新たな制度がスタートすることになる。特に、従来の「助手」は「助教」「助手」に区分され、助教は教員として授業も担当しながら、事務作業も行うという負担増になる。しかも3年間の任期制となり、研究成果を上げることも求められる。こうした改革の動きは、たんにポスドクを含めた若手研究者の流動性を高め、競争に追い込み、成果を求めるという図式だけでなく、大学それ自体の流動性、活性化を高め、成果・結果を求めようとする「意図」も見えてくる。

4　「第三期科学技術基本計画」（平成18年度〜22年度）

　「第三期」の重点政策としては、日本が人口減少や少子高齢化を加速させている中で、欧米諸国だけでなくアジア諸国も急速に技術力をつけ、世界の頭脳競争は激化の一途をたどっているという認識が提示される。第三期の5年間における政府研究開発投資の規模は約25兆円とされ、過去最大となっている。この25兆円は政府研究開発投資が対GDP比1％、名目GDPの平均成長率3.1％を前提として算出されている。従って、これまでの成果を社会・国民に還元し、支持を受けるためにも成果に対する説明責任と戦略性の強化が一層求められるというものである。

　この第三期では創造性豊かな人材や、有限な資源を活用し最大限の成果を生み出す仕組みを創り出すことが目指され、とりわけポスドクなどの若手研究者の支援については、第二期を継承した「科学技術システム改革」の一環として、「若手研究者や女性研究者、さらには外国人研究者、優れた高齢研究者などの多様多才な個々人が意欲と能力を発揮できる環境を形成するとともに、初等中等教育段階から研究者育成まで一貫した総合的な人材育成施策を講じ、少子高齢化が進展する中で、人材の質と量を確保する」ことが提言されている。つまりは、この第三期でも依然としてポスドク支援の強化・拡大策が打ち出されているに過ぎず、その対象も「女性研究者」「外国人研究

者」「優れた高齢研究者」へと拡大されることになる。

そして、ポスドク人材が活躍できる環境の形成としては、①公正で透明性の高い人事システムの徹底、②若手研究者の自立支援、③人材の流動性の向上、④自校出身者比率の抑制、⑤女性研究者の活躍促進、⑥外国人研究者の活躍促進、⑦優れた高齢研究者の能力の活用などが挙げられる。②の「若手研究者の自立支援」としては、公正で透明な人事評価に基づく競争性の下で、「若手研究者に自立性と活躍の機会を与えること」「活力ある研究環境の形成を指向すること」とし、世界的研究教育拠点を目指す大学等においては、「人材の流動性向上」「テニュア・トラック制（若手研究者が任期付きの雇用形態で自立した研究者としての経験を積むことができる仕組み）の整備」などが提言される。

ただし、第三期ではポスドクの量的拡大路線が継続されるだけでなく、ようやく就職問題などに結びつけるキャリア支援に関する提言も見られるようになる。とりわけ、第一期と第二期での提言を総括する形で、「アカデミックな研究職以外の進路も含めたキャリアサポートを推進する」ことが、以下のように指摘される。

　「ポストドクター等1万人支援計画が達成され、ポストドクターは今や我が国の研究活動の活発な展開に大きく寄与しているが、ポストドクター後のキャリアパスが不透明であるとの指摘がある。このため、研究者を志すポストドクターは自立して研究が行える若手研究者の前段階と位置付け、若手研究者の採用過程の透明化や自立支援を推進する中でポストドクター支援を行う。また、ポストドクターに対するアカデミックな研究職以外の進路も含めたキャリアサポートを推進するため、大学や公的研究機関の取組を促進するとともに、民間企業等とポストドクターの接する機会の充実を図る。また、若手研究者やポストドクターの時期から国際経験を積み海外研究者と切磋琢磨できるよう、海外の優れた研究機関での研究機会や海外研究者との交流機会を拡大すべく引き続き施策の充実を図る」（文部科学省，2006）。

第一期科学技術基本計画において、「ポストドクター等1万人支援計画」が実施されて以来、約15年間にわたってポスドク研究者の充実・強化が図られてきた。しながら、ポスドクの量的増加にもかかわらず、その高度な専門的能力を活用する雇用先の確保がなおざりにされ、今日のポスドクの就職難・高齢化という問題が生じることとなる。〈図1-6-1〉が示すようにポスドクの高齢化は確実に到来している。

しかも、それは結果論ではない。当初から予想された出来事である。つまりは、大学や研究機関における常勤職に限りがある以上、ポスドクの量的拡大は遅かれ早かれ行き詰まることは予想できたはずである。後手に回ったとは言え、ポスドクへのキャリア支援策が最終段階の第三期になって打ち出されたこと自体は評価できる。問題は、その支援策の中身である。第三期では、「科学技術関係人材のキャリアパス多様化促進事業」が打ち出され、大学・

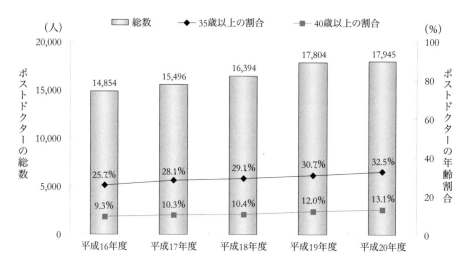

〈図1-6-1〉平成16年〜20年度までのポスドク数の推移と年齢の割合

出典：文部科学省, 2011:13.

研究機関以外の領域におけるポスドクの雇用先を確保する環境整備に着手することが実行されることになる。

なお、平成23年閣議決定において第四期の科学技術基本計画(平成23～27年度)が策定され、ポスドクの適性や希望、専門分野に応じて企業などにおける長期インターンシップ機会の充実を図り、キャリア開発の支援を一層推進することが提言されている。

5　科学技術振興機構のポスドク・キャリア支援

(1)「科学技術関係人材のキャリアパス多様化促進事業」の内容

文部科学省は、「第三期科学技術基本計画」の中で「科学技術関係人材のキャリアパス多様化促進事業」を打ち出し、大学・研究機関以外の領域におけるポスドクの雇用先を確保する環境整備に着手している。本事業の開始は2006(平成18)年度であり、同年には全国8機関(北海道大学、東北大学、独立行政法人理化学研究所、早稲田大学、名古屋大学、大阪大学、山口大学、九州大学)が採択され、翌年には日本物理学会、産業技術総合研究所を含めた12機関が採択され、それぞれ3年間の計画で活動を実施している。

その他には、科学技術振興を目的として設立された文部科学省所管の独立行政法人の一機関である「科学技術振興機構(Japan Science and Technology Agency = JST)においても、2009(平成21)年度からポスドクを採用した企業に一人あたり480万円の支給を行うこと、産業経済省もポスドクの就職支援を開始することが報じられている(『朝日新聞』2009.2.6.; 2009.6.30.)。同機構は文部科学省の競争的資金の配分機関の一つであるが、その取り組みはポスドクを研究職で最低1年間雇うことを応募条件とし、全体でポスドク100人程度分の支給を計画したものである。また、経済産業省もポスドク支援を行う。同省の支援事業は「産業技術総合研究所」がポスドクを1年間雇用し、有給で企業や大学などの研究機関で仕事を体験するというものである[3]。理系の博士号取得後7年以内の者を対象とし、募集定員は約60人である。こうして、文部科学省や経済産業省はポスドクを大学・研究機関のみならず、企業などへ

も積極的に送り出す支援策を展開する。さらには、以下に述べる「科学技術振興調整費」によって、各大学における若手研究者支援事業も展開する。

(2) 2008（平成20）年度の「科学技術振興調整費」の採択状況

「科学技術振興調整費」とは、①優れた成果の創出・活用のための科学技術システム改革、②将来性の見込まれる分野・領域への戦略的対応等、③科学技術活動の国際化の推進の三つを原則として、「総合科学技術会議の方針に沿って科学技術の振興に必要な重要事項の総合推進調整を行うための経費である」(文部科学省, 2008-2)。その経費は、各府省の施策の先鞭となるだけでなく、各府省ごとの施策では対応できていない境界的なもの、複数機関の協力により相乗効果が期待されるもの、機動的に取り組むべきものなどを対象に、政府誘導効果が高いものに活用されることになっている。いわば、科学技術関係において優れた成果の創出・活用のための科学技術システム改革や将来性の見込まれる分野・領域への戦略的対応など、科学技術活動の国際化の推進を目指したものである。

2008年度の科学技術振興調整費は、以下のような分野で公募があり、各大学で採択されている。合わせて、科学技術振興調整費の配分額（継続分も含む）も各テーマごとに記載しておいたが、2008年度の全体予算は338億円である。

(A)「若手研究者の自立的研究環境整備促進」(77億円)

若手研究者が自立して研究できる環境の整備を促進するため、世界的研究拠点を目指す研究機関において、テニュア・トラック制（若手研究者が、任期付きの雇用形態で自立した研究者としての経験を積み、厳格な審査を経て安定的な職を得る仕組みをいう。）に基づき、若手研究者に競争的環境の中で自立性と活躍の機会を与える仕組みの導入を図る。

提案課題名	機関名
若手グローバル研究リーダー育成プログラム	静岡大学
「細胞と代謝」の基盤研究を担う若手育成	慶應義塾大学

上級研究員センターの創設による人材養成	愛媛大学
わが国の将来を担う国際共同人材育成	京都大学
自立若手教員による異分野融合領域の創出	岡山大学
亜熱帯島嶼科学研究拠点を担う若手研究者育成プログラム	琉球大学
生命科学研究独立アプレンティスプログラム	大阪大学
地域の大学からナノ科学・材料人材育成拠点	大阪府立大学
優れた若手研究型教員の人材育成システム	千葉大学

(B)「イノベーション創出若手研究人材養成」(10億円)

イノベーション創出の中核となる若手研究人材(博士後期課程の学生や博士号取得後5年間程度までの研究者)が、狭い学問分野の専門能力だけでなく、国際的な幅広い視野や産業界などの実社会のニーズを踏まえた発想を身に付けるシステムを機関として構築する取組に対し支援する。

提案課題名	機関名
先端技術グローバルリーダー養成プログラム	京都大学
PhD躍動メディカルサイエンス人材養成	慶應義塾大学
キャリア目標に応じた人材養成の戦略的展開	北陸先端科学技術大学院大学
社会貢献若手人材育成プログラム	名古屋大学
実践的博士人材養成プログラム	早稲田大学
革新的研究開発リーダー養成システムの構築	九州大学
プロダクティブリーダー養成機構	東京工業大学
地域・産業牽引型高度人材育成プログラム	大阪府立大学
協働育成型イノベーション創出リーダー養成	大阪大学
アグロイノベーション研究高度人材養成事業	東京農工大学

(C)「女性研究者支援モデル育成」(15億円)

女性研究者がその能力を最大限発揮できるようにするため、大学や公的研究機関を対象として、研究環境の整備や意識改革など、女性研究者が研究と

出産・育児等を両立し、その能力を十分に発揮しつつ研究活動を行える仕組みを構築するモデルとなる優れた取組を支援する

提案課題名	機関名
女性研究者への革新的支援	東京医科歯科大学
理工系女性研究者プロモーションプログラム	東京工業大学
パールの輝きで、理系女性が三重を元気に	三重大学
富山循環型女性研究者育成システムの構築	富山大学
地方から開く女性研究者の未来in島根	島根大学
キャリアウェイ・ユニバーサル化日大モデル	日本大学
産学協働女性キャリア支援東海大学モデル	東海大学
逆風を順風に宮崎大学女性研究者支援モデル	宮崎大学
ソーシャルキャピタルを育む女性研究者支援	慶應義塾大学
世代連携・理文融合による女性研究者支援	津田塾大学
キャンパスシッターによる育成・支援プラン	新潟大学
女性研究者と家族が輝くオンデマンド支援	静岡大学
やる気に応えます金沢大学女性研究者支援	金沢大学

その他には、「先端融合領域イノベーション創出拠点の形成」(3大学・研究所：71億円)、「地域再生人材創出拠点の形成」(13大学・高専：16億円)、「アジア・アフリカ科学技術協力の戦略的推進、①「戦略的環境リーダー育成拠点形成」(5大学：3億円)、「アジア・アフリカ科学技術協力の戦略的推進、②「国際共同研究の推進」(6大学：10億円)などの競争型資金も配分されている。

こうして各大学・研究機関においても、ポスドクなど若手研究者に対するキャリア支援の取り組みが開始されることになる。期限付きの限定的資金配分によるポスドク支援策とは言え、各大学において積極的なポスドク支援が行われた点は評価すべきであろう。ただし、こうした政策の問題点を指摘すれば、各大学が政府・文部科学省の資金配分に依存することになり、資金配分の終了がポスドク支援策の終了を意味することが危惧される。この点、アメリカにおいてはNSFやNIHなどの政府機関がポスドクを直接的に雇用し

たり、ポスドク支援を行っている点を参考にすべきと考える。また、各大学・研究機関においても自前でポスドク支援を行い、長期的な視野に立ったポスドク支援が必要となろう。アメリカのポスドク支援策は、第11章で改めて述べることとする。

そこで、本章では、ひとまず2008（平成20）年度から開始された文部科学省が支出する「科学技術振興調整費」による各大学におけるポスドクなどの若手研究者支援の実態を明らかにすることとしよう。先にも述べたように、2008年度の予算総額は338億円であり、(A)「若手研究者の自立的研究環境整備促進」(77億円：静岡大学など10大学)、(B)「イノベーション創出若手研究人材養成」(10億円：早稲田大学など19大学)、(C)「女性研究者支援モデル育成」(15億円：九州大学など13大学)が採択されている。それぞれのプログラムから採択された静岡大学、早稲田大学、名古屋大学、東京農工大学、九州大学、京都大学などの個別の支援内容を、次章において確認することとし、以下では企業のポスドク支援の内容を確認しておきたい。

6　ポスドクのキャリア・パスの実態

ポスドクに対するキャリア支援の政策は、たとえば2005（平成17）年の科学技術・学術審議会人材委員会『多様化する若手研究人材のキャリアパスについて（検討の整理）』において、当面の各研究機関や企業等に期待される取組策として「若手研究者が活躍できるポストや機会の確保等の環境整備を中心とした、ポスドクから中堅、高齢研究者までを含めた戦略的な人材の活用方針の策定」「研究機関以外への進路も含め、多様化するポスドクのキャリアサポートについて、個々の研究者任せにするのではなく組織としてのキャリアサポートの取組に期待。特に、企業等とポスドクの関わる機会の充実が必要」「研究プロジェクトの企画・マネージメント能力など、大学等の研究機関でも産業界等でも通用する実力を身につけられるような大学院教育の充実」（科学技術・学術審議会人材委員会, 2005）などの諸政策が指摘される。つまりは、ポスドク等若手研究者へのキャリア支援の重要性が提言されており、ポ

スドクを企業などへも送り込む組織的対応を指摘したものになっている。しかしながら、そうした取り組みの効果は現在でも効果的であるとは言えない。この点に関しては、以下に述べる「ポスドクの就職希望先は企業ではない」という事実からも明白である。

　2005年に科学技術政策研究所が公表している博士号取得者のキャリアパスの実態報告によれば、わが国の博士号取得者の雇用別就業状況は「4年制大学」51.4%、「短期大学等」1.6%、「営利企業」16.9%、「非営利企業」17.2%、「公的機関」9.5%、「自営業・産業界」3.4%となっている（科学技術政策研究所, 2005: 3）[4]。2005年における博士号取得者の雇用別部門は、大学などが半数を超えているが、逆に営利企業への就業率は2割にも満たない。確かに、近年の博士号取得者採用の動きとして、企業の研究においても高度なレベルの専門性が求められているとし、企業側も博士課程修了者やポスドクの採用を希望する傾向が見られるというものの、その割合は少ない。こうしたミスマッチは、なぜ起きるのだろうか。ポスドク等において営利企業（医薬・食料品、土木・建設、化学及び電気・電子機器分野）への就職が少ない理由として、報告書では以下の点が指摘される（科学技術政策研究所, 2005: 8-9）。

　①営利企業の研究開発部門に採用されたとしても、修士号取得者が主流で
　　あり、企業内での育成が継続的に行われている。
　②ただし、一部の研究開発部門では、即戦力となる人材ニーズの高まりか
　　ら、修士号取得者に代えて博士号取得者を採用しようとする動きも生ま
　　れ始めている。

　実は博士課程取得者が大学などの教育・研究機関に多く就職し、営利企業などへの就職が少ないという実態は、必ずしも企業側だけに責任があるわけではない。すなわち、博士号取得者やポスドクが民間の企業・法人に就職することを望んでいないからでもある[5]。なぜ、望まないのか。それは、自らの専門的な知識や能力を生かす場として企業を見ていないからである。企業の研究開発部門の主流が修士号取得者であるとすれば、博士号取得は意味が

ない。ポスドクが大学・研究機関にこだわり、企業を敬遠しているわけではなく、企業では自らの能力を生かせないと考えているからに他ならない。

7　経済界・産業界のポスドク・キャリア支援

(1) 日本経済団体連合会のアンケート調査

　第1節でも述べたように、近年には企業研究においても高度なレベルの専門性が求められ、企業側も博士課程修了者やポスドクの採用を希望する傾向は見られる[6]。ただし、大学や研究機関と企業の姿勢は異なるものである。2003年に京都大学大学院博士課程を満期退学(男性・文系)した人材コンサルタント企業社長は、以下のようなアドヴァイスをポスドクに送っている。

> 　「ポスドクの就職で一番重要なのは、自分の専門にこだわらないことです。民間企業では たとえ研究所であっても、アカデミアとは研究の進め方や考え方が全然違うので、それをしっかり把握した上で自分の興味が何かということを伝えないと、そもそも企業での働き方をわかっていないという時点で、不採用になってしまう人も多いです」(九州大学キャリア支援センター, 2006: 65)。

　「自分の専門にこだわる」ポスドクに対して、「自分の専門にこだわるな」というアドヴァイスは、ポスドク側からすれば「研究を捨てる」ことに他ならない。消極的に考えれば、こうしたアドヴァイスを受け入れられるポスドクは、そもそも研究を断念した者として見なされる。しかし、積極的に考えれば、ポスドクの高い能力を研究以外の分野で積極的に生かすというチャレンジ精神も必要であろう。こうしたポスドク支援策の積極的な側面からの支援策として、次章で述べる静岡大学、早稲田大学、名古屋大学などの試みを紹介したい。

　企業側は、研究リーダーとしての博士号取得者の育成がメリットとなると認め、キャリア・パスの多様化を提言している。グローバル化が進展する国

際競争の中で勝ち残るためにも、企業にとってポスドクの高い能力は益々必要なものとなろう。日本の生き残る道は、イノベーションの創出以外にはない。そうした意味でも、ポスドクと企業のミスマッチを、これ以上引き起こしてはならない。双方の努力と未来を見据えた戦略に期待したい。そこで、企業側の意識変革を2007年2月に日本経済団体連合会（産業技術委員会産学官連携推進部会）が実施した「企業における博士課程修了者の状況に関するアンケート調査結果」から確認しておきたい。同調査によれば、回答のあった71社の過去5年間の技術系新卒採用は、修士が73%で、博士はわずか3%にすぎない（日本経済団体連合会・産業技術委員会産学官連携推進部会, 2007: 2）。依然として、博士の採用は「絵に描いた餅」に過ぎない。「建前と本音の違い」といってもよい。企業側が博士に求める「能力」とは何なのか。

　博士に対する企業側の評価は「専門知識・専門能力」「研究遂行能力」「論理的思考能力」などであるが、問題点としては「コミュニケーション能力」「協調性」「業務遂行能力」（日本経済団体連合会・産業技術委員会産学官連携推進部会, 2007: 2）などが不足している点が指摘される。つまりは、企業側は博士の高度な専門的知識や能力は評価するものの、企業という組織内では一般的な人間的資質が博士には欠けている、というものである。言い換えれば、日本の企業は依然として企業組織に合致した円満な一般的人間を求めているということであり、博士人材は「企業組織では使えないオタク族扱い」である。こうした企業側の意識では、博士人材が採用されないという現実も当然であろう。

　経団連は、以上のような企業側の現実を踏まえながら、ポスドクなどの博士取得者に対する雇用を含めた経済構造の転換を以下のように求める。経団連の動きを追ってみよう。

(2) 日本経済団体連合会の「希望の国、日本」

　経団連は、2007年1月にも『希望の国、日本』を発表し、日本を希望の国とすべく、今後10年間におけるわが国の政策課題を提言している（日本経済団体連合会, 2007-1）。具体的な項目は、「経済の構造改革」「通商政策」「社会

保障制度や財政を中心とする政府部門の改革」「雇用問題」「地域政策」、さらには「教育問題」など、幅広い分野の課題を網羅的に取り上げている点が特徴的である。とりわけ、日本型成長モデルを確立する際の最大のポイントは、科学技術を中心とするイノベーションの創出であり、成長力の維持・強化、豊かな社会の実現が目指されている。経団連は、日本のイノベーションの特徴として、研究開発費が民間で約80％、政府負担が20％という現状から、政府研究開発投資のさらなる充実を求めると同時に民間研究開発投資を、今後とも促進していくことが重要な課題であるとしている。

　経団連は、2007年3月20日にも『イノベーション創出を担う理工系博士の育成と活用を目指して―悪循環を好循環に変える9の方策―』なる提言を公表し、欧米やアジア諸国との熾烈なグローバル競争に勝ち抜くためには、日本がイノベーション創出の総合力を高めることが不可欠であるとする[7]。要するに、日本の大学院は博士課程の量的拡大ではなく、質的充実へ転換し、博士課程の教育機能面の強化に向けた産学官の連携を不可欠なものとしている。そのためにも産学官が密接に連携し、高度な理工系人材を育成、活用していくことが課題として掲げられる(日本経済団体連合会, 2007-2)。

(3) 日本経済団体連合会の「理工系博士の育成」

　同じく、経団連は翌2008年1月1日にも『成長創造―躍動の10年へ―』を公表し、経済的な閉塞感を打破し、躍動する日本経済を構築するための5つの戦略を掲げ、その戦略の冒頭にイノベーションの加速(①世界トップレベルの研究開発の強化、②産学協同による新産業分野の創出(環境、ＩＴ、ナノテク等)、③民間研究開発投資の促進、④高度人材の育成、初中等教育の強化、⑤知的財産政策の強化など)を掲げている(日本経済団体連合会, 2008-1)[8]。続いて、同年5月には提言『国際競争力強化に資する課題解決型イノベーションの推進に向けて』を公表し、欧米・アジア諸国における成長力強化の中で、日本の国際競争力強化、地球規模の課題解決に向けたイノベーション創出力を高める目的で、「産学官協働によるオープン・イノベーションを促進する仕組み」「科学技術政策の推進体制」「企業、大学、研究開発独法の機能」の改革方策も提言している。

この提言においては、大学における人材育成機能の強化を課題の柱として取り上げ、①「修士・博士課程の改革」、②「国際的な人材ネットワークの形成」、③「理科離れ対策」などを提言している。

以上、経団連の提起するポスドクや博士課程院生に対する近年のキャリア支援の内容を確認したが、経団連が繰り返し強調している点がイノベーション創出こそが日本の生き残り戦略に不可欠であるというものである。こうした体制の構築には、政府・教育機関・企業の協力関係が強化されるべきであるものの、問題は、その際の意識変革と制度的な変革を実現できるか否かであろう。

8 「ポスドク問題」から見た日本の産学官連携

(1) 日本経済団体連合会の産学官連携に関する提言

日本で産学官連携が積極的に提言されるようになったのは、2000年前後からである。産学官の連携強化が日本の大学・大学院における博士人材の育成・強化に貢献するものであることは言うまでもない。そこで、ポスドク問題を中心に据えながら、日本の産学連携の現状や課題を概観してみよう。

たとえば、経団連は2001 (平成13) 年7月に産学官連携推進部会を設置しているが、その際の課題を庄山悦彦 (日立製作所社長：経団連評議員会副議長・経団連産業技術委員会共同委員長) が指摘している。「最大の課題は、国際競争力強化を目指した大学改革と、それを前提にした「産学官の連携強化」である。今までも「産学官の連携強化」は言われてきたものの、実効に乏しかった。この取組みがうまくいかなければ、国際競争力の強化は望めない」(庄山, 2001)。庄山は、産学官連携が「国際競争力の強化」とそのための「大学改革」であることを明言している。こうした経団連の提言に呼応する形で、2004年4月に国立大学は法人化され、研究成果の社会還元が大学の役割として認識される。「その一つが産学の連携強化であり、TLO (技術移転機関) や大学の知的財産本部、産学連携推進本部などの設置」(続橋, 2008: 7) が推進されている。こうして、産学官の連携を推進する上での環境が整備され、大学への委託研究

や共同研究の総額と件数が増大する。

　たとえば、国立大学と企業の共同研究の場合を見ただけでも、「1999年の約3千件（50-60億円）から2006年には約1万2千件（約300億円）」という具合に金額で5倍に達している。また、委託研究費も「1990年代初頭には約2千件（100億円以下）であったが、2006年には約1万1千件（約1千億円）」（続橋, 2008: 8）となり、金額も10倍以上に達している。

(2) 産学連携とポスドク問題

　次に、経団連のポスドクに対する提言も見てみよう。ポスドク問題に対する経団連の提言は、2007年の『イノベーション創出を担う理工系博士の育成と活用を目指して―悪循環を好循環に変える9の方策―』が最初である。このの中で経団連が提言する博士号取得者、ならびにポスドクに対する就職支援は、以下のような内容となっている。

(A)「博士号取得者に対する就職支援の充実（大学など）」（内容は省略）
(B)「ポスドク等が活躍できる産学協同の場の提供（政府）」
　　イノベーションを実現するためには、出口（具体的な政策目標）のイメージを産学官で共有した上で、先端技術の科学的解明、ナショナルプロジェクト、実証実験などを産学の連携で推進していくことが有効である。政府は、こうしたイノベーション志向の産学協同事業を競争的資金などを活用して、強力に支援することが重要である。その際、ポスドク等をこうした研究プロジェクトに積極的に参画させることは、単なる研究の場の提供にとどまらず、企業との出会いの場ともなり、将来の活躍の場を産業界にひろげていくことにもつながるものと期待される。
(C)「優秀な博士号取得者を積極的に採用（企業）」（内容は省略）（日本経済団体連合会 2007-2）。

　要するに、経団連の提言は、ポスドクを含めた博士号取得者に対して大学などが就職支援策を充実させ、ポスドク等が活躍できる産学協同の場を政府

が提供し、企業が優秀な人材を積極的に採用することを唱えたものである。翌年の2008年5月にも経団連は、『国際競争力強化に資する課題解決型イノベーションの推進に向けて』と題する提言を行い、「修士・博士課程の改革」の中では、「ポスドクターの見直し」として、「ポストドクター等1万人支援計画」による量的な拡大が図られたものの、就職難の現状を認識して、以下のような提言がなされる。

　「現在、政府においては科学技術関係人材のキャリアパス多様化促進事業等の対策を進めている。他方、産業界も大学と連携し、産業界での活躍の機会を広げるべく、産学共同研究でのポストドクターの積極的な活用や、企業人とポストドクターとの交流会の開催等に努めている。政府は、こうした取組みに資金的な支援を行うべきである。また、優秀なポストドクターに対し、ISO等の国際標準化機関や国連機関等への職員としての派遣や研修を実施すべきである」（日本経済団体連合会, 2008-2: 12-13）。

　しかしながら、経団連が繰り返し行う提言内容も、そう簡単には実現されない点が問題である。ようやく、2010年に経団連は解決策を提言する。

(3) 博士号取得者の多様なキャリアパスの形成

　経団連は、2010年10月19日『イノベーション創出に向けた新たな科学技術基本計画の策定を求める〜科学・技術・イノベーション政策の推進〜』の中で、「博士号取得者の多様なキャリアパスの形成」について提言する。この中では、欧米の先進諸外国と比較して、わが国でも高度な専門性を持つ博士号取得者が社会の多様な場面で活躍することが求められているものの、わが国の博士号取得者は大学・大学院の研究職ポストを希望する傾向が強いことが指摘される。その結果として、「博士号は取得したものの大学・大学院の研究職ポストが空くのを待ちつつ期限付きで大学に雇われるポストドクターが増加するといった問題が生じている」（日本経済団体連合会, 2010: 9-10）

ことが問題点として挙げられる。その解決策の提言は、以下のような内容である。やや長いが全文を引用しておこう。

> 「わが国のあらゆる分野でイノベーションを創出していくために、高度な専門性を持つ博士号取得者が、大学・大学院といったアカデミアの世界のみならず、企業や官庁、NPO、国際機関など幅広いフィールドで活躍できる環境を整備する必要がある。今後は、一つの専門分野のみならず分野横断的に学ぶための関連科目（社会科学を含む）の充実や、産業界との連携による実践的な大学・大学院教育カリキュラムの開発、人材交流・共同研究・インターンシップ等の機会の拡大、指導教官による学生の進路適正の見極め、企業への就職支援等について、産学官が連携して積極的に取組む必要がある。その意味で、国内外の優秀な教員と学生を結集し、産学官連携の下で、国際標準の博士課程教育を実施する「リーディング大学院」構想は興味深い。ただし、あらかじめ評価軸を設定し、実績評価を毎年度着実に実施する体制を整備するとともに、産学双方にとって実効あるものとなるよう産業界からの意見を丹念に聴取して制度を設計すべきである」（日本経済団体連合会、2010:10）。

　この提言内容は、やや総花的で具体性に乏しいとは言え、大学、企業、官庁、NPO、国際機関などの幅広い分野でポスドクが活躍できる環境を整備することには重要な意味がある。大学・大学院改革が易々とできるとは考えにくいが、欧米やアジア諸国との熾烈なグローバル経済競争に勝ち抜くためには、ポスドクのような高度な能力を持った人材を一層有効活用することが大切であろう。

　本章では、ようやくポスドク支援策を認識し始めた政府・文部科学省、経団連などの企業側の対応を中心に述べてきたが、わが国のポスドク支援策にはいくつかの特徴がある。第一には就職問題は本人の責任であり支援の必要はないとするもの、第二には大学や大学院が就職の間口を広げるだけでなく、ポスドクの指導教授が就職の世話もすべきであるというもの、第三には民間

企業での積極的な採用である。この三つの特徴は、いずれも国家政策ではないということであり、したがってポスドク支援に必要な多額の経費も削減できるというメリットがある。政府・文部科学省は、国家政策としてポスドクの量的拡大を推進してきた以上、ポスドク問題の解消を本人、大学・大学院、民間企業などへと誘導し、責任を回避する政策を取るべきではない。次章では、各大学の個別のポスドク支援策を検証し、ポスドク政策の新たな取り組みを紹介したい。こうした各大学の挑戦的で、創造的なポスドク支援策こそ、日本の各大学におけるモデルともなりうるものである。

〈注記〉

1 　科学技術の戦略的重点化とは、4分野(ライフサイエンス、情報通信、ナノテクノロジー、材料)とそれ以外の4分野(エネルギー、製造技術、社会基盤、フロンティア)である(文部科学省, 2006)。

2 　競争型資金が科学技術関係予算に占める割合は、第二期において8%から13%に増加している。また、平成13年には68の国立試験研究機関の独立行政法人化、平成16年の国立大学法人化によって、研究機関の柔軟な運営が可能となったことが指摘される(文部科学省, 2006)。

3 　産業技術総合研究所は、多様な産業技術の研究開発を行う国内最大級の公的研究機関であり、2007(平成19)年度に「筑波研究学園都市を中心としたイノベーション人材創出モデルの確立」と言うテーマで文部科学省「科学技術関係人材のキャリアパス多様化促進事業」に採択されている。産総研は、「ポスドク等の任期付き雇用の若手研究者の人材育成に関する基本指針を確立するとともに、筑波研究学園都市を中心として若手研究者の育成体制を整え、この地域を世界有数のイノベーション人材輩出地域とすることを目的としている」(野呂・加藤, 2008: 35)。

4 　同報告は、日本総合研究所「文部科学省委託業務『日米の博士課程取得者の活動実態に関する研究』」(2004年3月)の結果を利用したものである。日本の博士号取得者の調査対象者は4,611人であったが、自然科学、社会科学、人文科学分野の取得者が対象となっている(科学技術政策研究所, 2005: 3-4)。

5 　たとえば、科学技術政策研究所・(株)三菱総合研究所が2004年8月に公表した「これからの人材育成と研究の活性化のためのアンケート調査」における博士課程学生の希望している進路は、「大学・公的機関」が71.5%であるのに対して、「民間の企業・法人」を希望する割合は21.4%に止まっている(科学技術政策研究所, 2005: 10)。

6 　同じような調査は文部科学省も行っている。文部科学省は、研究者のキャリアパスの多様化と活性化について2005年の「企業側マネージャー」に対する調査を実施している。アンケートの回答では、企業と大学の「人材交流」「共同研究」など、企業と大学の交流拡大が提言されている(科学技術政策研究所, 2005: 43)。「(A)「主に人材交

流へのコメント」①柔軟かつ効果的な人事交流(建設業)、②転籍・異動手続きの簡素化(情報・通信)、③大学、研究機関の人を企業に出向させる制度(輸送用機器)、④研究人材の流動性の向上(その他)など。(B)「主に共同研究へのコメント」①企業での研究の実体を知ること。共同研究などを通じて要求される研究の質の把握(製品)、②企業との共同研究の拡大(ゴム製品)」企業マネジャーの回答で留意すべき点は、ひとえに様々な形の「人材交流」の簡素化と促進であろう。
7 経団連の大学院博士課程の質的充実に関するその他の提言は、1．教育理念の明確化と学生の選抜の厳格化(大学など)、2．学生への経済的支援の拡充(政府など)、3．修士課程修了生の採用選考の早期開始の自粛(企業)、4．社会のさまざまな分野での活躍を想定した教育活動の強化(大学など)、5．教育への積極的な取り組みに対する支援の充実(政府)、6．企業・社会を実際に学ぶ機会の提供(企業など)である(日本経済団体連合会, 2007-2)。
8 経団連の今後10年の重要政策課題とは、(1)「イノベーションを加速し成長力を強化する」以外は、(2)「EPA・FTAの締結を通じ世界経済のダイナミズムを取り込む」、(3)「道州制を導入し日本全体の豊かさを向上させる」、(4)「事業環境の整備を進め企業の活力を高める」、(5)「公的部門の改革により国民の安心・安全を確保する」である(日本経済団体連合会, 2008-1)。

〈参考文献〉

科学技術政策研究所2005「(基本計画の達成効果の評価のための調査)科学技術人材の活動実態に関する日米比較分析―博士号取得者のキャリアパス―」平成15年度〜16年度科学技術振興調整費調査研究報告書, pp.1-101.
　　http://www.nistep.go.jp/achiev/ftx/jpn/rep092j/pdf/rep092j.pdf[2012.12.1.取得]
科学技術・学術審議会人材委員会2003「国際競争力向上のための研究人材の養成・確保を目指して―科学技術・学術審議会人材委員会第二次提言―」pp.1-45.
　　http://www.mext.go.jp/b_menu/shingi/gijyutu/gijyutu10/toushin/03063001.htm[2007.3.22取得]
科学技術・学術審議会人材委員会2005「多様化する若手研究人材のキャリアパスについて(検討の整理)」
　　http://www.mext.go.jp/b_menu/shingi/gijyutu/gijyutu10/toushin/05072101/htm[2007.3.22.取得]
九州大学キャリア支援センター2006『博士人材のキャリア形成の軌跡―若手研究者のキャリアパス多様化に向けて―』九州大学, pp.1-86.
国立教育政策研究所・日本物理学会キャリア支援センター編2009『ポストドクター問題―科学技術人材のキャリア形成と展望―』世界思想社.
国立教育政策研究所キャリア発達研究会2007『ポストドクターへのセーフティ・ネット』日本物理学会誌, Vol. 62, No.11, pp. 863-866.
庄山悦彦2001「国家戦略に基づく科学技術政策への期待」経団連『月刊Keidanren』2001年10月号,

http://www.keidanren.or.jp/japanese/journal/gekkan/gk200110.html[2011.8.24.取得]
日本経済団体連合会・産業技術委員会産学官連携推進部会2007『企業における博士課程修了者の状況に関するアンケート調査結果・概要』pp.1-26.
　　http://www.keidanren.or.jp/japanese/policy/2007/020/chosa-kekka.pdf[2011.5.10.取得]
日本経済団体連合会2007-1『希望の国、日本』pp.1-145.
　　http://www.keidanren.or.jp/japanese/policy/2007/vision.html[2011.5.10.取得]
日本経済団体連合会2007-2『イノベーション創出を担う理工系博士の育成と活用を目指して―悪循環を好循環に変える9の方策―』
　　http://www.keidanren.or.jp/japanese/policy/2007/020.html[2011.5.10.取得]
日本経済団体連合会2008-1『成長創造―躍動の10年へ―』
　　http://www.keidanren.or.jp/japanese/policy/2008/001.html[2011.8.24.取得]
日本経済団体連合会2008-2『国際競争力強化に資する課題解決型イノベーションの推進に向けて』pp.1-14
　　http://www.keidanren.or.jp/japanese/policy/2008/027.pdf [2011.8.24.取得]
日本経済団体連合会2010『イノベーション創出に向けた新たな科学技術基本計画の策定を求める～科学・技術・イノベーション政策の推進～』pp.1-18
　　http://www.keidanren.or.jp/japanese/policy/2010/093/honbun.pdf[2011.8.24.取得]
日本経団連・産業技術委員会産学連携推進部会2008『大学・大学院改革に向けた取り組みに関する報告書』pp.1-15.
　　http://www.keidanren.or.jp/japanese/policy/2008/014.pdf[2011.2.12.取得]
野呂高樹・加藤英幸2008『(独)産業技術総合研究所における若手研究者のキャリア支援に関する取組～筑波研究学園都市を中心としたイノベーション人材創出モデルの確立を目指して～』新聞ダイジェスト社『大学と学生』No.56, pp.33-38.
続橋　進2008「大学の理工系人材育成と産業界との連携強化」新聞ダイジェスト社『大学と学生』No.56, pp. 6-20.
文部省1995「科学技術基本法」
　　http://www.mext.go.jp/b_menu/shingi/kagaku/kihonkei/kihonhou/mokuji.htm[2012.3..7.取得]
文部省1996「科学技術基本計画」
　　http://www.mext.go.jp/b_menu/shingi/kagaku/kihonkei/honbun.htm[2011.2.25.取得]
文部科学省2001「第二期科学技術基本計画」
　　http://www8.cao.go.jp/cstp/kihonkeikaku/index3.html[2011.2.25.取得]
文部科学省2006「第三期科学技術基本計画」
　　http://www.mext.go.jp/a_menu/kagaku/kihon/06032816/001/001/009.htm#1[2011.2.26.取得]
文部科学省2008-1「SYMPOSIUMイノベーション創出若手研究人材：資料集」文部科学省科学技術振興調整費, pp. 1-108.
文部科学省2008-2「平成20年度科学技術振興調整費新規採択課題一覧」
　　http://www.mext.go.jp/b_menu/houdou/20/05/08051604/001/001.htm[2012.2.8. 取

得]
文部科学省2011「文部科学省の公的研究費により雇用される若手の博士研究員の多様なキャリアパスの支援に関する基本方針〜雇用する公的研究機関や研究代表者に求められること〜」pp.1-30.
http://www.mext.go.jp/b_menu/shingi/gijyutu/gijyutu10/toushin/__icsFiles/afieldfile/2012/03/08/131　7945_1.pdf[2013.3.7.取得]

第7章　各大学のポスドク・キャリア支援の現状と課題

国内研究者の意見

　外国で研究する若手研究者はここ数年減少しており、このままでは先細る一方。最近の日本の大学では、若手研究者を中心に内向きのメンタリティーになってきており、科学技術基本計画の想定と逆の現象が起きている(文部科学省・科学技術政策研究所, 2009:19)。

1　静岡大学「若手グローバル研究リーダー育成プログラム」

(1) プログラムの目的

　本章では、静岡大学、早稲田大学、名古屋大学、東京農工大学、九州大学、京都大学などの各大学におけるポスドク・キャリア支援の実態を紹介する。これらの大学におけるポスドク支援策は、文部科学省などの財政的支援を受けるものではあるが、現状における最先端のポスドク支援策と評価できる。科学技術基本計画は、前章でも述べたように、ポスドクを「研究支援者」と位置づけ、わが国の研究開発の流動化と活性化を「狙い」とするものであった。以下に紹介する各大学の事例は、そうした「狙い」を具現化しているものと言えよう。こうしたモデル的事業を全国の大学でも参考にして、ポスドク問題の解決策を前進させることが望ましい。まずは、静岡大学の取り組みから紹介したい。

　静岡大学は、もともと地域に根ざした研究を目標に掲げ、光・電子・情報分野及び生命・環境科学を重点研究領域とし研究活動を展開しているが、2006(平成18)年度には、「大学院重点化」により優れた能力を持つ研究者を

部局横断的に結集・組織化し、分野融合型の新大学院「創造科学技術大学院」を設置している。同大学は、日本学術振興会特別研究員や外部資金による研究員を受け入れ、国内外の大学等に優秀な人材を輩出している。また、若手研究者育成のために「学長裁量経費による研究費支援制度」「外国雑誌への投稿支援」「国際シンポジウムの開催」などの支援策も積極的に構築している。

　とりわけ注目すべき若手研究者支援は、2008年度において採択された科学技術振興調整費「若手研究者の自立的研究環境整備促進事業」による「若手グローバル研究リーダー育成プログラム」による「テニュア・トラック制度」の導入であろう。この事業は、全国の大学において初年度の2006年度に106名、2007年度に153名、2008年度に128名採用されたものであり、静岡大学も採択された一大学であった。「テニュア・トラック制度」とは、アメリカ型の人材養成・採用の方式を参考にするものであり、次世代の教育研究を担う人材育成を支援するプログラムである(静岡大学, 2011-2)[1]。

　このプログラムにおける若手研究者採用方法は、まずは公募の対象となる研究分野を明確に限定した上で、採用時に40歳以下であることを条件に広く国内外に公募され、学内の専門員に加え、学外の国際的な専門家を含む委員会による審査体制を整え、透明性・公正性の高い選抜制度を実施している。審査の第一段階では、将来配属される学科教員や学外委員を加えた「選考委員会」が研究業績や経歴などの書類審査によって絞り込みを行う。第二段階では、学内の専門家から構成される「テニュア・トラック審査委員会」がさらなる絞り込みを行い、最終段階で同審査委員会による候補者を対象としたヒアリングを行うというものである。審査の際には、研究能力の将来性や可能性も加味されるが、最も重要な評価は研究業績の質と量である。また、この制度は静岡大学の第一期中期計画の重点化目標および静岡県の新産業集積構想に沿う形で公募されたものでもあり、プログラムの計画性・継続性、ならびに産学連携という側面でも優れたプログラムとなっている。

　2008年度に採用された若手研究者10人の内訳は助教8人、准教授2人であるが、その中の2人は外国籍(中国とリトアニア)の研究者である。採用された10人は、その優秀な研究能力を十分に発揮できるよう、所属する若手グ

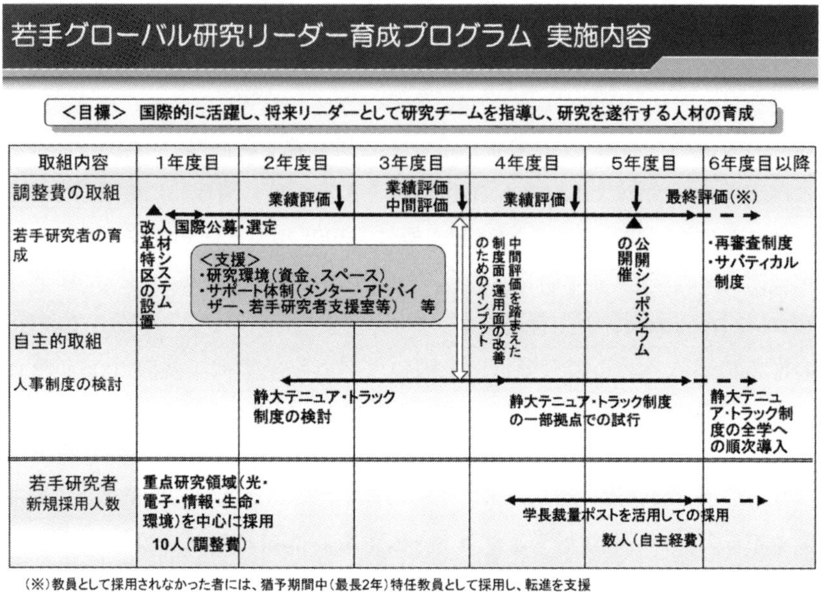

若手グローバル研究リーダー育成プログラム 実施内容

<目標> 国際的に活躍し、将来リーダーとして研究チームを指導し、研究を遂行する人材の育成

取組内容	1年度目	2年度目	3年度目	4年度目	5年度目	6年度目以降
調整費の取組 若手研究者の育成	人材システム改革特区の設置 / 国際公募・選定 <支援>・研究環境（資金、スペース）・サポート体制（メンター・アドバイザー、若手研究者支援室等）等	業績評価↓	業績評価中間評価↓	業績評価↓ 中間評価を踏まえた制度面・運用面の改善のためのインプット	最終評価(※) 公開シンポジウムの開催	・再審査制度 ・サバティカル制度
自主的取組 人事制度の検討		静大テニュア・トラック制度の検討		静大テニュア・トラック制度の一部拠点での試行		静大テニュア・トラック制度の全学への順次導入
若手研究者新規採用人数	重点研究領域（光・電子・情報・生命・環境）を中心に採用 10人（調整費）			学長裁量ポストを活用しての採用 数人（自主経費）		

(※)教員として採用されなかった者には、猶予期間中(最長2年)特任教員として採用し、転進を支援

〈図1-7-1〉静岡大学「若手グローバル研究リーダー育成プログラム」実施内容

出典：静岡大学, 2011-2.

ローバル研究リーダー育成拠点を特区と位置づけ、研究に専念できるような環境整備がなされている。また、2011年からは学部ないしは大学院の授業も週1コマ担当し、若手教育者の育成という側面も考慮されている。〈図1-7-1〉は、同大学の「若手グローバル研究リーダー育成プログラム」の概要を示したものである。

(2) プログラムの内容

本プログラムで採用された若手研究者10人は、5年間という任期制ではあるものの、その期間内には自立的に研究に集中できる環境が与えられる[2]。創造科学技術大学院「電子工学研究所」においては、独立した人材システム改革特区が設置され、この特区では「テニュア・トラック制度」を中心とする人材システム改革を行い、若手研究者が自立的に研究に集中できる研究環

第一部　日本のポスドク制度の現状と課題　151

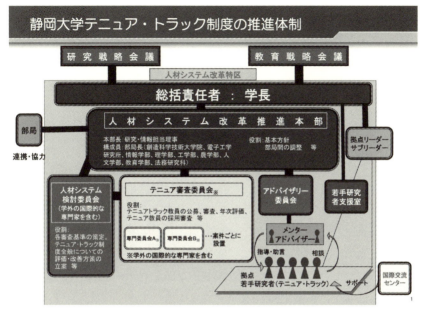

〈図1-7-2〉静岡大学のテニュア・トラック制度の推進体制
出典：静岡大学, 2011-2.

境（「資源の優先配分」「研究支援体制の充実」「十分な研究スペースの確保」「研究以外の負担軽減等」）を整備している。〈図1-7-2〉は、同大学のテニュア・トラック制度の推進体制を示したものである。

　また、「将来の指導者として必要なリーダーシップ」「マネージメント能力」「教育能力等」の涵養を図ることも目指され、評価基準を満たせば全員が静岡大学でのテニュア取得が可能となるよう専任職のポストも全学的に用意されている。つまりは、ポスドクなどの優秀な若手研究者を将来的には専任教員として採用することを見込んだ人材養成プログラムというわけである。

　厳しい審査によって採用されたテニュア・トラック教員は、学外の国際的な専門家を含む「テニュア審査委員会」によって年度ごとに評価される。とりわけ3年目の2010年には「研究目標達成度」（計画性、新規性、達成度）、「研究の進捗状況」（研究成果の発表、研究業績など）、「競争的資金の獲得状況」（科

研費などの外部資金)、「学生指導等研究室の運営状況」、「教育」など7項目に及ぶ達成度中間評価が実施されている(静岡大学, 2011-1:5)。結果は10人全員が合格となっている。また、同時に各審査基準(テニュア・トラック採用審査、年度毎の業績評価、中間評価、テニュア採用審査を含む)及び制度全般について、それまでの経験をもとに人材システム検討委員会(学外委員を含む)を中心にPDCA (Plan-Do-Check-Action)サイクルの一環としても評価を行い、制度面・運用面での改善を図ることも行われている。

　この3年目の中間評価の結果を踏まえ、4年目以降には学長裁量ポストを活用して自主的取り組みを開始し、将来的には本制度を全学に拡大することも目指されている。こうした努力の結果、5年任期の最終年度となる2012年に、全員が審査に合格すれば、専任教員として採用予定である。テニュアを取得した10人の若手研究者は、その後は専任教員と同じ待遇や条件で勤務するだけでなく、研究教育能力の継続的な向上のため、再審査制度・サバティカル制度なども適用されることになる[3]。

(3) 同プログラムの意味と課題

　静岡大学では、「若手グローバル研究リーダー育成プログラム」の期間が終了した後も、研究人材採用の仕組みとしてテニュア・トラック制度を電子工学研究所、農学部、工学部、情報学部だけでなく、人文学部や教育学部なども加えた全学に導入することが決定されている。静岡大学の「テニュア・トラック制度」の目的は、若手研究人材の発掘・育成に向けた大きな人材システム改革を導入することであり、政府資金に依拠しているとはいえ、優秀な若手研究者の育成・支援という面からすれば、高く評価されるべきものである。また、採用された若手研究者は「研究能力の向上」だけでなく、「研究成果の地域への還元」「優秀な研究人材の地域への供給等」によって、地域の産業振興、研究・産業人材育成にも大きく貢献することも求められている[4]。

　ただし、問題がないわけでもない。同大学の若手研究者支援室を訪問した際にS教授と同室長のK氏によれば、第一には、静岡大学「創造科学技術大

学院」に在籍する博士課程院生がプログラムに応募しておらず、全て学外からの若手研究者の採用であった。第二には、このプログラムに採用された若手研究者は、学内の他の一般教員よりも給与や待遇面で優遇されており、一般教員から不満の声も聞かれるという[5]。第三には、公募対象が理系の学問分野であり、応募者も採用者も全員が男性であった。男女共同参画の観点からは女性研究者の受け入れが望ましいが、現状ではゼロということであった。

2　早稲田大学「博士人材養成プログラム」

　文部科学省の競争型資金「イノベーション創出若手研究人材育成」には、名古屋大学、京都大学、九州大学、早稲田大学、慶応大学などの10大学が採用され、若手研究者の育成事業がスタートしている。初年度の2008年度には、長期インターンシップに79名、事前学習に378人が参加している。その試みは多彩であり、大学院修了者やPDを対象にした「産学連携研究プログラム」「国内外でのインターンシップ」「就職セミナー」などが開講されている（文部科学省, 2008）。早稲田大学は、科学技術振興調整費「イノベーション創出若手研究人材養成」を受領して、2008（平成20）年4月から5年間の予定で産業分野でのイノベーションを担う実践的博士人材養成プログラムを開始している。同プログラムの目的は、産業イノベーションと国際競争力の強化であり、高度な研究能力と「付加能力」をもつ実践的博士人材を育成することである。

　こうした目的を実現するために、同大学は「早稲田大学博士キャリアセンター」を設置し、学内外の関連組織と連携しながら、産業分野で活躍する人材を戦略的・組織的に育成している[6]。具体的な活動内容は、「若手研究者の意識啓発」「若手研究者の能力開発」「若手研究者と産業界との交流促進」（西嶋, 2008: 39）である。ただし、同キャリアセンターには事実上のポスドクは存在するものの、助手や助教という任期制ポストで雇用されている。したがって、ポスドク規程はない。

(1) 早稲田大学博士キャリアセンター

若手研究者への支援事業プログラムの内容は、各年度ごとに早稲田大学や慶応大学理工学部、東京理科大学などから若手研究者（博士課程院生、博士取得後5年以内のポスドク）を100人程度の規模で公募し、「早稲田大学博士キャリアセンター」が中心となって「実践的カリキュラム」「実践博士研修」（インターンシップ）を実施するものである。とりわけ、20人程度の実学志向の若手研究者を選抜し、国内外の企業・研究機関へ長期派遣するというインターンシップ事業が注目される。同プログラムの内容は、WEB上でも紹介されているが、主なる内容は以下の通りである。

①実践的カリキュラム：2010年度の場合は前期と後期に区分され、7科目の講義概要が示されている。

「博士実践特論A：イノベーションリーダーシップ（Innovation Leadership）」は「イノベーションを創出するために必要なリーダーシップ、ネゴシエーション力、コミュニケーション力の基礎と考え方を学び、演習する」ものである。参加者の感想は、「異なる分野で磨かれてきた経験や知性を知ることが、自分の研究テーマを進める上で非常に刺激的な経験になった」というコメントに見られるように、おおむね好意的な感想が見られる。

「博士実践特論B：産業イノベーション（Innovation for industry）」は、研究開発、技術開発動向、イノベーションの実例、研究開発ロードマップなどについて、産学官の実情と考え方を学ぶ」というものである[7]。

②実践博士研修（インターンシップ）：〈図1-7-3〉でも示したように、早稲田大学のインターンシップ事業は、企業等での長期インターン、共同研究などにおいて国内外の企業・研究機関と連携し、20人程度の意欲のある若手研究者を選抜し、選抜者を長期派遣することを目的としている[8]。

ただし、上記の「実践カリキュラム」を受講済みであること、担当のコーディネータと打ち合わせを行った後の選考委員会で承認されることが条件となっている。連携先企業としては、旭化成、日立製作所、東芝、富士フイル

第一部　日本のポスドク制度の現状と課題　155

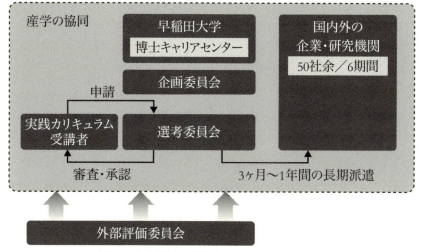

〈図1-7-3〉実践博士研修（インターンシップ事業）

出典：早稲田大学, 2010: 9.

ム、日産自動車、三菱電機、三菱化学、松下電器産業、オムロン、日本ゼオン、DICなどの一流企業である。連携先研究機関としては、カリフォルニア州立大学、フランス国立科学研究センター、産業技術総合研究所、放射線医学総合研究所、フラウン・ホーファー研究財団などである。このインターンシップに参加した先進理工学研究科博士課程2年に在籍する男性は、以下のように感想を述べている。

　　「研修に行く前は、企業での研究は、利益に直結する応用研究に限定されるのだと思っていたのですが、実際は、基礎研究に近いことを行っており、自分のヤル気次第で基礎から応用まで幅広く研究が出来るのだと感じました。研修を終えて、産業界で能力を生かしたいという思いが強くなりました」（早稲田大学博士キャリアセンター , 2010:20）。

　その他のプログラムとしては、セミナー「研究者として面接突破を目指

せ！」、「産業−博士交流マッチング会」、「実践型研究リーダー養成事業」キックオフシンポジウム、「実践カリキュラム説明会・キャリア相談会」、「早稲田大学研究院フォーラム」、「実践的博士人材養成プログラム」成果報告会、「実践的博士人材養成プログラム説明会」など多様なプログラムが実施されている。「早稲田大学博士キャリアセンター」の試みは、21世紀の産業界で技術革新を担うのは博士人材であると位置づけ、産業界で活躍をめざす博士後期課程大学院生・若手ポスドクを養成することを目指すものである。

(2) 早稲田大学ポスドク・キャリアセンター

　同センターは、理系若手研究者が活躍する領域拡大を目的としたプロジェクト「知的資産活用・産学連携型―科学技術関係人材キャリアパス多様化開発促進計画」のもとで設置された組織である。同センターは、ポスドクなどの若手研究者が産業などの様々な分野でキャリアアップを図り、その専門知識や技術が社会で一層有効活用されることを目指している。同センターの事業は以下のような内容である。

①ポスドク・研究指導者の意識啓発　　②若手研究者のスキルアップ
③産業界との交流促進　　　　　　　　④キャリア多様化のための環境醸成

　上記の事業は、ポスドクなどの若手研究者が社会分野で活躍することを目指して、そのキャリア・アップを図ることを目的とするものであり、セミナーや研究指導者に対する研修会等を実施し、若手人材のキャリアの多様化を支援する。その際には、「早稲田大学博士キャリアセンター」との共同開催で種々のイベントやセミナーが開講され、求人情報やインターンシップ情報、研究支援プログラムの公募情報や外部機関のセミナー情報なども提供されている。2008（平成20）年3月には若手研究者に向けたキャリア情報誌『ポストドクターのためのキャリアガイド2008』（A4：24頁）も刊行されている（西嶋、2008：44）。さらには、大学の若手研究者と民間企業の研究者・人事担当者が出会い、積極的に意見交換できる交流会の実施も行われている。いず

れにせよ、早稲田大学の試みは高く評価されるものであり、その活動内容は後発大学のモデルとなろう。

3　名古屋大学「イノベーション創出若手研究人材養成プログラム」

(1) 名古屋大学

　名古屋大学でも2008年度に科学技術振興調整費「イノベーション創出若手研究人材養成」を受領して、〈図1-7-4〉でも示したように、社会貢献人材育成本部ビジネス人材育成センターが「社会貢献若手人材育成プログラム」を開始している。

　同センターは、全国の大学・研究機関に所属しているポスドクと博士課程後期課程の学生にキャリアパス支援を行う目的で設置されているが、その目的は、「研究生活で培ったスキルを、社会の様々なところで発揮することの

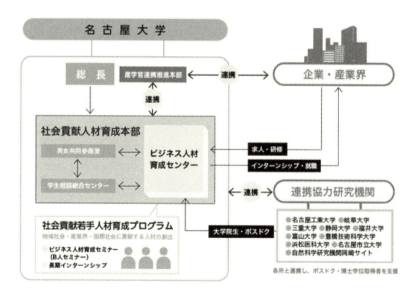

〈図1-7-4〉ビジネス人材育成事業

出典：名古屋大学, 2011.

できる人を創出」していくことである。ビジネス人材育成センターが行っている支援事業の内容は、以下のように要約される。（なお、⑤の「B人」とは特に説明は見当たらないが、BussinessのBと思われる。）

① 個人面談：登録者に対する個人面談に応じ、悩みなどを聞きながら、就職活動や学位取得に向けた支援を行う。
② 書類の添削など：履歴書、自己PR書などの就職活動に必要な書類などの的確な表現方法を教授する。
③ アドバイザーとの面談：約80人のビジネスマンが、アドバイザーとして登録し、それぞれの業界や専門分野の話しなど、現場の【声】を直接聞くことができる。
④ 長期インターンシップ制度：大学と企業が密接に連携し、人材育成を実践する。
⑤ B人セミナー：企業側が講師となり、大学院生・ポスドクの今後に役立つスキルや情報をレクチャーする。就職に役立つ情報や研究者として必要な研修（知的財産についての内容やロジカルシンキングなど）の機会も設けている。
⑥ キャリア形成論：学部2年生以上を対象に、様々な分野で活躍されている出身者のオムニバス形式の講義。自身のキャリアを構築する参考になる。
⑦ メルマガ：セミナーや学内シンポジウムの情報提供。
　　同センターの活動としては、「各種イベント・学会への出展」「フォーラム・シンポジウムの開催」「大学主催のイベント」が実施されている。

(2) 東京農工大学

東京農工大学でも、同じく2008年度に「イノベーション創出若手研究人材養成」を受領して、「アグロイノベーション高度人材養成センター」を設置し、「アグロイノベーション研究高度人材養成事業」を開始している（東京農工大学, 2011）。同センターは、"世の中に貢献できる「力のある博士」育成"を掲げ、農学系を中心に、博士人材が社会で活躍するための養成プログラムを

開始している。特に農学（アグロサイエンス）との関連性が高い食糧、水資源、環境、人口、感染症対策など21世紀の諸問題にかかわる技術革新、産業創出、社会政策提言ができる優れた「アグロイノベーション人材」を産業界に輩出していくことを使命としている。

　同センターは、全国の国公私立大学の博士後期課程学生、ポスドクを対象として、産業界をはじめとする非学術分野（ノンアカデミア）での活躍を志す者を公募している。公募に応じた者は書類審査された後、「アグロイノベーション戦略研究ワークショップ」に参加し、農政課題等に取り組むグループワーク、産業界で活躍する博士等による講演などを聴講する。給与は博士後期課程学生で月額10万円程度、ポスドクで月額30万円程度が支給されている。このセンター主催のワークショップ参加者は、平成20年度が国立10大学、私立1大学であったが、平成21年度には国立17大学、公立2大学、私立1大学に、平成22年度には国立21大学、公立1大学、私立2大学に増加している。また、同センターの事業には全国18農学系大学院からなる連合農学研究科が一体となって同事業に参加しているだけでなく、全国の博士のキャリア情報と求人情報も一元的に管理され、キャリアパス創出の機会を増やす努力もなされている。

4　九州大学ポスドク支援策

(1) 九州大学「女性研究者プログラム」

　九州大学においてもポスドク等を学内で約800人ほど雇用しており、ポスドク支援が全学的に推進されている。同大学では、2007（平成19）年度に科学技術振興調整費「女性研究者支援モデル育成」に採択され、「女性研究者支援室」が開設され、「世界へ羽ばたけ！女性研究者プログラム」がスタートしている[9]。「女性研究者支援モデル育成」事業は、女性研究者がその能力を最大限発揮することを可能とするために、大学や公的研究機関を対象として、研究環境の整備や意識改革などを目指すものである。また、女性研究者が研究と出産・育児等の両立など、その能力を十分に発揮しつつ研究活動を行える

仕組みを構築するモデルとなる取組みを支援するものとなっている。3年間の事業期間内に以下の3事業の活動が展開されている。

①Hand in Hand プロジェクト(研究補助者措置制度)

　若手研究者から准教授・教授まで、家庭責任等で多忙な各世代の女性研究者の研究時間確保と研究活動の活性化を促進するため、女性研究者に研究補助者を配置する研究補助者措置制度(Hand in Hand)を設けている。"Hand in Hand "とは、「今ちょっとだけ誰かに手を貸してほしい！」といった女性研究者の要望に応えるために命名されたものである。具体的には、女性研究者が研究を行う際の資料収集、原稿の校正、会議用の資料収集、会議資料などの整理が行われている。このプログラムの中で、博士人材(ポスドクと博士学位取得を目指す九州大学に在籍する研究者)を支援する対象になっているものが、「出産・育児支援」(母子健康手帳取得者と小学校6年生までの子どもを持つ女性研究者)、「介護・看病支援」(家族が要介護者、要看病者であった女性研究者)、「コミューターカップル支援」(勤務地などの理由で2世帯以上の生計を営み、家族の世話や介護、世帯間の移動などで研究時間の確保が困難な女性研究者)である。2009年度には12人中4人の博士人材が「出産・育児支援」を受けている(九州大学女性研究者キャリア開発センター, 2009-2: 4)。なお、ポスドク以外には教授、准教授、講師、助教、准助教も対象となっている。

②羽ばたけ！　フルッツ・プロジェクト

　同プログラムは、国際的に活躍する女性研究者の発掘と育成をめざし、国際学会への参加や国際誌への投稿に関わる経費の支援、セミナーの開催等を通して、フルッツさん(若手女性研究者の愛称：Fresh Researchers and (+) Ph.D. Students= FRetS)の世界へのチャレンジを支援する取り組みである。国外開催学会には上限25万円が、国内開催学会には上限8万円が支給されている。この対象者は九州大学に所属する助教、准助教、博士人材となっている。平成21年度(4月から12月まで)は、実際に支援を受けた者は9人に達しているが、この中で博士人材が何人支援を受けたかは不明である(九州大学女性研究者キャリア

開発センター, 2009-2: 6)。

③レッツ！ フルッツ・プロジェクト

同プログラムは、女性研究者の裾野拡大を目的に出張科学セミナーや交流会の開催、学生ボランティア「プチフルッツ」事業等、次世代啓発を目的とした活動を行う。プチフルッツは、センターのイベントにアシスタントとして参加する他、講演会や先輩研究者の取材、サイエンスカフェ「Qcafe」の実施の際に活躍する場を与えられる。本プロジェクトにおいても、女性研究者（フルッツさん）やこの後に研究者を目指す学部生・大学院生を支援する。

(2) 活動内容の総括と新たな挑戦

2009年度に「女性研究者キャリア開発センター」の副センター長であった犬塚典子特任准教授は、「ライフサポート部門」の活動内容として、「Hand in Hand プロジェクト」において育児や主婦業などで多忙な24人の女性研究者に研究補助を行ったこと、若手女性研究者の国際学会参加を支援する「羽ばたけ！ フルッツ・プロジェクト」において9人に旅費支援を行い、かつその成果を「国際学会参加報告」としてホームページ上でも紹介している、と述べている。その他、次世代育成事業における女性研究者支援シンポジウムの開催、意識啓発・ネットワーキング活動では東京農工大学、千葉大学とともにワークショップを開催している。最後に、犬塚副センター長は「モデル事業としての成果を、社会に発信・還元していくことが今後の課題となっている」（九州大学女性研究者キャリア開発センター, 2009-2: 2）と指摘する[10]。

九州大学では、大学院に重点を置いた組織再編を1997年から開始し、2000年から「学府」「研究院制度」が導入され、大学院を教育組織と研究組織に区分することが試みられた。こうした旧来の大学の在り方を変革し、新しい研究分野に挑戦する体制も整備されている。5年間の期間限定ながら「次世代研究スーパースター養成プログラム（SSP）」が開始され、若手研究者の支援以外に、新しい研究分野の育成、組織の変革などが目指されている。同プログラムにおいては、特に若手研究者の場合には研究成果が評価されれば5

年後には准教授に採用されるが、この取り組みは文部科学省の「若手研究者の自立的研究環境整備促進」事業の採択を受けて実施されたものである。このプログラムには九州大学を始めとして他大学からも応募があり、16人が採用されている。海外からはバングラデシュ出身の研究者も1人採用されている。

5　九州大学「キャリア支援センター」の活動

(1) センターの事業

　九州大学は、2006(平成18)年に文部科学省の「若手支援育成事業」に採択され、博士学位取得者及び博士学位取得を目指す「博士人材」を支援する事業を3年間(2006年度〜2008年度)にわたって行っている。この支援の中心機関が九州大学「キャリア支援センター」である[11]。同センターでは、同事業への文部科学省予算が終了した2009年度からは大学独自の予算で事業を継続している。大学独自の予算とは、九州大学本部ならびに各学部(在籍する博士課程院生数をベース)から拠出された資金である。同センターの事業は、2009年度に規模縮小が行われたものの、主なる事業内容は維持・継続されている。同センターの主なる事業とは、博士人材を対象とした「インターンシップ」「多様な人材との交流」「キャリア設計に関するカウンセリング」「求人・休職マッチング」などのサービス提供が行われ、博士人材の総合的能力の向上、高度な専門性を活かす場の拡大を図ることが目指されている。現在では、博士人材以外に修士課程の院生も対象となっている。

(2) 就職支援の実績と課題

　同センターにおける2006年から2010年までに行われたエントリーシート提出者に対する就職支援の実績数は、230人(2010年11月30日現在)であり、WEB上でも内容公開されている。おおむね半分弱がアカデミック分野、半分強が企業となっている(九州大学キャリア支援センター, 2011)。その他に、海外の研究機関や自営業なども若干存在する。見事な実績であり、同センター

の教職員の努力に敬意を表したい。2010年度に行われた事業は、上記の支援事業に加え、博士人材の実態調査も行われている。同年3月末までに在籍していたポスドク565人（無給と有給の両方）を対象に6月の時点で住所やメールアドレスなどを確認する作業が実施されたが、その中の243人は調査票が配布できない状況であった。ポスドクの実態把握が、いかに困難かを示す事例ではあるものの、ポスドクの実態把握に前向きな同センターの事業は、他大学の参考となりうるものである。

しかし、同センターの活動にも障害はある。同センターに勤務する学術研究員に対するインタビューでは、第一には同センターの活動に対しては九州大学の学府内に温度差があり、特に文系があまり熱心ではないという指摘があった。文系の場合は、就職状況が厳しいことを認識しつつも、同時に研究者を目指すということが最優先されているということである。第二には、博士人材の能力と企業とのミスマッチなどが起こるという問題も挙げられた。現在、同センターでは九州の地場産業100社ほどからの求人も得ているが、有名企業を志向する学生の意識が強いということであった。

(3) 同センターに採用されたポスドクの声

2010年度に同センターに採用された10人の学術研究院（ポスドク）の中から2人に対するインタビュー（2011年3月16日）を行った。2人とも理学博士の学位を持つが、専門分野は生物学と地球惑星科学であった。2人ともにアカデミック分野ではなく、一般企業への就職を希望しているが、1人は九州大学内の「知的財産本部」に次年度から残り、1人は希望する企業に就職が決まっている。同センターでの契約期間は1年であり、更新はなく、1年で就職先を探すことが求められる。

同センターにおける採用方法は、書類と面接が行われ、企業への就職の意欲、志望動機、キャリアプランなどがA4（1〜2枚）で記入することが求められる。1年間の待遇は、年俸制で約350万円支給されるが、実際には日給制で1日に約13,000円程度支給されている。厚生年金、雇用保険は加入できるが、交通費は支給されない。勤務時間は月曜から金曜までの8:30〜17:15

であり、有給休暇は年10日間である。業務内容は、自分自身の就職活動を行うことが認められていること、座学研修を受けること、ITP（九州大学イノベーション人材養成センター）プログラムを受講すること、企業との産学連携の共同研究に参加すること（一人一社が基本だが複数の共同研究に参加する場合もある）、3ヶ月間の企業へのインターンシップ、国際交流研修による留学生との懇談などであった。

要するに、この2人はセンターには所属しているが、センターの事務作業を担当することはなく、自分の就職活動や論文の執筆など自由に行えるということであった。1年間の活動に対する評価は、最終報告として1年間の活動内容の報告会があり、中間評価はセンターの職員との面談程度である。いずれにせよ、この2人のアカデミック分野から一般企業を目指す意欲は十分に伝わり、「自分の専門にこだわらず、自分の能力を生かす」という力強い言葉もあった。

6　京都大学「キャリアサポート・センター」の活動

京都大学における2010年度の博士学位授与数は、大学院博士課程修了者の「課程博士」が688人、「論文博士」が88人である（京都大学, 2011: 27）。同年の京都大学のポスドクは、合計1,185人であり、外国人ポスドクも239人と多い。分野別で見てみると「ライフサイエンス」489人、「人文社会科学」249人、「情報通信」67人、「ナノテクノロジー・材料」41人、「社会基盤」40人、「フロンティア」24人などとなる。年齢構成は、「〜29歳」までが298人（25%）、「30〜34歳」532人（45%）、「35〜39歳」215人（18%）、「40歳〜」140人（12%）となる。雇用区分を見てみると「科学研究費補助金」227人、「学術振興会特別研究員」152人、「グローバルCOEプログラム」115人、「その他の外部資金」210人、「運営費交付金その他の財源」130人、「学術振興会外国人特別研究員」74人などという内訳になる（京都大学キャリアサポート・センター, 2010: 2-4）。ただし、ポスドク後の就職先の調査までは実施されていない。

京都大学「キャリアサポート・センター」の目的は、「学生の就職活動を支

援すること」「情報提供」「就職活動における悩みや不安などについてのアドバイス」などであるが、この一環として2007(平成19)年度から文部科学省の科学技術人材養成委託事業として、ポスドクと博士課程院生を対象とした若手研究者のためのキャリア支援プログラム「若手研究人材キャリアパス多様化促進計画」をスタートさせている[12]。〈図1-7-5〉でも示したように、同計画は「博士号取得者が主体的に進路を選択し、社会の多様な場において専門性を活かして活躍できるような環境を創出するため、京都大学キャリアサポート・センターが中心となって、各研究室・企業・学協会・NPOなどとネットワークを形成する」ものである。

具体的な事業は、以下のような内容である。

1. 人材と企業の交流および情報の発信
2. シンポジウム・ガイダンスおよび研究指導者を含めた意識啓発

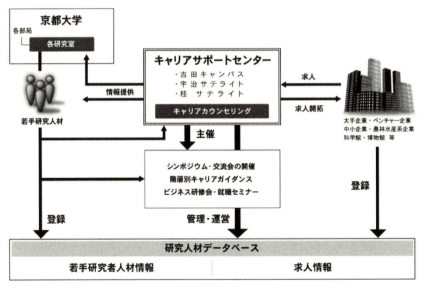

〈図1-7-5〉若手研究人材キャリアパス多様化促進計画

出典：京都大学キャリアサポート・センター，2012.

3. 人材の能力開発のための研修プログラムの実施
4. 若手研究人材(ポストドクター、博士課程学生)に対する進路カウンセリング

　また、毎年キャリアパス多様化支援事業として『博士・ポスドク対象キャリアフォーラム』も開催し、2011年度は合計4回のセミナー・ガイダンスが開催されている。たとえば、3回目(2011.12.10.)は『若手研究者のためのグローバルコミュニケーション研修』と題して、20人の定員に対して「英語での話し方のルール」「外国人と対等にコミュニケーションをとる力」を養成することを目的として開催されている。4回目(2012.2.9.)は『博士・ポスドク対象キャリアフォーラム』と題して、企業幹部による博士・ポスドクを対象とした「就職活動」「就職情報の収集法」「応募書類作成方法」などについてセミナーや企業の合同説明会を開催している。2007-2009年度3年間の活動で行事参加者は千人を超え、100人以上の人材を産業界などの各界に送り出している。なお、2009年度で委託事業は終了しているが、その後も活動は継続されている。

7　各大学のポスドク支援の課題

　本章では、各大学におけるポスドク・キャリア支援の現状を概観してきた。本章で紹介した事例は国立大学が中心であった。私学の場合は、早稲田大学などのように文部科学省の支援があれば別であるが、資金や人材面でサポート体制を構築することが困難であるという課題があろう。京都大学では、若手研究者専用の求人検索システム「研究人材データベース」が構築され、企業・人材双方が求人・求職情報が提供されている点が目を引く。今後の可能性として、こうした人材データベースが各大学でも構築され、全国的なネットワークが構築されることが望まれる。ただし、問題点も挙げられる。まずはポスドクに関する選考、採用、任用などに関する正式の規程が各大学に存在しないことである。できれば、ポスドクに対する待遇などの改善を含めた正式な機関を設置し、ポスドクの進路動向の把握、問題点の整理などを行い、

全学的にポスドク支援を行う必要があろう。各研究科や大学院が個別で対応することには限界があり、各大学で組織的に対応する必要がある。

インタビュー調査を中心とした各大学のキャリア支援の実態を概観すると、新たな試みが積極的に行われている点が評価される。特に、産業界への就職を積極的に推進するためのセミナーや説明会が度々行われている。また、ポスドク自身の能力開発も行われている。インタビューの中では、大学側の意識改革だけでなく、ポスドク自身の意識改革が必要であるという指摘が印象に残った。たとえば、ポスドクが自らの研究にこだわり、研究者を夢見るのは自由だが、そのための意識も努力も不足している、との指摘があった。また、企業への就職を希望するのであれば、自らの人生を自ら切り開く強い意識と日々の努力が重要となる。「自分の好きなことがやりたい」という夢物語だけでは、研究職も企業への就職も難しい、ということであろう。「ポスドク問題」を考える上での参考としたい[13]。

〈注記〉
1 　筆者は、2012年8月7日（火）9:00-10:15まで静岡大学若手研究者支援室のマネージング・プロフェッサーのS氏と同室長・特任事務職員のK氏にインタビューを行った。
2 　任期制については電子工学研究所、農学部、工学部、情報学部等で導入しているが、特に、電子工学研究所では、所長を含む全職位に任期制が適用されている。
3 　テニュア審査委員会は、テニュア・トラック教員の最終評価を行い、その結果を踏まえて、人材システム改革推進本部においてテニュアとして採用する者を決定する。テニュア・トラック教員全員がテニュア・ポスト移行の際の評価基準を満たした場合の移行率が100％となるよう、十分な数のポストが用意される。
4 　WEB上で紹介されている特任助教の経歴は、2002年群馬大学大学院工学研究科博士後期課程修了、2006年京都大学大学院農学研究科博士課程指導認定退学（農学博士：2006年5月）、2002年東京工業大学大学院生命理工学研究科バイオサイエンス専攻博士課程修了などである（静岡大学, 2011-2）。
5 　採用された10人の給与は年俸制であり、扶養・通勤・住宅の各手当や社会保険料を支給している。2011年からは、退職手当も支給。たとえば、工学部のテニュア・トラック助教は、年間総支給額（諸手当及び賞与を含む）は約610万円（30代平均）である。研究資金は、一人あたり1年目に500万円のスタートアップ資金と独立した研究スペースが与えられ、2年目には200万円、3-5年目には各100万円が与えられる（静岡大学, 2011-1: 14）。
6 　筆者は、2012年12月14日（金）14:00-15:00まで早稲田大学博士キャリアセンター

の教員と職員の方にインタビューを行った。「早稲田大学博士キャリアセンター」は、大学院生や学位取得後5年以内の若手研究者を受け入れ、「早稲田大学ポスドクキャリア・センター」は5年以上の若手研究者に対する支援を行う。

7 　その他の科目は、「博士実践特論S：ロジカル・コミュニケーション」「実践的英語教育プログラム：Advanced Technical Reading and Writing 1・2)」「実践的英語教育プログラム：Professional Communication 1・2)」「実践的英語教育プログラム：Workplace English 1・2)」「実践的英語教育プログラム：Advanced Technical Presentation)」である。

8 　インターンシップに必要な交通費とリサーチ・アシスタント (RA) 程度の給与が支払われるが、保険は自費である。損害保険は企業側が支払う。企業へは週に2～3日、大学に2～3日勤務する。

9 　なお、「女性研究者支援室」は2009 (平成21) 年度には「女性研究者キャリア開発センター」へと拡充・改組され、女性研究者支援室の活動を継承する「ライフサポート部門」と新しいプログラムを実施する「キャリア開発部門」から構成されている。

10 　なお、九州大学は2009年度にも文部科学省科学技術振興調整費の新規プログラム「女性研究者養成システム改革加速プログラム」において「女性枠設定による教員採用・養成システム」も採択されている。同プログラムは、女性教員増に向け、女性に限定した教員公募がなされ、同年度には理学・工学・農学分野で女性限定国際公募を行い、170人の応募者の中から、厳正な審査の結果、10人の採用を決定している。

11 　筆者は、2009 (平成21) 年11月14日と2011 (平成23) 年3月16日の2度にわたり同センターを訪問し、インタビュー調査を実施した。

12 　2011年12月16日に京都大学「キャリアサポート・センター」のM特任教授とM助教にインタビュー調査を行った。

13 　この科学技術振興調整費による2つの事業、「若手研究者が自立して研究できる環境整備と活躍の機会を与える」(テニュア・トラック制度) と「イノベーション創出研究人材の養成システムの構築」(企業などへの長期インターンシップへの参加) は、2009 (平成21) 年度の民主党政権下における「事業仕分け」でも取り上げられている。その際には、財務省主計局から「若手研究者の生活費や研究費」に重複があり、厳しいチェックを必要とすること、若手研究者への国費投入における「成果目標は明確か」「成果の検証は行われているか」ということ、テニュア・トラック制度はアメリカ型の人事制度の導入であるが、「我が国において最もふさわしい制度のあり方か」(内閣府, 2009：3) といった点が問題提起されている。

〈参考文献〉

甲斐昌一 2007『「九州大学の教育研究と学生生活に関する大学院アンケート」の分析』九州大学教育改革企画支援室.

京都大学 2011『京都大学概要』京都大学, pp.1-57.

京都大学キャリアサポート・センター 2010『ポスドクガイドライン：ポスドクの就職支援の取り組みと現況』京都大学キャリアサポート・センター, pp.1-59.

京都大学キャリアサポート・センター 2012「京都大学若手研究人材キャリアパス多様化

促進計画」https://kucp.gakusei.kyoto-u.ac.jp/[2011.12.15取得.]
九州大学キャリア支援センター 2006『博士人材のキャリア形成の軌跡―若手研究者のキャリアパス多様化に向けて―』九州大学, pp.1-86.
九州大学女性研究者キャリア開発センター 2009-1「女性研究者支援モデル育成事業の取組み」http://sofre.kyushu-u.ac.jp/project/project_2.php[2012.2.8.取得]
九州大学女性研究者キャリア開発センター 2009-2「世界へ羽ばたけ！女性研究者プログラム」九州大学, pp.1-12.
九州大学キャリア支援センター 2011「キャリア支援センター利用者進路一覧」
　　http://www.qcap.kyushu-u.ac.jp/shinro070608.html[2011.3.18.取得]
静岡大学 2011-1『若手グローバル研究リーダー育成プログラム』平成22年度成果報告書, pp1-125
静岡大学 2011-2「若手グローバル研究リーダー育成プログラム」
　　http://www.shizuoka.ac.jp/tenure/message.html[20111.2.21.取得]
内閣府（行政刷新会議事務局）2009.11.13.「行政刷新会議ワーキングチーム「事業仕分け」第3WG」
　　http://www.cao.go.jp/sasshin/oshirase/h-kekka/pdf/nov13gijigaiyo/3-21.pdf[2012.10.30.取得]
名古屋大学（社会貢献人材育成本部ビジネス人材育成センター）2011「社会貢献若手人材育成プログラム」http://www.b-jin.jp/v2/about-assistance.html[2012.2.7.取得]
西嶋昭生 2008「早稲田大学における若手研究者のキャリアアップ、キャリアパス多様化の取り組み」新聞ダイジェスト社『大学と学生』, No.56, pp.39-45.
日本学術振興会 2012「職員採用情報」http://www.jsps.go.jp/saiyou/index.html[2012.9.21.取得] 日経BP企画 2008『九州大学―知の新世紀を拓く』日経BPムック.
東京農工大学（アグロイノベーション高度人材養成センター）2011「事業紹介」
　　http://www.tuat.ac.jp/~agroc/service/student.html[2012.2.7.取得]
文部科学省 2008「SYMPOSIUMイノベーション創出若手研究人材：資料集」文部科学省科学技術振興調整費, pp. 1-108.
文部科学省・科学技術政策研究所 2009『内外研究者へのインタビュー調査：報告書』平成20年度科学技術振興調整費調査研究報告書, pp.1-86
　　http://data.nistep.go.jp/dspace/bitstream/11035/656/1/NISTEP-NR120-FullJ.pdf[2012.2.27取得]
早稲田大学博士キャリアセンター 2010『Doctoral Career Guide：実践的博士人材のためのキャリアガイド』早稲田大学博士キャリアセンター, pp.1-38.
早稲田大学博士キャリアセンター 2011「実践的博士人材養成プログラム」
　　http://www.waseda-pracdoc.jp/outline.php[2012.2.7.取得]

第8章　わが国の「ポスドク問題」の総括

〈30代前半の男性ポスドク・既婚者〉
　完全に弱肉強食の世界で、研究ができる人が基本的には上に上がっていき、負けたら本当にシビアな感じで、それはみんな分かっていることだから頑張ってやっているんです。そこに競争心理がなければ、論文を頑張って書こうという気持ちがちょっと薄らぐと思います(国立教育政策研究所・日本物理学会キャリア支援センター編, 2009: 72)。

1　「事業仕分け」に見る「ポスドク問題」の議論

　本書の第一部では、「日本のポスドク制度の現状と課題」と題して、ポスドク制度の起源と発展、そして政府・文部科学省の科学技術政策の概要、関東地方のポスドク制度の実態、政府・文部科学省及び各大学におけるポスドク支援の取り組みなどを紹介してきた。本章では、「わが国のポスドク問題の総括」と題して、ポスドク制度のあり方を、2009(平成21)年度の「事業仕分け」の議論を基に、国家政策として何が議論されたかを検証する。また、ポスドク問題に関する国内外の研究者の提言も検討したい。
　さて、2009年度に行われた「事業仕分け」は、高等教育関係では「競争的資金(若手研究者育成)」「大学関係事業」などの議論が行われている。ポスドクに関する支援のあり方を巡っては前者の「競争的資金(若手研究者育成)」という議題で、政府(民主党の衆議院議員や大臣政務官)、ならびに民主党側が用意した評価者(14名)が文部科学省の局長と課長、財務省の主計官で構成される説明者(5名)に質問を繰り返す形式で行われている(内閣府, 2009：1)。財務省側

と評価者が「寄せ手」であり、文部科学省側が「受け手」である。文部科学省は「若手研究者育成事業」を立案し、多額の資金配分を行い、多くの若手研究者を育成することの意味と重要性を力説する。議論の内容は、30歳を超えたポスドクへの支援が国家事業として有効か否かを巡り、激しい質疑応答が繰り返される。

　まずは、若手研究者支援事業として大学院生やポスドクに対する支援内容がタイプ別(特別研究員奨励費、特別研究員DC・PD・SPD・RPDなど)に説明され、2010年度の概算要求が170億円となることが提起される。こうした文部科学省側からの説明に対して、財務省主計局から三つの問題点が指摘される。第一には、「若手研究者支援事業に対する成果の検証が行われているか」「意味のある制度か」である。第二には、ポスドクに対する支援人数は拡大されているが、その結果として「本来民間で活躍できるような方が生活費の支給を受けているのではないか」である。第三には、現状では大学の研究費などでも若手研究者の雇用が可能であるので、「支援者を極力絞り込むべきである」とされる(内閣府, 2009：3)。

　また、財務省主計局は予算総額282億円の若手向けの科学研究費補助金の問題点も三つ指摘する。第一には、受領者を追跡調査など行い、成果の検証をすべきである。第二には、「40歳前後の方が、果たして若手か」ということであり、支援すべき年齢層を引き下げるべきである。第三には、一般の競争的資金の中から優秀な若手研究者を支援すべきであり、「今のような非常に幅広い支援制度は妥当か」ということであった(内閣府, 2009：4)。

　以上のような文部科学省、財務省からの説明を受けた後に、10名の「評価者」が次々に質問を行い、文部科学省側が回答するという構図となる。主なる評価者の意見を二つ紹介しておきたい。

(評価者A)「若手育成、特にポスドクの問題で一番の問題は、ポスドクをサポートして、例えば普通なら5年なら5年サポートする。その後がないわけですね。…(中略)…何が今、一番現場で問題かといったら、ポスドクで、もうこういう資金をもらえなくなったようなポスドクが、やたら多いという

ことですね。これは1回もらったらもらえないわけですから。そういうドクターを持っていて就職できない若手研究者というのが、物すごい数いて、それがどの分野でも非常に大きな問題になっているんだけれども、こういうことを続けていると、どんどんそういう人が増えていくわけですよね」(内閣府, 2009: 7)。

(評価者B)「なぜ、ドクターを出た人間だけ、これだけ特別扱いをされるのか、私はちょっと不思議です。つまり、社会的に需要がないのに、供給過多にしてしまった。それは個人の戦略が間違っていたというわけでもあって、例えば普通に大学を出て、なかなか就職が見つからない人間に生活保護を与えるか、というのと同じ話で、ドクターを取った人間だけなぜこうやって生活を守ってあげないといけないのか、基本的に僕は余り理解できないですね。ですから、政策的に間違いがあって、その分の償いとしてやっているというのなら理解できますけれども、余りここにそんなにお金をかける必要はなくて、個人的な意見ですけれども、自然淘汰に任せればいいのではないか」(内閣府, 2009: 10-11)。

　この議論の結末は、2010年度の概算要求170億円を「認める者」2名、「予算計上見送り」1名、「縮減」10名となる。10名の縮減の内訳は、1～2割縮減4名、1／3縮減3名、半額が3名となる。縮減の中に付された意見として、「ポスドクが本人とっても不幸で、本来なら別の道があったのではないか」「大学の教員制度と併せて見直すべきではないか」(内閣府, 2009: 16)も紹介されている。結局、この仕分けの議論の結論は、「若手研究者への支援は縮減をして、中身も見直す」ことで結論を得ている。

　本書は、政府・文部科学省の「若手支援育成事業」を高く評価するものではあるが、一方で、国策としてのポスドク支援策がスタート時点から、研究者ポストの「需要と供給」のバランスを無視した点を問題視したい。それをポスドク本人の責任とするのは、余りにポスドクにとっては酷である。「ポスドク問題」から見えてくるのは、日本の学術支援体制の根源的問題であり、

大学・研究機関における人事の硬直化、大学院における研究者養成のあり方、企業・産業界におけるポスドク採用と活用のあり方などである。確かにポスドク問題の解決策は難しい。しかし、それでも日本の生き残る道がイノベーションの創出にかかっているとすれば、ポスドク問題の解決は避けては通れない。政府・文科省の「若手支援育成事業」のメリット・デメリットを検証し、欧米のポスドク制度なども参照しながら、その解決策を検討することが急務ではなかろうか。

2　「国内研究者」の指摘

　次に、国内外における大学教員や研究者サイドから見たポスドク支援に関する提言を確認しておきたい。2009年3月、文部科学省・科学技術政策研究所は日本の内外の研究者へのインタビュー調査によって、わが国の科学技術の国際競争力や国内外の科学技術システムの状況について、その問題点や改善案を指摘している。この調査は、日本の研究現場の様々な問題点を把握することを目的とし、国内の大学、国立研究所、独立行政法人研究所に所属する研究者、ならびに企業研究者50人に対し、研究分野の偏りがないように留意しながら、インタビュー調査が行われている。まずは、若手研究者の現状に対する国内の研究者の意見に耳を傾けてみよう。国内研究者からは、わが国の国際競争力に関する戦略不足が指摘されている（文部科学省・科学技術政策研究所, 2009: 1-2 ）。

「国内研究者」からの意見
　国際活動の戦略的推進に関しては、「海外経験が貴重な体験になること」「異なるバックグランドを持った研究者が同じ研究室に同居して研究すること」の重要性が指摘され、多くの日本人研究者が英語を苦手とし、国際的な情報の収集力不足や大学の国際競争力に関する戦略の甘さが指摘されている。とりわけ若手研究者に対しては、研究に対する「モチベーションの低下」「コミュニケーション力不足」「論文数による評価の問題」「海外研究者が優遇さ

れていない」などの問題点が浮き彫りにされた。大学の研究者からは、「博士課程へ進学する者が減少していること」「博士号審査基準の甘さ」「授業の質低下」などの問題も指摘されている。

「国内研究者」の問題点の指摘と改善点に関する提言を要約すれば、①「国際活動の戦略的推進」、②「科学技術振興のための基盤強化」、③「人材の育成・確保・活躍の促進」、④「科学技術の発展と絶えざるイノベーションの創出」の4点が挙げられている(文部科学省・科学技術政策研究所, 2009: 3)。とりわけ、③の「人材の育成・確保・活躍の促進」に関しては、「博士課程に進む学生が減少している」「ポスドクの就職不安の深刻化」「助教・ポスドクの指導力の低さ」「学部生・院生の基礎学力低下」「大学・大学院における教育の質の低さ」といった問題が指摘されている。

さらには、ポスドクの「就職不安の深刻化」という問題に関しては、若手研究者はポスドク制度や任期制任用により、30代まで不安定な身分に置かれている状況に関して、「強い不安と不満が生じている」と指摘される。また、「後に続く学生に研究者への道を勧められない」という声もあり、将来の若手研究者人材の確保・育成への影響が危惧されている(文部科学省・科学技術政策研究所, 2009: 19)。つまりは、このままでは日本の研究指導体制はますます地盤沈下するというものである。また、女性研究者及び若手研究者において女性研究者が活躍しにくい研究環境も問題点として挙げられている[1]。

「助教・ポスドクの指導力の低さ」については、最近の助教やポスドクの若手研究者においては「考える力」「課題設定力」が不足しているとの指摘も多数見られた。以下の文章は、国内のナノテク分野のトップ研究者の指摘である。

> 「今の若者は、壁にぶち当たると"ぶち壊す"といった気概が感じられず、"壁を避ける、回り道をする"といった行動を取りがちで、研究者の資質として大いに心配している」(文部科学省・科学技術政策研究所, 2009: 38)。

しかしながら、ポスドクの気概や資質の低さといった問題は、ポスドク本人の責任だけに帰すべきものであろうか。任期制の問題は、ポスドクにとっては短期的な成果を出すことへのプレッシャーとなり、長期的な視野を持った研究ができない要因にもなっている。また、実験室の研究成果を上げるために指導教授から無理な労働を強制されるといった事例もある[2]。以下は、こうした問題に対する31歳のポスドク側の指摘である。

　「人事権を持つラボヘッドに雇用される立場であるため、得意分野での研究を諦めてラボヘッドの専門分野での研究活動に追われる毎日。ラボヘッドの意に沿わなければ学会発表も論文投稿もできないため、業績がたまらず次のポスト探しもままならない。にもかかわらず任期切れと同時に即クビになることから、同じ職場のポスドクは皆不安を隠せない」（科学技術政策シンポジウム実行委員会, 2008）。

3　「国外研究者」の指摘

　次に国外の研究者の意見にも耳を傾けてみよう。上記の「国内の研究者」に対するインタビュー調査と同じように、2009年3月に文部科学省・科学技術政策研究所は、欧米50人、アジア20人のトップクラス研究者に対してインタビュー調査を実施している。その目的は、わが国の研究活動に対する国際的な評価や、わが国の研究者や技術者のコンピテンシー（資質・能力）などに関する意見を把握するためである。「国内研究者」の指摘とは異なり、わが国の国際競争力のレベルの高さが評価されている点が目を引く（文部科学省・科学技術政策研究所, 2009: 2 ）。

「国外研究者」からの意見

　欧米の研究者からは、日本の科学技術の国際競争力に関しては、「ライフサイエンス」「情報通信」「環境」「エネルギー」などの分野で世界トップクラスのレベルにあり、絶対的な競争力を持つことが指摘された。しかし、ア

ジア人研究者からは日本の研究レベルの高さは認めながらも、そのアピール不足による閉鎖的な研究環境に対する改善の必要性に関する指摘がなされた。特に、「年功序列が未だに多く見られ、階層社会が現存する中で、若手研究者が自由な研究活動実施の困難さを懸念する声や、そういう社会には外国人には特になじみにくい」といった指摘がなされた。……さらに、重要な問題点として、「日本の研究者は研究能力が高いにも関わらず、英語への苦手意識と英語に限らないコミュニケーション不足により、他へ溶け込む努力が足りない」(文部科学省・科学技術政策研究所, 2009: 2) といった指摘もなされている。

　欧米やアジア人研究者からは、日本には優れた研究者が多く、その中には傑出している世界クラスの研究者が存在するものの、資金配分や年功序列などわが国独特の学術体制の問題点が指摘される。「日本社会における序列構造の中では、個人が従来の思考や権威に挑戦する困難さを指摘している。序列構造は、日本の社会に浸透しており、それには研究者の社会も含まれ、このような傾向は、独自の思考をする人、あるいは創造的な研究課題または革新的なアイディアを生み出す助けにはならない」(文部科学省・科学技術政策研究所, 2009: 65)。

　この外国人研究者の指摘は、全て正しいとは限らないが、わが国のポスドク問題を考える上での学術的基盤、ないしは学術体制を問うものであることは間違いない。この年功序列の問題は、以下のように若手研究者の問題へと派生している。

- 現在特に若い科学者は独自の研究を行うことが極めて難しい環境におかれている。つまり、このような年功序列的制度が原因で、日本人研究者が自分の見解を知的議論の中で発言することを妨げている。
- 非成果主義のシステムのために、若い科学者や優秀な研究者が地位を向上させることができず、またトップにいる人が資源を規制しているので、自由に研究ができない。
- 日本は科学・数学の試験の世界ランキングでは上位の成績かもしれな

いが、現状では良い科学者は生み出せても、新たな領域に挑むような学者は輩出されないであろう(文部科学省・科学技術政策研究所, 2009: 66,68)。

　一方、アジアのトップクラス研究者からは日本の研究者の「倫理観」「システム」「組織」などが優れたものとして挙げられてはいるものの、同時に「待遇面での環境の悪さ」「若手研究者のモチベーションの低迷」「若手研究者の質の低下」「教育者の資質」などの問題点が指摘されている。以下、アジア人研究者が指摘する主なる問題を列記してみよう。

- 最近の若手研究者は、内向的になっている。海外で勉強や研究するチャンスをつかもうとしない。リスクを避ける。
- 日本は博士号取得後も日本でも働けるから外に行かない。もっと外国に行くべきである。日本人は外国に1年でもいいから出るべきである。
- 日本の大学の現状で見ると、博士課程まで行かずに修士で卒業してしまう人が多い。良い学生ほどその傾向がある。
- 学問的に高レベルを目指す日本の学生が減少しているように見える。
- 大学と大学院は、教育機関としての位置づけをもう少し明確にすべきである。また次の人材を発掘し育てるという意味で、教育者の資質を有する教授を数多く輩出できるよう、選抜プロセスと教育プログラムの質・量双方のレベルをもっと上げるべきではないか(文部科学省・科学技術政策研究所, 2009: 72)。

　アジア人研究者からの他の指摘としては、「研究機関同士の交流の少なさ」「強すぎる縦の関係」「コミュニケーション能力(英語力)の不足」なども指摘されているが、本書においても繰り返し指摘している「若手研究者の養成」に加え「若手教育者の養成」システムの構築も提言されている点が注目される。

4　ポスドク支援の必要性

　さて、2009年3月に文部科学省・科学技術政策研究所が行った内外の研

究者へのインタビュー調査の結果は、わが国の科学技術分野における国際競争力の不足や学術体制の問題点などが指摘された。国内外のポスドク支援の提言を鑑みても、政府・文部科学省のポスドク支援は最も重要な位置を占める。それは、ひとえにポスドクに代表される若手研究者の支援事業は一大学、一学会が取り組むには余りに大きな問題だからである。そういう意味では、現在進行中の政府・文部科学省などによる支援事業は高く評価されるものの、支援に限界があるとすれば、ポスドク総数の抑制も検討するべき課題となろう。

文部科学省が設置する科学技術・学術審議会人材委員会における若手研究者支援事業に対する基本認識は「我が国が世界に伍して科学技術を発展させていくためには、科学技術の将来を担う優秀な若手研究者の養成とその活躍の促進が不可欠である」というものである(科学技術・学術審議会人材委員会, 2009)。一方、各大学においては公正で透明な評価に基づく競争下で若手研究者に自立と活躍の機会を与えながら、同時に安定的な職に就くことができるテニュア・トラック制度を整備することが重要である。このテニュア・トラック制度は、文部科学省が2008年度より科学技術振興調整費「若手研究者の自立的研究環境整備促進事業」としてスタートしたものであり、第7章でも紹介したように各大学で独自の試みが為されている[3]。各大学の独自の試みを注視すると同時に、若手研究者が意欲的に取り組める研究環境の整備だけでなく、その後の安定した専任職ポストの確保も不可欠である。

専任職ポストの拡大という視点からすれば、第3章でも述べたように、近年では大学教員の年齢構成が高齢化に向かい、60歳から65歳未満の教員割合が増える一方で、30歳から35歳未満の教員割合は減少している。また、そもそも〈図1-8-1〉でも示したように、1991(平成3)年以降は理工農分野においても大学院博士課程を修了した若手研究者の数は、大学教員の採用数を遙かに上回っている。

こうした需要と供給のアンバランスは、若手研究者の研究意欲をそぐだけでなく、大学それ自体の活性化を妨げ、研究を停滞化させる恐れがある。今後は、各大学における人事の流動化、競争環境の整備を進める一方で、日本

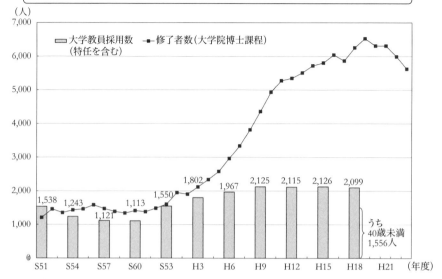

〈図1-8-1〉大学院博士課程修了者数の推移と大学教員の採用数（理工農分野）

出典：文部科学省,2011:15.

的な年功序列主義を排除して、同じ研究業績ならば少しでも若い研究者を採用する努力をすべきであろう。各大学における自立的な取り組みに期待したいが、それが無理ならベテラン教員は全体の30％、若手教員は全体の40％など一定の数値目標を設定することも必要となろう。

また、各大学や研究機関での学術常勤職の拡大だけでなく、ポスドクが活躍する機会を拡大する努力も行うべきであろう。まずは、文部科学省や文部科学省関連の組織・機関においてポスドクを採用する試みの提言を行いたい。

5　ポスドク支援の組織的取り組み

(1) 中央省庁の職員

　政治・経済・産業・教育・福祉・医療など全ての分野の国内政策を立案する中央省庁に、ポスドクを採用することを検討すべきではなかろうか。たと

えば、日本の文部科学省は学校教育、学術・文化の振興、科学技術政策の企画立案、先端科学技術の推進を担当している。組織は、1官房7局及び国際統括官から成るが、7局とは、「生涯学習政策局」「初等中等教育局」「高等教育局」「科学技術学術政策局」「研究振興局」「研究開発局」「スポーツ・青少年局」であり、これを「本省」という。この本省には約2,000人の職員が採用されているが、本省以外には「文化庁」があり、この職員数は2010（平成22）年で237人である。

　現状では、こうした国家公務員一般職に就くには特に大学院を修了することは求められていない。国家公務員採用試験に合格するためには、幹部候補向けの「国家公務員採用Ⅰ種（大学卒レベル）」「中級係員/準幹部向けのⅡ種（大学卒レベル）」「一般係員向けのⅢ種（高校卒レベル）」の3通りがあるが、いずれも大卒か、高卒以上である。文部科学省の職員の中に、どれほどの大学院修了者がいて、博士の学位を取得しているかは個人情報の観点からも不明だが、数少ないことは予測できる。日本の教育政策、科学技術政策、そして学問のあり方を検討する際に、博士の学位を取得したポスドクなどを雇用することはできないのであろうか。

　さらには、文部科学省には「水戸原子力研究所」「国立教育政策研究所」「中央教育審議会」「大学設置・学校法人審議会」「科学技術・学術審議会」など各種の審議会、「日本学士院」「地震調査研究推進本部」「日本ユネスコ国内委員会」などの関連機関もあり、これらの職員に博士号取得者を積極的に採用する方策を検討してみてはどうだろうか。アメリカのNSFやNIHの研究機関では、大学院博士課程を出て学位を取得した多数の研究経験者が配置されている。また、科学・工学の博士の9,500人が連邦政府の行政官として職を得ている（遠藤, 2006: 97）。日本もアメリカのような多数の学位取得者を行政官として雇用する方策を検討すべきではなかろうか。

　また、科学研究費を審査し、配分する「日本学術振興会（JSPS）」の職員採用は、平成24年度は5人程度が予定されている。その受験資格は「平成22年3月以降に学校教育法による大学の学部を卒業（または大学院の修士課程を修了）した者、もしくは、平成25年3月までに卒業（または修了）見込みの者または当

団体がこれらと同等と認めた者」（日本学術振興会，2012）となっており、学部卒か大学院修士課程までが対象となっている。日本学術振興会が、日本の学術振興を目的とする我が国唯一の独立した資源配分機関であるとすれば、職員採用においてポスドクを採用することが必要ではなかろうか。

(2) その他の職員へのポスドク雇用

　中央省庁以外にも様々な分野で博士号取得者を活用することは可能であろう。たとえば、「地方自治体の職員」「国会議員・地方議員の政策秘書」「大学の職員」「高等学校や専門学校の教員」「博物館」「美術館」「裁判所」「シンクタンク」「ジャーナリズム」「学会の常勤運営委員」などである。さらには、ポスドクが国会議員の秘書として国や自治体の政策立案に加わることは意義があろう。可能なら、政党の若手政策ブレーンとしても採用することが出来るのではなかろうか。大学や研究所の教員にポスドクを採用することが困難としても、大学職員として採用することも可能であろう。

　また、大学以外の高校や専門学校の教員はどうだろうか。すでに秋田県では実験的に学校教員にポスドクを採用した事例があり、高い評価を与えられている。2008年に、秋田県は教員免許の有無にかかわらず、博士号所有者を6人（常勤5人、非常勤1人）採用している（内田，2008: 21）[4]。2007年に実施された秋田県の博士号所有者特別選考にはアメリカや台湾などの海外組も含め57人の応募（専攻分野は理学、農学、工学、教育学）があり、第1次試験では18人が合格し、最終的には6人が採用となっている。2008年からは、県内の各地区の拠点となる4高校に配属され、「化学」や「総合学習の時間」などの授業を担当している。秋田県では、「本県から、ノーベル賞受賞者や世界の第一線で活躍する人材が輩出されていくことを心から期待している」（内田，2008: 24）として、その期待は高まっている。

　要するに、ここで本書が提言している事柄は、ポスドクが活躍する場や機会は十分にあるだけでなく、高度な専門的知識を持ったポスドクへの潜在的需要は高いということである。日本的な「前例がない」「給与が高くなる」「博士号取得者は使いづらい」など、些細な理由で日本の貴重な知的財産を

失うことは愚かなことである。ポスドクの活躍の場を広げ、高度で専門的な知識を生かそうではないか。

6 「日本国家公務員労働組合連合会」の提言

「日本国家公務員労働組合連合会」は、2010年にシンポジウム「若手研究者問題の解決に向けて」を開催し、国立研究機関や国立大学における若手研究者の厳しい状況を改善すべき様々な提言を行っている。提案者の足立伸一氏(学研労協副議長)は、1990年代から始まった大学院重点化政策がアメリカの大学院、または大学院制度を目標としたものの、人員構成に大きな歪みを引き起こし、この政策が結果的には失敗であったことを指摘する。特に、「ポスドクター等1万人支援計画」は、多額の予算が注ぎ込まれたものの「人材の行き場がない」「人材の有効活用ができていない」という点と、「高学歴ワーキングプア」という状況が生み出され、「学問・研究継続をあきらめざるをえない」状況が生み出されていることなどを問題視している(日本国家公務員労働組合連合会, 2010: 14)。いわば、大学院の拡充とポスドクなどの若手研究者が大幅に拡大したものの、こうした若手研究者の活用と社会への還元の方策が「長い間ずっと置き去りにされていた」ことになる。

特に、ポスドクの高齢化問題は深刻である。2004年には14,945人であったポスドクは、2008年には17,945人へと増加しただけでなく、35歳以上のポスドク数も26%から32%へと増加する(日本国家公務員労働組合連合会, 2010: 15)。また、2002年から2006年までの間に博士課程修了者の約16%がポスドクになり、14%が企業に就職しているものの、23%が「不明」である。ポスドクになって5年を経過しても、23%が依然としてポスドクのままである。ポスドクからポスドクへと言う状況が全体の4分の1を占めている状況である。以上のような現状把握が行われた後に、ポスドク問題の解決に向けた4つの提言がなされる(日本国家公務員労働組合連合会, 2010: 18-19)。組合が提言する内容を確認しながら、その是非を論じておきたい。

第一には、大学・公的機関の常勤ポストの増大が提言される。提言には賛

成するが、現実には大学・公的機関の常勤ポストは縮小の方向へと向かっている。従って、ポスドク支援に関する国の予算の拡大を望みたいが、同時に各大学・研究機関の自前の資金によるポスドク支援策の拡大も望みたい。また、ポスドクの雇用先も大学・研究機関だけでなく、その高度な能力を生かすためにも雇用先の拡大を行うべきであろう。

　第二には、ポスドクの民間企業などへの雇用拡大が提言される。そのためにはポスドク自身と企業側の意識改革が必要である。第3章でも指摘したことではあるが、2007(平成20)年度の文部科学省・科学技術政策研究所が行った関東地域の大学及び大学共同利用機関におけるポスドク(68人)に対する調査では、ポスドクの58人(85%)が大学や公的研究機関の研究者を目指している。その動機は「自分の希望するテーマ」や「職位の高いポスト」を求める者は比較的少なく、長期的に安定して「研究できること」であった(文部科学省・科学技術政策研究所, 2008: 48)。つまりは、ポスドク自身が企業への就職を望んでおらず、ほとんどが研究者を目指していることになる。また、2006年度のポスドク16,394人の雇用状況は、「大学」10,743人(65.5%)、「独立行政法人」5,000人(30,5%)、「民間企業」101人(0.6%)、「公益法人」261人(1,6%)、「国立研究試験機関」228人(1.4%)、「公設研究試験機関」61人(0,4%)であった(文部科学省・科学技術政策研究所, 2008: 4)。要するに、ポスドクの場合には「民間企業」への就職希望も少なければ、実際に民間企業へ就職している者も少ないことになる。こうした実態に基づいた方策が必要となる。

　第三には、高等教育の公的補助の増額が提言される。この点は、是非とも実現すべき課題であろう。合わせて、博士課程院生の奨学金返済条件の緩和も提言されるが、この点は、すぐにも実行できる提言なので、全面的に賛成したい。

　第四には、科学技術予算の配分バランスの抜本的な見直しであるが、その内容は、国立研究機関への運営費交付金、人件費漸減政策などの撤廃と基盤的研究に対する資金と人材確保である。こうした提言が実現されることを望みたい。

　以上のような、建設的な提言の実現を筆者も望むものではあるが、それ以

外には、以下に述べる日本物理学会のようなネットワーク型の組織的な支援を行う必要があり、こうした試みを政府・文部科学省も支援する必要があろう。

7 物理学系学会のポスドク支援

(1) ポスドク・フォーラムの活動

　最後に、学会などのポスドク問題への対応を考えて見たい。筆者が所属する教育学系の学会では、ポスドク問題はほとんど議論の対象になっていない。なぜならば、教育学系の学問分野は全国の大学の多くが教職課程を有しており、看護系と同じく比較的就職は順調であり、ポスドク問題は余り深刻ではないからである。従って、ポスドク問題を学会で議論しているケースは、よりポスドク問題が深刻な物理学や社会学の学会である。たとえば、1998年秋の物理学会の際に開催された素核理論総会でポスドク・フォーラムが発足する。このフォーラムこそ、日本最初の学会における組織的なポスドク問題を検討するための組織であった。そして、この時以来の議論の蓄積が日本物理学会編『日本のポストドクター問題』と題して、2009年に刊行されることとなる。

　このポスドクフォーラムは、「切迫した厳しい状況を乗り切るために、当事者であるポスドク自身が主体となって、ポスドク間で意見交換し、しかるべき機関に働きかけるためのポスドクの会である」（平山, 2001: 1518）。具体的な活動内容としては、全国の素粒子・原子核理論の研究室に対する「ポスドク実態調査」が、1998年11月、1999年3月・12月、2001年3月の合計4回実施されている。調査内容は、「ポスドク数」「採用数」「スタッフの年齢構成」「ポスドク自身のポスドク問題への考え方」などがデータとして整理されている。また、1998年12月には文部省学術局国際課とポスドク問題に関する会見を行い、翌99年4月には素粒子原子核理論の研究者で構成するグループとともに日本育英会に返還免除に関する陳情を行っている。成果としては、学術振興会特別研究員が助手や他の公務員と同じように育英会の奨

学金が免除対象になったことである。その他には、参加者のメーリングリストを作り、自由な意見交換を行い、ポスドクに対する有用な情報提供も実施している(平山, 2001: 1518-1519)。

(2) 日本物理学会のポスドク支援

すでに第6章でも述べたように、文部科学省は2006(平成18)年度に第3期科学技術基本計画の一環として「科学技術関係人材のキャリアパス多様化促進事業」を打ち出し、大学・研究機関以外の領域におけるポスドクの雇用先を確保する環境整備に着手している。初年度には、全国8機関が採択されたが、日本物理学会では翌年度に「物理学の資質を持つ人材活用のためのキャリアパス開発全国展開」が採択されている(坂東, 2008: 26)。日本物理学会以外は、いずれも大学か独立行政法人の研究所であり、全部で12機関が採択されている。つまりは、日本物理学会は日本の学会の中で初めてポスドクのキャリア支援に取り組んだ学会であり、かつ全国の物理学研究者を横断的に支援する事業を開始した組織となった。そして、2007年9月には東京大学内に日本物理学会キャリア支援センターを開設し、専任職員も採用して活動を開始している。

具体的な事業内容は、当学会のWEB上でも詳しく紹介されている。主なる内容としては、第一には、新たな学問分野や他分野との連携強化であり、若手研究者の興味・関心を拡大する方策を取っている。たとえば、物理学と医学領域との連携が模索され、若手研究者を東大医学部や順天堂大学などの職場に送り込んでいる。第二には、シンポジウムやセミナーなどを開催して、物理学の学問的広がりの検討、企業との交流、若手研究者のネットワークの構築などが行われている。第三には、若手研究者のキャリア支援に関する調査を国立教育政策研究所との合同プロジェクトにおいて実施している(坂東, 2008: 27-28)。とりわけ、物理学分野のポスドクに対するヒアリング調査を行い、ポスドクの現状と課題を解明している。こうしたポスドクへの調査の目的としては、「日本物理学会がキャリア支援事業を始めた一番の目的は、学会の重要な活動を担っている物理のPDの更に広い活躍の場を調査にもとづ

いて開拓し、物理人材の具体的な道筋を描くこと、それがまた逆に、科学自身の発展をもたらすことを目指している」(坂東, 2008: 29-30) と位置づけている。

8　ポスドク・ネットワークの構築

　日本物理学会の先駆的取り組みは今後のポスドク・キャリア支援の方向性を示すものである。つまりは、学会などが中心となって各学問分野におけるポスドクなどの若手研究者の支援事業をスタートさせれば、必然的に各大学や研究機関の横のネットワークが構築される。将来的には異なった学問分野の学会が連携すれば、全国的なポスドク支援事業が展開されるであろう。同じく、大学間や研究者同士でも組織的な連携を構築しながら、ポスドク問題に取り組めば多大な成果が生まれるであろう。政府・文部科学省は、こうした日本物理学会のような試みを支援し、拡大する方向性を模索すべきであろう。

　もちろん、ポスドク問題の難しい点も同学会では十分に認識されている。ポスドク・フォーラムの活動の継続や他の学問分野との連携の重要性も認識されながらも、学問分野の細分化が他分野の動向を把握できにくくさせている。また、ポスドクとしての研究期間は重要な時間であり、こうした問題に関わること自体が難しい。ポスドクの入れ替わりの期間も早い。いずれにせよ、ここで紹介したポスドク・フォーラムのようにポスドクのネットワークを構築することは重要であるが、そうしたネットワークを構築するためにも、各学問分野それぞれにおいて、まずは独自の組織化ができている必要があろう。こうした試みのヒントは第11章でも取り上げるアメリカの「全米ポスドク協会 (National Postdoctral Association=NPA)」の活動が参考になろう。

　さて、日本のポスドクにおける就業構造の最大の特徴は、民間企業への就職が極端に少ないことであろう。たとえば、2002 (平成14) 年における科学技術研究調査によれば、自然科学系の博士号取得者総数101,610人の中で「大学等」で働く者は71,455人 (70.3%) であるのに対して、企業には16,185人

〈表1-8-1〉博士課程修了者の産業別就職状況（平成14年度）

総数	就職者数	製造業	サービス業 （医療・教育・非営利・その他）				公務	その他・研究生・死亡	無業者等	不明
10,032	6,289	1,178	4,532	(2,144	1,498	679　211)	269	310	3,048	695
100%	62.7%	11.7%	45.2%	(21.4%	14.9%	6.8%　2.1%)	2.7%	3.1%	30.4%	6.9%

出典：文部科学省・科学技術政策研究所, 2003: 27,31.

(15.9%)しかいない(文部科学省・科学技術政策研究所, 2003: 23)。また、2001(平成13)年度の科学技術分野(理学・工学・農学・保健)における博士課程修了者10,032人の中では、研究者・各種技術者、教員などの専門的・技術的職業に就いた者が5,934人(59.2%)いるものの、〈表1-8-1〉でも示したように、製造業には1,178人(11.7%)、公務員(中央、地方の公務員)には269人(2.7%)しか就職していない。

　一方、アメリカの自然科学・工学・社会科学(Science & Engineering)分野における博士号取得者の民間営利企業への就職は約34%であり、自営業も入れると40％に達すると指摘されている(文部科学省・科学技術政策研究所, 2003: 16)。つまりは、日本の博士課程修了者は約6割が就職するものの民間企業や公務員となるものは極端に少なく、約3割がポスドクなどの研究生か無業者になると言うことである。アメリカの場合には、博士号取得者の多くが産業界で活躍しているという明確な違いが浮き彫りになる。

　では、どうして日本では博士号取得者や大学院博士課程を修了した者が民間企業で活躍できないのであろうか。文部科学省・科学技術政策研究所第1調査研究グループ(以下、「第1調査研究グループ」と略す)の指摘は、以下のような内容である(文部科学省・科学技術政策研究所, 2003: 38)。民間企業側の事情としては、第一には研究開発のレベルが修士課程レベルで十分であり、博士号取得者を必要としていないことである。仮に、より高度な専門的知識や能力が必要となった場合には、これまでは社内の能力開発システム等を利用して論文博士を取得することが行われていた。第二には、企業では博士号取得者を「専門バカ」と見なすマイナス・イメージを持っていることである。一方、

博士号取得者側も自己の知識や能力を活用するには民間企業の研究開発レベルでは不十分であると考えている。第三には、学位の有無が給与体系には反映されていないので、民間企業で働くインセンティブは低くなる。

以上のような要因が、日本における博士号取得者や大学院博士課程を修了者が民間企業に参入しない理由であるが、アメリカの場合は、おおむね逆の要因が指摘でき、活躍の場が幅広いということである。

〈注記〉

1　女性研究者の具体的な問題点とは、「相談相手が少ない」「ロールモデルがない」「研究室の体制が夜型になっていて、子育てとの両立が困難である」などが指摘される（文部科学省・科学技術政策研究所, 2009: 19）。

2　2007年に東北地方の大学で助手（当時24歳）だった男性が月100時間に及ぶ時間外労働を強いられ、うつ病にかかって自殺するという出来事があった。現在、裁判中である（『日本経済新聞』2012.12.11.）。

3　2009（平成21）年度には34大学が採択され、テニュア・トラック制の導入に向けた取組が進められている。この事業の効果としては、(1) 若手研究者ポストの確保や若手研究者の育成システムなど部局を超えた人事の見直しの契機となっている。(2) 国際公募を含め透明性の高い公募・丁寧な採用面接などを行うことに大学が意を用いるようになった。(3) 外国人の採用が進んだほか、国内の採用方法や研究環境などに不満を持ち海外に出て行った日本人若手研究者が戻ってきている。(4) 自立を求める若手研究者の応募倍率が高倍率（約20倍）である一方で、大学も若手研究者の自立的環境整備の重要性を再認識するようになった。(5) 本制度に基づく採用により全般的に優秀な研究者が採用され、充実した研究環境と相俟って優れた成果が上がっている、などの総括が行われている（科学技術・学術審議会人材委員会, 2009）。

4　秋田県の博士号所有者の採用の背景には、秋田県の高校教育の事情があった。秋田県は、前年度の2007年に実施された「全国学力・学習状況調査」において、全国トップとなって注目を集めた。確かに義務教育段階の学力は全国一だが、一方で、「大学入試センター試験の平均点や難関大学などの合格者数は、全国的に下位に位置している」（内田, 2008: 22）と言われ、高校段階では上位レベルの層が薄いことが問題とされていた。そこで、2007（平成19）年に県主催「発展戦略会議」が設置され、高校段階での博士号所有者の採用が提言されることとなる。

〈参考文献〉

内田広之 2008「博士号保有教員の特別選考について〜高校生の「飛躍」を期待して〜」新聞ダイジェスト社『大学と学生』No.56,pp.21-24.

遠藤一佳 2006「大学院を良くする三つの方法」筑波大学『筑波フォーラム』72号,pp.95-

99.
http://www.tsukuba.ac.jp/public/booklets/forum/forum72/23.pdf[2012.10.30.取得]

科学技術・学術審議会人材委員会 2009『知識基盤社会を牽引する人材の育成と活躍の促進に向けて(案)』
http://www.mext.go.jp/b_menu/shingi/gijyutu/gijyutu13/siryo/attach/1285413.htm[2012.8.10. 取得]

科学技術政策シンポジウム実行委員会 2008.11.16.「科学・技術の危機とポスドク問題─高学歴ワーキングプアの解消をめざして─」
http://www.kokko-net.org/kokkororen/08_torikumi/t081119.html[2012.11.30.取得]

国立教育政策研究所・日本物理学会キャリア支援センター編 2009『ポストドクター問題─科学技術人材のキャリア形成と展望─』世界思想社.

内閣府(行政刷新会議事務局) 2009.11.13.「行政刷新会議ワーキングチーム「事業仕分け」第3WG」
http://www.cao.go.jp/sasshin/oshirase/h-kekka/pdf/nov13gijigaiyo/3-21.pdf[2012.10.30.取得]

日本学術振興会 2012「職員採用情報」http://www.jsps.go.jp/saiyou/index.html[2012.9.21.取得]

日本国家公務員労働組合連合会 2010「若手研究者問題の解決に向けて」国公労連『国公労調査時報』No.572, pp.14-23.

坂東昌子 2008「日本物理学会キャリア支援センター紹介」新聞ダイジェスト社『大学と学生』No.56,pp.25-32.

中西香爾 1992「米国から見た日本の教育・研究体制─最近の動向」日本化学会『化学と工業』第45巻第10号, pp.85-89.

平山貴之 2001「ポスドクを取り巻く状況はどうなっているのか:ポスドクフォーラムの活動から」岩波書店『科学』No.832. pp. 1518-1519.

文部科学省・科学技術政策研究所(第1調査研究グループ) 2003「博士号取得者の就業構造に関する日米比較の試み─キャリアパスの多様化を促進するために─」pp.1-130. NISTEP-RM103-FullJ.pdf[2012.10.30.取得]

文部科学省・科学技術政策研究所(第1調査研究グループ) 2008「インタビュー調査:ポスドクター等のキャリア選択と意識に関する考察〜高年齢層と女性のポストドクター等を中心に〜」pp.1-86. NISTEP-RM152-FullJ.pdf[2012.11.16.取得]

文部科学省・科学技術政策研究所 2009『(第3期科学技術基本計画のフォローアップに係わる調査研究)内外研究者へのインタビュー調査報告書』平成20年度科学技術振興調整費調査研究報告書, pp.1-86.
http://warp.da.ndl.go.jp/info:ndljp/pid/241800/www.nistep.go.jp/achiev/ftx/jpn/rep120j/pdf/NISTEPrep120.pdf[2012.10.30.取得]

文部科学省 2011「文部科学省の公的研究費により雇用される若手の博士研究員の多様なキャリアパスの支援に関する基本方針〜雇用する公的研究機関や研究代表者に求められること〜」pp.1-30.

http://www.mext.go.jp/b_menu/shingi/gijyutu/gijyutu10/toushin/__icsFiles/afieldfile/2012/03/08/1317945_1.pdf[2013.3.7.取得]

第二部
諸外国のポスドク制度の現状と課題

第 9 章　アメリカの高等教育事情と研究開発費

第10章　アメリカのポスドク制度の現状と課題

第11章　アメリカのポスドク・キャリア支援の現状と課題

第12章　諸外国のポスドク制度

第9章 アメリカの高等教育事情と研究開発費

〈鎌谷朝之 2003『アメリカへ博士号をとりにいく』〉
　日本で化学系の博士号を取得した学生が、のちにポスドクとしてアメリカに来るのは今や「当たり前」の時代になったが、もし「超」のつくほど有名な研究室に行こうとするなら、渡米する二年以上前から先生にコンタクトをとらないと間に合わない。アメリカの大学院生がポスドクを考え始めるのは卒業する二年くらい前からということもあって、有名な研究室になると二年先のポジションまでいっぱいというケースがほとんどだからである (鎌谷 ,2003: 90)。

1　日米の大学院生数の比較

　第一部は、日本のポスドク制度の実態とキャリア支援のあり方について述べてきたが、第二部は「諸外国のポスドク制度の現状と課題」と題してアメリカを中心とした諸外国のポスドク制度について述べることとする。その目的は、日本と諸外国のポスドク制度を比較し、今後のポスドク支援の方向性を検討するためである。なぜならば、わが国のポスドク制度のモデルとなり、その量的拡大の目標とされた国がアメリカだからである。また、諸外国のポスドク制度も日本と異なる点が多々あり、参考となりうるからである。

(1) 日米のポスドク制度の違い
　アメリカの最初の博士号授与は19世紀中頃のイェール大学においてであり、大学院教育を最初に本格的に行った大学は1876年に創設されたジョン

ズ・ホプキンズ大学大学院であった(江原・馬越, 2004: 185)。こうしてアメリカのポスドク制度は、アメリカの大学がヨーロッパの研究大学をモデルとして採用された1870年代に開始され、生物科学分野の大規模実験室で雇用されたことを起源とする(Hill, 2004: 1)。もちろん、この時代にポスドクに関する明確な規定があったわけではなく、学術常勤職を得る前の一時的な雇用を意味していたにすぎない。本書の目的は、アメリカのポスドク制度の起源と発展を考察することを目的としていないので、こうした問題は機会を改めて解明する必要があるが、いずれにせよ日米を比較した場合、アメリカのポスドク制度の歴史は古く、日本のモデルとなったことは明らかである。

　たとえば、米国カリフォルニア大学における30代前半の日本人ポスドク(理系)は、アメリカでの研究生活の意義を、次のように述べている。「アメリカでポスドクをやることの意義は大きく3つあると考えられる。新しい研究技法の習得とアメリカ的な研究の進め方を学ぶこと、国際標準である英語力の向上である。いずれも研究者としてより広い視野を身につけるのに有効であると考えられる」(林, 2007: 1)。アメリカ社会は、よく「人種のるつぼ」と言われ、世界中から多彩な人材が集まるが、そうした異なった言語や文化を持つ各国の有能な人材の中で研究者としての訓練を受けることは貴重な経験となろう。この日本人ポスドクは、日本の大学では「ひとつのテーマについて腰を据えて取り組むことができる利点がある」としながらも、アメリカの研究スタイルの特徴が「人材の流動性とスピードの重視というものがあり、そうした文化を学び、新しい人材と交流することは刺激的かつ有益である」(林, 2007: 1)とし、日米の研究環境の差異も指摘している。とりわけ、日本と比較した場合のアメリカのポスドク生活は、研究室のスペースが広いこと、学生の指導や雑用がなく、仕事の大半の時間を研究に使うことができるなどである。

　また、日米の大学では研究環境の違いも歴然としているが、大学院制度やポスドクの雇用形態も異なっている。日本は国立大学を中心とした講座制(教授1人、准教授1人、講師1-2人、助手1-5人など)で教授以外は独立して研究室を運営できない。私学の場合は、研究室単位(教授・准教授・講師などの数は特に

決まっていない）が一般的であり、全ての教員が協力して研究室を運営することが求められる。一方、アメリカの場合は「主任研究員（Principal Investigator＝PI）」によって研究体制が構築されている。PIにはファカルティ・メンバーの教授、准教授、助教授などがなり、PIが獲得した研究助成金によってポスドクや大学院博士課程院生を雇用し、研究グループを組織するわけである（京都大学, 2010: 17）。

　言い換えると、多額の研究資金を獲得した教員は多数のポスドクや院生を雇用しながら最先端の研究開発が可能となるが、研究資金を獲得できなければ教員自身が失業したり、ラボ（実験室）を失うこともありうるわけである。もちろん、ポスドクなども雇用できなくなる。研究費の獲得がアメリカの大学では生き残るための絶対条件である。日米では研究環境の厳しさに大きな差があるということである。このことは、大学院それ自体の違いも生み出す。次に、アメリカの大学院制度を概観してみよう。

(2) 日米の大学院の違い

　日米の大学院の違いで決定的な点は、その量的な差異であり、同時にパートタイム院生の存在の差異である。前者は、アメリカの大学院の歴史やその後の発展とも関係するが、とにかく院生数が日米では大きな差異を生む。たとえば、ハーバード大学の場合には学部生は約7千人であるが、院生は倍の約1万4千人である。日本の国立大学の多くは、学部生が多く大学院生は学部生の半分以下が一般的である。私学にいたっては、1学年に学部生が100人いたとしても院生が2–3人程度という大学も多い。後者の点については、日本の大学院には、そもそもパートタイムの院生は存在しない[1]。文部科学省『教育指標の国際比較』（平成18年版）によれば、2000年における大学院の学生数と学部学生に対する日米の比率は〈表2-9-1〉のようになる。統計年度は2000年でやや古いが、近年においても変化は小さく、比較する上では参考となる。

　〈表2-9-1〉の統計から判断できることは、日本の大学院進学率や大学院規模はアメリカと比較して、半分程度であるということである。言い換えれば、

〈表2-9-1〉大学院学生数と学部学生に対する比率

国名	大学院生数 (フルタイム／パートタイム)	学部学生に対する比率 (フルタイム／パートタイム)
日本	223,512	8.9%
アメリカ	1,086,674 ／ 2,156,896	13.7% ／ 16.4%

＊アメリカにはフルタイムとパートタイムの院生が存在する。2000年の統計である。
＊日本は2002年度の統計である。
出典：文部科学省, 2006-1: 25-26.

〈表2-9-2〉2002年と2006年の国内総生産（GDP）に対する高等教育費の比率（％）

年度	国名	公費負担	私費負担	合計
2002年度	日本	0.4	0.6	1.1
	アメリカ	1.2	1.4	2.6
2006年度	日本	0.5	1.0	1.5
	アメリカ	1.0	1.9	2.9

出典：文部科学省, 2006-1:60　文部科学省, 2010: 40.

　日本の大学院進学率の低さが「大学院重点化」によって開始される大学院の量的拡大の根拠にもなっている。また、高等教育における「国内総生産（Gross Domestic Product＝GDP）」比率で比べると、2002年と2006年の日米比較は〈表2-9-2〉のようになる。

　日本の2002年度のGDPは約504兆円であるから、高等教育費への公的負担は2兆160億円となる。一方、アメリカのGDPは約10兆3,450億ドルであり、高等教育費への公的負担は約1,241億ドルとなる（文部科学省, 2006-1: 61）。1ドル100円で換算した場合、アメリカの高等教育への公的負担額は12兆4,100億円となり、日本の6倍以上となる。私費負担を加えてもアメリカは3倍以上の高等教育への負担が行われていることになる。もちろん、アメリカの高等教育機関は3,000校以上あり、日本の3倍であるから比率的には2倍程度となるが、それでも日本はアメリカと比較すれば高等教育機関への公的支援が半分ということになる[2]。

2　アメリカの学位取得状況

(1) 日米の学位取得者数

次に、日米の学位取得者数であるが、『学校基本調査(高等教育機関編)』では2002年度から2006年度までの平均学位取得者数は10,979人となる(文部科学省・科学技術政策研究所, 2009: 14)。〈表2-9-3〉は、2000年における学位取得者の専攻分野別構成を示したものである。日本の特徴は、医・歯・薬・保健分野や工学分野の授与数は多く、文系が極端に少ないことである。一方、アメリカの場合には理学、人文・芸術、教育・教員養成の順となる[3]。学位授与の学問分野の傾向が全く異なると言ってよい。

アメリカにおける博士号の学位授与数を年代別に見てみると、第二次大戦後から1970年代初期までは驚異的な成長を遂げ1958年には8,773人であったが、1973年には34,000人に急増している。その後、1980年代前半までは横ばい状態となったが、1980年代後半からは、再び上昇傾向に転じている。

〈表2-9-3〉日米の分野別博士号授与数と割合：2000

	日本	アメリカ
人文・芸術	644 (4.0%)	10,659 (23.7%)
法経等	610 (3.8%)	6,292 (14.0%)
理学	1,586 (9.9%)	9,600 (21.4%)
工学	3,964 (24.7%)	6,500 (14.5%)
農学	1,241 (7.7%)	1,139 (2.5%)
医・歯・薬・保健	7,053 (43.9%)	2,855 (6.4%)
教育・教員養成	127 (0.8%)	6,716 (15.0%)
家政	17 (0.1%)	388 (0.9%)
その他	834 (5.2%)	755 (1.7%)
合計	16,072 (100%)	44,904 (100%)

*日本は2000年4月からの年度中の修了。アメリカは2000年4月からの年度中の修了。
出典：光田, 2004: 75.

たとえば、1985年には31,297人、1995年には41,610人である。この1985-95年にかけての10年間の動向は、工学、自然科学で博士の学位取得が増えているが、それは、女性、マイノリティ、外国人学生の取得者が増加したためである (AAU, 1998: 2,9)。また、1920年から1999年までの博士号取得者 (1,069,144人) に対する授与大学の上位校は「カリフォルニア大学バークレイ校」18,055人、「イリノイ大学」13,704人、「ミシガン大学」13,440人、「ウィスコンシン大学」12,627人、「コーネル大学」11,590人、「ハーバード大学」10,772人となる (Thurgood, 2006: 43)。

最新の調査では、アメリカ国内の博士号取得者数は1990年代には年間4万人を超え、2009年には49,562人となっている。その内訳は、「科学・工学分野」で33,470人、「教育・健康・人文学などの分野」で16,092人となる (Fiegener, 2010: 1)。この内訳の特徴は、「男性」53%・「女性」47%であること、「白人」が49%で最も多いが、「黒人・ヒスパニック」8%、「アジア人」5%となり、近年では白人以外が増加傾向にあること、「科学・工学分野」では「一時的ビザ所有者」（上位3国は中国・インド・韓国）が37%に達していること、「生命科学」は微増しているが、「社会科学・教育学・人文学」などは減少傾向にあることなども指摘される (Fiegener, 2010: 4)。2007-08年度のアメリカの博士号取得者は63,712人である (National Center for Education Statistics, 2010)。その人種的内訳は、白人が62.5%、黒人が4.5%、ヒスパニックが2.8%、アジア人などが5.1%、一時的居住の外国人が24,6%を占めている。

(2) 博士号取得者への財政支援

博士号取得に要する年数は学問分野によって異なるが、2003年では学部段階から数えると平均10.1年（最短は「物理学」7.9年、最長は「教育学」18.2年）であり、平均33.3歳（「科学・工学」は平均31.8歳、「教育学」は平均43.5歳）となる (NSF, 2006: 1-2)。要するに学位を取得するためには、アメリカでも長い年月が必要であり、本人の努力も必要だが、同時に経済的な支援も必要になる。全体的に見て、アメリカの大学院生に対する特別研究員制度や財政支援は、1960年代から減少傾向にあり、各大学は別な財源を確保する必要性に迫られてき

た。とりわけ、学生援助に対する連邦政府の政策は、1970年代初期の経済不況と1980年代のレーガン政権の時代に特別研究員への奨学金プログラムの大部分を削減し、大学院教育への援助を総体的に減らす政策が取られた[4]。それは、大学院生に対する直接的な支援という形ではなく、研究開発という形で各大学への直接的支援が実施されたことを意味した。このレーガン政権下の連邦政策は、「新連邦主義(The New Federalism)」と呼ばれ、学生への援助を最貧困階層のみに提供し、連邦政府の高等教育に対する支援の内容を研究と情報収集だけに限定するものであった(喜多村, 1994: 60)。

このレーガン政権下における連邦政府の財政支援の削減は、各大学にとっては重大な問題となっただけでなく、特別研究への補助を受領していた博士課程に在籍する大学院生にとっても苦しい研究生活を余儀なくさせた。連邦政府からの研究助成の削減は、彼らに学費貸与(ローン)プログラムの利用を余儀なくさせ、Ph.D.の課程修了に要する期間が長くなるにつれ、ローン負債も次第に増額する傾向が顕著となった。この結果、1970年代から80年代にかけては博士号取得者数も大幅に低下するが、連邦政府からの援助の低下に伴って、ローン、アルバイトなどの自己負担、大学からの援助が増大し、かつ教育助手(Teaching Assistant)や研究助手(Research Assistant)制度を利用することも余儀なくされた[5]。すなわち、大学側は州の資金や大学自らの資金によって、教育助手や研究助手のポストを増大させたわけである。

3 アメリカの研究開発費

次に、アメリカの高等教育に対する財政支援の構造を見てみよう。アメリカの高等教育における連邦政府の研究費配分構造は、「全米科学財団(National Science Foundation」(以下、「NSF」と略す)や「国立衛生研究所(National Institutes of Health」(以下、「NIH」と略す)などの政府機関を通じてグラント等の形式によって州立・私立を問わず目的別に各大学に対して配分される。一方、州政府は州立大学に対して教育費と研究費を含んだ包括的交付金を交付し、私立大学は自前の基金などを持ち、そうした基金の運用収入や民間からの寄付金収入

により支えられている。日本の大学とは、その財政構造が根本的に異なる点を認識したい。

　近年の状況を述べれば、連邦政府も州政府も財政難の状態にあり、高等教育への公的支援は減少傾向にある。それでも、日本と比べれば公的資金の割合は高い。文部科学省『教育指標の国際比較』(平成22年版)』において、2006年度におけるGDPに対する高等教育費の比率を確認すると、アメリカ2.9%であるが、日本は半分程度の1.5%に過ぎない(文部科学省, 2010: 40)。一般政府総支出に占める高等教育の割合もアメリカは、3.9%であるが、日本は1.7%である(文部科学省, 2010: 42)。連邦政府の研究開発費の額も確認しておくと、たとえば2002年の場合は連邦政府の研究開発費は215億6,600万ドルであり、企業は2,108億4,800万ドル、大学は374億9,100万ドルとなっている(Shackelford, 2002: 3) [6]。連邦政府の組織の中で研究開発に携わる組織としては、「国防省」「NIHを含む厚生省」「米国航空宇宙局(NASA)」「エネルギー省」「NSF」「農務省」の6機関であり、連邦政府全体の95%を占めている。そして、この連邦政府の予算から各大学や研究者に研究資金を配分する組織がNSFである。

　アメリカの高等教育財政は、学生納付金、連邦政府、州政府、地方政府、企業、各種の財団、大学独自の財源などによって賄われている。とりわけ、連邦政府からの資金は、公立・私立の区別なく、研究開発と学生に対する奨学金・ローンの形で配分されている。1995年における連邦政府の財政支出は、全体で336億1,600万ドルであり、そのうちの47.4%(159億2,600万ドル)が研究開発に、46.3%(155億6,500万ドル)が学生の援助に当てられている。残りの6.3%は、教育省やNSFなどの機関に対する補助金となっている(Altbach, 1999: 156-7)。NFSの2002年度予算は、総額約48億ドル(連邦政府の研究開発予算の約4%)であり、その内の「研究開発費」は約37億4千万ドルとなっている(山口, 2002: 14-15)。この連邦政府における研究開発と学生援助に対する負担率は、1960年には17.9%まで上昇した事もあったが、その後は、10%を少し超えた割合を推移している。

　高等教育機関に対する「研究開発に対する基金(Funds for Research and

Development」(以下、「R&D」と略す)と学生援助に対する連邦政府の財政援助は、州政府、企業、個人寄付などからの財政援助を超えるものである。しかしながら、高等教育機関に限定しない場合には連邦政府の研究開発費は、今日まで抑制傾向が続いている。〈表2-9-4〉は、1953年から2002年までのGDPと比較した場合のR&Dの割合を示したものである。連邦政府の研究開発費は、統計が開始された1953年から1965年頃までは急速に増額され、1964年に2.88%の最高割合に到達したが、その後の伸び率は抑制され、2000年頃までは低い割合で推移している[7]。

一方、連邦政府以外(企業、大学、財団、地方政府など)の研究開発費は1953年からわずかながら伸びていたが、1980年代と1995年以降に急速な伸び率を見せている。連邦政府の研究開発費は2001年の2.07%が最も高い。連邦政府と連邦政府以外の援助の伸び率は、1970年代後半以降に逆転現象を見せている点が注目されるが、この点はアメリカの経済発展と研究開発に対す

〈表2-9-4〉国民総生産と比較したR&D経費の割合:1953-2002

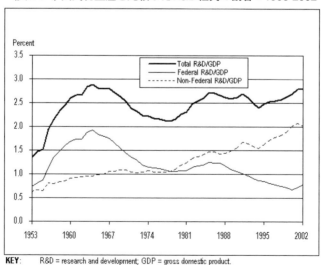

KEY: R&D = research and development; GDP = gross domestic product.
NOTES: These data are based on reports from R&D performers. Data for 2001 and 2002 are preliminary.
SOURCE: National Science Foundation/Division of Science Resources Statistics.

出典:Shackelford, 2002: 1.

る連邦政府の役割の縮小政策が原因である。

4 連邦政府の研究開発費

(1) 研究開発に対する経済援助の歴史

　連邦政府の研究開発費が縮小傾向にあるとは言え、連邦政府がアメリカの高等教育機関(Universities and Colleges)における研究開発助成金を提供する最大の資金源であることは疑いない。とりわけ、連邦政府による大学に対する公的研究費は、NSFとNIHといったアメリカの基礎科学研究を支えてきた財団を通じて支給されている。この連邦政府による研究や研究者養成のための教育訓練に対する財政支援は、第二次大戦後、とりわけ1950年のNSFの創設と1957年の「スプートニク・ショック」を契機として急成長を遂げる。1958年から1968年の10年間は、連邦政府からの研究助成金が毎年増加しただけでなく、「研究は主に連邦政府によって助成援助される独立した機能や運営」を担い、「大学は国家の研究活動の主要部分を占める」という明確な特徴が確立されていった(クラーク, 1999: 322)。この連邦政府からの各大学への研究助成金の制度は、1950年代後半以降のアメリカの高等教育の在籍者数の量的増大に貢献しただけでなく、科学と工学分野を中心に博士号授与大学や博士号所得者も劇的に増大させている。

　〈表2-9-4〉においては、連邦政府の研究開発費が縮小傾向にあると述べたが、高等教育機関に限定して見ると、1980年以降における研究開発助成金は順調に増額され、1980年の40億9,800万ドルが1995年には133億3,100万ドルへ、2002年には218億3,400万ドルへと推移している〈**表2-9-5**〉。すなわち、連邦政府の研究開発費の中でも高等教育機関に対する研究開発費は特別な意味を持っていることになる。先に掲げた〈表2-9-4〉と比較すれば、以下のような結論が得られることになる。連邦政府の研究開発に対する役割は、州や地方政府、企業、財団などと比較すれば、高等教育機関に対する研究開発費の補助は最大である。

　この1980年代以降における大学に対する研究開発費の急激な増額を、高

〈表2-9-5〉大学におけるR&Dの経費（資金源による区分）：1980-2002

	1980	1985	1990	1995	2000	2002
収入の総計	6,063	9,687	16,286	22,170	30,063	36,333
連邦政府	4,098	6,064	9,638	13,331	17,518	21,834
州と地方政府	491	752	1,324	1,689	2,198	2,501
企業	236	560	1,127	1,489	2,153	2,188
財団	835	1,617	3,006	4,047	5,940	7,109
その他	403	694	1,191	1,613	2,254	2,701

＊単位は100万ドル。　　　　　　　　　　　　　　　　　　　　　　　出典：NSF, 2002:1-2.

等教育の専門家であるアルトバックは、「もしも1960年代が研究の黄金時代(the golden age)であったならば、1980年代は金ぴか時代(the gilded age)であった」(Altbach, 1999: 158)と表現している。この間に、冷戦の終焉やソビエトの崩壊があったにもかかわらず、研究開発費は成長のカーブをとり続けたのである。この間の増加は、軍の研究開発や宇宙ロケットなどに対する巨大プロジェクトの研究開発費を削減する一方で、アメリカの経済や生活の質的向上を目的とするような研究開発—たとえば、バイオメディイカル(biomedical)の研究—に向けられたのであった。

(2) 全米科学財団 (NSF) の役割

　連邦政府による大学に対する公的研究費は、NSFやNIHなどの財団を通じて支給されることはすでに述べたが、とりわけNSFは科学・工学分野の研究及び教育の発展を促進する目的で1950年に独立の連邦機関として設立されたものである[8]。現在は、自然科学だけでなく、社会科学、行動科学、経済学なども助成金配分の対象分野となっている。2002年のNFS予算は、連邦政府の研究開発予算の総額の約4%に過ぎないが、大学・研究所などにおける基礎研究や若手研究者の育成には重要な役割を果たしている。たとえば、NFSの予算を基礎研究分野に限定すれば、社会科学の分野の約50%を、数学・コンピュータ科学の約75%を占めていることが指摘される（山口,

2002: 16)。

　NSFの研究費を獲得できるかどうかは、研究者の研究能力評価の重要な評価基準となっているだけでなく、若手研究者にとっては、将来の昇進や終身在職権（tenure）を獲得する上でも重要な意味を持つ。また、研究費を5年間にわたって獲得できない教員は、「大学当局との話し合いと指導により、年齢に関係なく配置転換が行われる」（内藤, 2004: 530）。年金の受給資格を得る年齢であれば、退職も余儀なくされる。いわば、NSFの研究費はアメリカ人研究者にとって研究環境を整え、継続するための「生命線」となるものである。

　NSFの科学研究費は、通常3年間の期限付きで支給され、研究を継続させたい場合には、改めて申請を行う。採択されれば、新たに3年間の研究費が支給されるシステムとなっている。研究費を申請できる人は、アメリカ人かアメリカ移民研究者で、大学・研究所などの研究機関に所属する者に限定される。教授か否かのポジションは問われないが、院生の場合は指導教官が申請する。研究費申請の機会は年に2回（春・秋）あり、研究費の申請、研究計画書（Proposal）の提出と審査、結果の通知、研究成果報告などは全てNSF FastLaneと呼ばれるインターネット・システムを通じて行われる（内藤, 2004: 529-530）。研究費の申請は最初に研究計画書を提出する。その後、厳しい審査を受け、競争に基づいて研究助成金が配分されるメカニズムが確定されている。アメリカの研究助成金への申請の審査は厳格で、公平を基本原則とするものである。そして、研究助成金の配分は最も優れた研究に対する支援を目的としたために、結果的には、研究大学の上位集団に独占される傾向が続いている。言い替えれば、大学にとってNSFの研究費を獲得できる優秀な教員を揃えることが大学の社会的評価を決め、さらに優秀な教員や院生を集めることが可能となる。

5　ブッシュ政権の高等教育政策

(1) 税制改革の影響

　1980年代頃までには、大学院生にとっては苦しい経済状態が支配的であったが、大学側の努力の結果、80年代末までには博士号取得者数は何とか回復し、修士課程と博士課程のプログラムに在籍する学生総数は450万人を越えるようになっている。加えて、理系やコンピュータ・サイエンスの部門では外国人学生が大学院在籍者の40％を越えている (クラーク, 1999: 328)。実は、大学や学生・院生に対する直接的な補助金政策以外に、間接的ながら税制上の優遇措置も一定の利益を各教育機関にもたらしている。たとえば、大学の教育機関としての役割は1986年以前には税控除の特権的地位を確保していたし、1981年の税制改革は大学に対する企業の研究開発への投資を促進していた。

　しかしながら、1986年に成立した「1986年税制改革法 (the Tax Reform Act of 1986)」は、連邦政府の赤字財政の縮小を目的として、それまでの高等教育教育機関に対する税制上の優遇措置を見直す厳しい法案となり、連邦政府の税制政策の分岐点を示すものであった。同法は、大学における寄付に対する制限条項を含み、株、土地、芸術作品、他の高価な物品に対する課税控除額を厳しくしただけでなく、納税者による寄付の控除を廃止した。さらに、同法は税金免除に対する規則を変え、私立大学による借入金に対する税金免除の上限を1億5千万ドルに制限したのである (Altbach, 1999: 174)。

　つまりは、同法は、これまでの大学における税制上の優遇措置をことごとく廃止したのであった。同法は、同じく学生や親に対する税制上の優遇措置も見直し、たとえば、それまでは所得税の対象から除外されていた奨学金や連邦のグラントなどによる給付金が、大学の授業料や必要経費を超えた場合には課税することも盛り込まれた。大学や大学を代表する人々、さらには大学院生も、こうした法案を修正するための政治的努力を行ったが、結果的には大部分が連邦政府からの資金で賄われるアシスタント・シップは課税対象となる所得と見なされ、フェロー・シップや授業免除は課税されないことと

なった(Altbach, 1999: 414)⁹。

　クラークは、大学院生に対するこの税制改革の措置は、大学院生に対する援助が国家的な投資の対象ではなく、「短期的に研究開発の成果を生み出す労働者」として位置づけられたことを意味した、と総括している(クラーク,1999: 331-332)。そして、このことは大学院による組合の組織化運動という新たな問題を誘引するが、この点は、機会を改めて論じたい。いずれにせよ、クラークの「大学院生は学術研究に従事する労働者である」という表現は的をえたものであるが、大学院生にとって長期の研究を余儀なくされる場合には、ますます経済的な困窮を意味した。こうした問題への改善策は、「博士号取得後の研究職ポスト」（ポスト・ドクトラル）の拡充や連邦政府以外の財政支援などに頼るしかないが、現状では大学院生にとって厳しい状況であることは変わりがない。なぜならば、それらは全て競争的なポジションや資金でもあり、勢い全米の研究型大学のトップ校に集中する傾向があるだけでなく、理系優位という状況が見られるからである。

6　クリントン・ブッシュ政権の高等教育政策

(1) クリントン政権の高等教育政策

　1993年1月に誕生したクリントン政権は、80年代の連邦政府の科学技術政策を転換する方針を掲げ、「技術による競争力強化」を目指して、次々と新たな提言を打ち出している。クリントン政権発足後は、同年1月には『米国変革へのビジョン(A Vision of Change for America)』、2月には『米国経済成長のための技術：経済力強化のための新たな方向(Technology for America's Economic Growth - A New Direction to Build Economic Strength)』、11月には『米国経済成長のための技術：大統領進捗報告』、翌1994年2月には『大統領経済報告』を発表し、科学技術への投資は米国の将来への投資であり、アメリカの「経済成長」「新規雇用の創出」「新規産業の創出」「生活の質の向上」に貢献することを強調している(文部科学省, 1994)。

　また、1993年11月には大統領を議長とする「国家科学技術会議(National

Science and Technology Council＝NSCTS）」も設立し、「アメリカ経済成長のための技術：経済力強化確立のための新たなる方向」と題する政策を公表し、①情報スーパー・ハイウェイの構築、②軍需技術の民需への転換、③先端技術開発のための補助金制度などを柱とする基本政策を打ち出している（本吉, 19997：1）。クリントン政権の科学技術政策の転換とは、かつての基礎研究と防衛・宇宙技術の研究重視から、経済成長と産業競争力強化のための応用研究重視への転換を意味するものであるが、このことは、大学などにおける基研究や理論研究などの学問的な研究に対する連邦政府の研究助成を削減する結果ともなっている。とりわけ、クリントン政権における2期目の政策は共和党が民間企業活動への介入を嫌う立場に配慮しながら、応用研究を商業化へと導く産業振興政策を取っている[10]。

(2) ブッシュ政権の高等教育政策

2001年に大統領となったジョージ・W・ブッシュは、同年9月に発生した同時多発テロ事件の直後には「テロとの戦い」を発表して、アフガン侵攻を行い、2003年3月にはイラク侵攻も命じている。ブッシュ大統領は、「テロとの戦いに勝利し、故国を守り、そして経済を強化する」といった3つの優先事項に焦点を合わせることを公式表明しているが、言い換えれば、このことは国内出費の増加を極端なまでに縮小し、代わって軍と国家保全を目的とした予算の大幅な増加を生み出すものとなった。

しかしながら、高等教育予算は例外的に増加傾向にある。ブッシュ政権下で2002年12月に法制化された「NSF予算倍増法」（National Science Foundation Authorization Act of 2002）は、2003年から2007年までNSF予算を倍増させるというものであるが、米国史上最大の財政赤字を抱えるブッシュ大統領が提案した2005年度のNSF予算は、前年度レベルの僅か3%増にすぎないものであった。結局、2005年度のNSFの予算総額は57億ドルであり、NSF予算倍増プランは非現実的な夢物語に終わったということである（松山, 2004）。また、2006年度のNFSの予算総額は55億8,100万ドルで、その内の43億3,100万ドルが「研究助成」に当てられ、その他は「教育人材開発費」「研究施設設備」

「職員給与」「国家科学審議会経費」「監査室経費」である。NSFに対する2005年の申請件数は41,722件で、9,757件(23%)が採択されている。1件あたりの年間平均支給率は143,669ドルである。

一方、NIHも1999年から「5年間の予算倍増キャンペーン」が実施され、2007年度のNIH総予算額は285億7,800万ドルで、予算の約86%が約3,000の大学・病院・他の研究機関に属する20万人以上の研究者を支援するグラントやコントラクトに費やされている。また、約10%にあたる27億5,900万ドルが基礎研究や臨床研究活動プログラムという内部研究に、残りがNIH内の研究施設維持や研究管理支援等に充てられる(松山, 2006)。NIHに対する2005年の申請件数は43,069件で、9,599件(22%)が採択されている。1件あたりの年間平均支給率は354,753ドルである(日本学術研究会, 2006: 108)。

ブッシュ政権の予算は、R&Dと「連邦の科学とテクノロジー(Federal Science and Technology)」(以下、「FS&T」と略す)という2つのカテゴリーの中に連邦政府の研究予算を再編成するものとなった。FS&Tは、NIH、NSF、防衛研究プログラム、エネルギー省の研究、そして他の諸機関におけるプログラムも含むものである。この予算計画の下で、連邦政府のR&Dに対する予算は、1億3,187万ドルが増額され、59億ドルになった。一方、FS&Tの予算は2億4,500万ドルが減額され、604億ドルになっている。NIHとNSFの両方の予算は、穏当な増加がなされ、NIH予算は、2.6%(7億6400万ドル)、NSF予算は3%(1億3,700万ドル)の増額となっている。

要するに、ブッシュ政権時代の科学技術予算や高等教育予算は微増ながらも、例外的に増加傾向にあったと言える。その理由は、アメリカの科学技術力の強化による国際競争力の向上をめざすものであったからに他ならない。ブッシュ政権の基本方針は、「米国競争力イニシアティヴ」(2006年1月)の政策プランと「米国競争力法(The America Competes Act)」(2007年8月)によって米国経済の競争力と基礎研究を強化することであった。「米国競争力イニシアティヴ」とは、NSF、「エネルギー省(Department of Energy＝DOE)」、科学局、「国立標準技術研究所(National Institute of Standards and Technology＝NIST)」における政府予算の10年間での倍増を目指したものである。「米国競争力法」とは、

研究開発によるイノベーション創出の推進や人材育成への投資を狙いとしたものである[11]。

7　オバマ政権の高等教育政策

　最後に、オバマ政権の最近の高等教育政策の動向を紹介したい。2010年にブッシュ政権を引き継いだオバマ (Obama, Barack H. Jr) 政権の基本方針は、「アメリカの競争力の向上」であり、さらなる基礎研究への政府投資を行い、10年間で倍増させる計画を発表している。具体的には、「米国の回復と再投資法 (The American Recovery and Reinvestment Act)」による補正予算において、総額7,870億ドルの中から183億ドル（うち基礎研究は114億ドル）というR&D予算への配分が行われている（文部科学省・科学技術政策研究所, 2010: 8）。要するに、ブッシュ政権とは異なり、オバマ政権では本格的な基礎研究への投資が行われただけでなく、若手研究者への支援も強化している。オバマは、2010年1月27日の『大統領一般教書演説』において、以下のように述べている。

　　「我々は米国のイノベーションを奨励する必要がある。昨年、我々は基礎研究分野への史上最大の投資―世界一安価な太陽電池や、健康な細胞に触れずに癌細胞だけを殺す治療へと繋がる投資―を行った。そして、エネルギー分野ほど革新が見込まれる分野はない。諸君は昨年の投資の結果をクリーンエネルギー事業に見ることができる」（オバマ, 2010）。

　アメリカも財政危機により、1980年代以降における研究開発予算の総額は削減傾向にあるとはいえ、日米の公的研究費の違いは歴然としている。その違いは政府や大学の研究開発に対する姿勢の違いでもある。アメリカではポスドクのような若手研究者を支援し、育成することが国の将来を左右することが十分に理解されている。日本では民主党政権の「事業仕分け」によって、公的研究開発資金やポスドク支援が縮小される危機にある。日米では制度やシステムが異なるとはいえ、一番の違いは意識の差ではなかろうか。次章で

は、アメリカのポスドク制度の現状と課題を見てみたい。

〈注記〉

1　アメリカの大学は、1994年には大学・短期大学を含めて3,600校ほど存在し、約1,430万人の学生（フルタイムの学生は約810万人）が学んでいる（National Center for Education Statisitics, 1996: 1）。その内の約1,800校以上が大学院課程を設け、さらに約540校が博士号を授与する課程を有している。大学院生は、パートタイムの院生も含めて約202万人であり、その中の8割程度が修士課程、2割程度が博士課程院生である。一般的には、アメリカの大学院システムは「学術大学院（Graduate School）」と「専門職大学院（Professional School）」に大別される。両者の比率は、「修士課程」レベルでは前者が15％、後者が85％であり、「博士課程」レベルでは前者が35％、後者が65％である（館, 1997: 33）。

2　ただし、日本の研究開発総額の対GDP費は低くはない。たとえば、2008年において日本は3.44％であり、イスラエル4.77％、フィンランド3.72％よりも低いが、韓国3.36％、ドイツ2.68％、アメリカ2.67％よりは高い。研究開発総額とは、企業、大学、公的機関、非営利団体の全てを含めており、2008年の日本の研究開発総額（OECDデータ）は約17兆4千億円である。その内訳は、企業78.5％、大学11.6％、公的機関8.3％、非営利団体16.5％である（文部科学省, 2011:3, 5）。

3　アメリカの最初の博士号取得者は、1861年のイェール大学シェフィールド科学校（Yale's Sheffield Scientific School）における3人の哲学博士（Ph.D.）である。次に、ペンシルバニア大学が1871年、ハーバード大学が1873年に博士号を授与している。1876年には初めてアフリカ系アメリカ人（Afurican American）が物理学の博士号をイェール大学から、1877年には初の女性学位取得者も誕生している（Thurgood, 2006:4）。

4　レーガン政権では市場万能主義の高揚の中、「受益者負担論の立場から高等教育（大学）への公的支援に対する批判が高まった」（関西大学教授・宮田由紀夫「米、縮む高等教育支援」『日本経済新聞』2012.11.5.）と指摘される。

5　1986年の博士号取得者の場合を見てみよう。ローンの割合は減ってはいるが、アルバイトからの収入が増加している。博士号取得者の約半分が教育助手、30％以上が研究助手、約20％が大学の助成金、10％以下が連邦政府からの助成金で、5％以下が連邦政府以外の全国的規模の助成金であった。それでも理系の場合は、国からの研究資金を比較的潤沢に得ている。たとえば、自然科学や工学の分野では博士課程の研究助手に対する助成は、全米科学財団（9.2％）、保健福祉省（2.4％）、国防省（4.0％）を占め、21,000人を超えている（クラーク, 1999: 357）。

6　2000年頃の日米の公的研究費の違いを数字で示せば、アメリカの大学のそれは約2兆円、日本の場合は科学研究費補助金の約1,800億円程度である。日本の公的研究開発費を比較すれば、日本はアメリカの1割弱に過ぎない（竹内, 2003: 139）。

7　連邦政府などの公的な研究費の各大学への支給は減少傾向が続いているが、1999年におけるアメリカの各大学の研究費の配分実績をみると、8千万ドル以上（約100億円）の公的研究費を受給している大学は、70校近くに達している。一方、日本の場

合には、100億円以上の公的研究費を受給している大学は、東大と京大などの旧帝大の4校にすぎない（竹内, 2003: 139）。このことから、日米の公的研究費の配分構造は、日本が「ほんの一握りの少数校に集中し、かつ受給額の下位に行くにしたがって急速に減少する」と指摘され、一部の国立大学に研究費が集中し、私学は国立の半分程度の研究費である。一方、アメリカの場合には100校近い研究大学に公平に分配され、「層の厚い大学群を形成」している点が特徴的である（竹内, 2003: 139）。

8 連邦政府は、14の省と50の独立行政法人で組織されるが、NSFは、この独立行政法人の一つである。NSFの組織は、「米国科学審議会」、長官・副長官の指揮監督下でNSFの業務実施部門として科学領域に対応した7つの「局」、科学領域を伴わない横断的な業務や管理を行う7つの「室」を持つ。NSFの常勤職員数は1,200人にも達する。

9 アメリカの大学における企業連結プログラム（liaison program）とは、会費を支払ってメンバーとなった企業に対して、教授や研究スタッフとの会合のセッティング、教授や研究スタッフによる企業での講演会・討論会の開催、シンポやセミナーの開催、刊行物の刊行、論文の入手などのサービスを実施するものである（東京工業大学フロンティア創造共同研究センター, 2005: 6）。

10 1998年9月に下院科学委員会から提出された報告書『未来の鍵を開ける：新たな国家科学政策に向けて（Unlocking the Future: Toward a New National Science Policy）』は、連邦政府における「科学政策の明確化」「民間企業との関係」「国際協力のあり方」「連邦政府が行う応用研究の範囲」などについて論じている。共和党の科学政策の基本的スタンスを理解できる。同文書は、http://www.gpo.gov/fdsys/pkg/GPO-CPRT-105hprt105-b/pdf/GPO-CPRT-105hprt105-b.pdfから入手できる。

11 正式名称は「The America Creating Opportunities to Meaningfully Promote Excellence in Technology, Education and Science Act」であり、同法は中国やインドの急速な経済発展等により国際競争が激化する中で、米国の競争力向上を目的として、研究開発によるイノベーション創出の推進や人材育成への投資促進、及びこれらのための政府予算の大幅増加を取りまとめた法律である。

〈参考文献〉

江原武一・馬越徹編著 2004『大学院の改革』東信堂.
オバマ、バラク 2010「第1回一般教書演説」http://ja.wikisource.org/wiki…[2012.2.22. 取得]
科学技術・学術審議会学術分科会 2002「大学における研究費の在り方について」pp.1-8. http://www.mext.go.jp/b_menu/shingi/gijyutu/gijyutu0/shiryo/020902j.htm[2007.4.22. 取得]
鎌谷朝之 2003『アメリカへ博士号をとりにいく―理系大学院留学奮戦記―』化学同人
喜多村和之 1994『現代アメリカ高等教育論―1960年代から1990年代へ―』東信堂.
京都大学キャリアサポートセンター 2010『ポスドクガイドライン：ポスドクの就職支援の取り組みと現況』京都大学キャリアサポートセンター, pp.1-59.
クラーク、バートン（潮木守一鑑訳）1999『大学院教育の研究』東信堂.

竹内　淳 2003「大学の公的研究費の日米構造比較」岩波書店『科学』Vol.73, No.2, pp. 137-140
内藤　豊 2004「全米科学財団NSFにおける科学研究評価」岩波書店『科学』Vol.74,No.4, pp. 529-534.
東京工業大学フロンティア創造共同研究センター 2005「研究大学の産学連携システムに関する研究―日米比較による考察―」pp. 1-20.
　http://www.fcrc.titech.ac.jp/publish/kenkyutyousa.htm[2005.5.21取得]
日本学術研究会編 2006「欧米諸国の主な研究助成機関の概要」日本学術研究会『学術月報』Vol.59, No.10, pp.108-109.
山口英幸他 2002「米国科学財団(National Science Foundation:NSF)」日本学術研究会『学術月報』Vol.55, No.9, pp.9-17.
本吉健也 1997「続・日米科学技術政策のパラダイム・シフト」日本総研『Japan Research Review 1997年10月号』pp. 1-12.,
　http://www.jri.co.jp/JRR/1997/10/rp-tech.html[2007.5.12.取得]
舘　昭 1997「アメリカにおける育英奨学事業の新展開」文部省高等教育局学生課『大学と学生』第388号, pp.30-34.
林　友將 2007「アメリカでのポスドク研究生活」JAPAN SOCIETYfor MOLECULAR SCIENCE, 1, A0014,pp.1-3.
松山貴代子 2004「ブッシュ大統領の2005年度予算：概要（その2）」
　http://www.nedodcweb.org/report/2004-2-20.html[2006.7.8.取得]
松山貴代子 2006「ブッシュ大統領の2007年度予算：概要 (1) (2) (3)」
　http://www.nedodcweb.org/report/2006-2-17.html [2012.6.11.取得]
光田好孝 2004「日本の大学のカーネギー分類」国立大学財務・経営センター『大学財務経営研究』第1号, pp. 71-82.
文部科学省 1994『平成6年版科学技術白書』
　http://www.mext.go.jp/b_menu/hakusho/html/hpaa199401/hpaa199401_2_005.html[2012.6.11.取得]
文部科学省 2006-1『教育指標の国際比較：(平成18年版)』
文部科学省 2006-2『新時代の大学院教育–国際的に魅力ある大学院教育の構築に向けて (中間報告)』
　(http://www.mext.go.jp/b_menu/shingi/chukyo/chukyo0/toushin/05061401/shiryo...)
　[2006.7.8.取得]
文部科学省 2010『教育指標の国際比較』（平成22年版）』
文部科学省 2011『科学技術指標2011統計集』pp.1-153.
　http://www.nistep.go.jp/achiev/ftx/jpn/mat198j/pdf/RM198_Indicator2011_statistics.pdf [2012.6.11.取得]
文部科学省・科学技術政策研究所 2009『我が国の博士課程修了者の進路動向調査：報告書』pp.1-98.
　http://www.nistep.go.jp/achiev/ftx/jpn/rep126j/pdf/rep126j.pdf[2010.2.25.取得]

文部科学省・科学技術政策研究所(第3調査研究グループ) 2010『第3期科学技術基本計画の主要政策に関する主要国等の比較』pp.1-258
　　http://www.nistep.go.jp/achiev/ftx/jpn/mat175j/pdf/mat175j01.pdf[2011.7.8.取得]
Altbach, Philip G 1999 American Higher Education in the Twenty-first Century; Social Political,and Economic Challenges, Baltimore: Maryland, The Johns Hopkins University Press.
AAU 1998"Association of American Universities Committee on Graduate Education Report and Recommendations",Washington D.C.: Association of American Universities, pp.1-24.
Fiegener, Mark K.2010"Numbers of Doctrates Awarded Continue to Grow in 2009: Indicators of Employment Outcomes Mixed"Info Brief, National Science Foundation, pp.1-10
Higher Education & National Affairs 2004.2.5. Bush Budget Shortchanges Higher Education,http://www.acenet.edu/hena/readartcle.cfm?articleid=466[2005.4.28.取得]
Hill, Susan T.and Hoffer, Thomas B. 2004"Plans for Postdoctoral Research Appointments Among Recent U.S. Doctorate Recipients"Info Brief, National Science Foundation, pp.1-5.
Thurgood, Lor. Golladay, Mary .and Hill, Susan T. U.S. 2006 "Doctorates in the 20th Century", Natinal Science Foundation (Division o Science Resource Statistics), pp.1-131.
National Center for Education Statistics 1996"Enrollment in Higher Education: Fall 1986 Through Fall 1994"Washington D.C.:U.S. Department of Education, pp.1-24.
National Center for Education Statistics 2010"Fast Facts",
　　http://nces.ed.gov/fastfacts/display.asp?id=72[20011.5.19.取得]NSF 2002 "Division of Science Resources Statistics", National Science Foundation, pp.1-2,
Shackelford, Brandon 2002 "InfoBrief:Slowing R&D Growth Expected in 2002", ScienceResources Statistics, pp.1-6,
　　http:/www.gov/sbe/srs/inbrief/nsf03307[2005.4.22.取得]

第10章　アメリカのポスドク制度の現状と課題

〈コロラド大学ボルダー校での日本人ポスドクへのインタビュー(2011年9月2日)〉
質問：日本と比較してアメリカのポスドク制度の特徴、優れた点、問題点は？
回答：(男性)「アメリカの大学のポスドクには任期がない。日本は就職が難しくポスドクを終えても次のポスドクを探さないといけない」。
(女性)「ポスドクの給与が高いこと、ラボの基金が大きいこと」。
(女性)「日米では研究環境が違う。アメリカは研究を目的としていて、アメリカの方が鍛えられる。日本は師弟関係が強く研究以外のことも要求される。ただし、帰国したらアメリカのポスドク経験がプラスになるか、マイナスになるかは不明」。

1　海外へ流失する日本人ポスドク

(1) アメリカに渡る日本人ポスドク

　多くの有能な若手研究者が活躍の舞台を日本から海外に移している。文部科学省調査における2002年から2006年にかけて博士課程修了直後の進路動向の調査(対象者数60,535人)によれば、「国内にとどまる者(44,149人)」72.9%、「海外(1,216人)」2%、「不明・非該当者(15,170人)」25,1%となる(文科省・科学技術政策研究所, 2009: 35-36)。海外とは、アメリカ、ドイツ、イギリス、カナダ、フランス、中国、韓国、タイ、インドネシア、オーストラリアなどである。特に、アメリカが最も多く737人、次がドイツの83人、その他の欧州

諸国が79人となる。海を越えてアメリカに渡る人数は、海外に行く者の中で約61％となるから、日本人研究者が海外にいく場合はアメリカが最大である。そして、こうしたアメリカに渡った若手研究者の「68％がポスドクとして就職しているのに対して、アジア圏に移動した修了者は大学教員の職を得た者が多い」(文科省・科学技術政策研究所, 2009: 35)という指摘もなされている。

　たとえば、日本学術振興会の「海外特別研究員」事業では、わが国の将来を担う国際的視野に富む有能な研究者を養成・確保するために、優れた若手研究者を海外の大学等に2年間派遣(ただし、DCは6ヶ月間)し、自らの研究計画に基づく研究に専念できるよう支援している(日本学術振興会, 2010)。また、文部科学省でも海外の大学等パートナー機関における研究教育活動へ参加する機会を若手研究者に対して組織的に提供するための「若手研究者インターナショナル・トレーニング・プログラム(ITP)」による支援を2007(平成19)年度より開始している[1]。国際的な視野に立てば、海外で活躍するポスドクが増えることは、日本の学術研究にとってはプラスに働くことが多かろう。しかし問題があるとすれば、アメリカから帰国した後に日本で常勤学術職を得られるかどうかであり、ないしは日本への帰国を断念し、アメリカに留まる者が出てくるということであろう。

(2) コロラド大学ボルダー校でのインタビュー調査

　2011年9月2日(金)にコロラド州ボルダーに位置するコロラド大学ボルダー校を訪問した際に、同大学でポスドクとなって研究を続けている日本人ポスドク3人にインタビューを行った。冒頭で示したポスドクの回答は、その際に得られたものである。ボルダー校のポスドク数は全体で約600人ほどであり、その中でも日本人ポスドクは約50人ほどいるとのことであった。まずは、インタビューに答えて頂いた日本人ポスドクの簡単な状況を紹介した後、〈表2-10-1〉にも示したように、共通の質問項目への回答を比較する形でまとめてみた。

　Aさんは日本で金沢大学大学院を修了した後、ボルダー校にポスドクとし

〈表2-10-1〉コロラド大学ボルダー校の日本人ポスドクの状況

	A（男性：生物学）	B（女性：生物学）	C（女性：社会学）
①ビザ	H-1B	J-1	J-1
②任期制	無（契約なし）	不明	無（学振のPD）
③採用方法	書類・研究内容や方法	書類・面接	書類・プレゼンを国際電話で討論
④任期中の業績評価	正式にはない。日々の内容や活動は評価される。	無	週1回の会合で進捗状況を報告
⑤勤務時間	自由（代わって結果を要求される）	9:00-17:00	自由
⑥給与	4万ドル（7年目）	3万ドル（1年目）（2年目は業績次第）	学振の給与
⑦給与負担者	大学	ハワード・ヒューズ医学研究所	日本学術振興会
⑧研究費などの支給	学会出張費（制限なし。海外も可能。）	ラボの研究費を学会などに使える	学振から研究費支給
⑨健康保険	健康・歯科保険・リタイアメント（PD1年目以降）＊200ドル自己負担	生命・健康・目・歯科保険・リタイアメント ＊200ドル自己負担	健康保険
⑩業務内容	研究のみ（授業担当なし）	研究のみ（授業担当なし）	研究のみ（授業担当なし）
⑪キャリア支援	無（自分でアプライ）	ボスが就職先を紹介	ボスが就職先を紹介

て採用されている。ボスは中国人で契約などしていないが、日々厳しく研究の成果を問われている。Bさんは、4年前に九州大学を出て、医学部の大学院生となり、院生のままでボルダー校に来たが、ボルダー校ではポスドク扱いとなっている。ただし、2年間の在籍が限度となっている。Cさんは、2年前の筑波大学大学院博士課程2年の際に日本学術振興会のDC-2に採用され、そのまま渡米し、DC-2で1年間、ポスドクで1年半滞在する。2011年9月までには日本に帰国する。

なお、ボルダー校には「コロラド・ポスドク協会(Postdoctral Association

Colorado)」が組織され、月に1回程度のセミナーがあり、毎回50人ほどの参加がある。その内容は、「ジョブ・ハンティング」「いいボスになるには？」「米国のグラントへの応募の仕方」などという題目のセミナーが開催されている。

2　アメリカ人ポスドクの事例

(1) クラーク (Clark, Raymond) の場合

　次に、アメリカ国内で活躍するアメリカ人ポスドクのケースを『Nature誌』に掲載された記事から見てみよう。そこには、アメリカでもポスドクの厳しい状態が垣間見える。アメリカでは国籍は関係なしに、ポスドクは厳しい状況に置かれていることが理解できる。

　クラークは、アイダホ州立大学で「生理学 (physiology)」の博士号を取得した後、大学教員となって学部生の指導を行うことを希望する。博士課程の院生時代から、クラークは幅広い教授歴を持ち、大学の委員会にも参加して、学部生や大学院修士の学生に指導・助言を行っていた。博士課程を修了した際には、大学教員としての準備は十分に達成されていると考えていた。しかし、簡単には専任職を得られずポスドクになっていく。「私は、ファカルティ・メンバーが為すべき全ての事柄を行いました。私は、ファカルティ・メンバーになる準備ができていました。その後、私はポスドクになりました……」(Russo, 2004:1126)。

　クラークは、合計5年間にわたってカリフォルニア大学サンディエゴ校の2つのラボでポスドク職に就いている。「ポスドクをしなさい。さもなくば、どんなレベルの学校でもファカルティ・メンバーの職を得ることはない」と、クラークは断言する。クラークは、他の新進気鋭のバイオ・メディカルの科学者と同様に、明確な方向性もなく、時間枠もないままにポスドクとして働いた、と心密かに感じている。結局、クラークは「全米ポスドク協会 (NPA)」の政策委員会副会長として、現状のポスドク制度の欠陥を正すべき努力を続けている。クラークは、自らの経験が典型的なポスドクの事例だったと信じ

ている。彼のラボの首脳は若手科学者の訓練には興味・関心がなく、研究計画を遂行する上での「熟練工」(Russo, 2004:1126) を望んでいたに過ぎない、と考えた。

(2) ティドウエル (Tidwell, Lille) の場合

　もちろん、ポスドクの中にはポスドク職を経た後に、テニュア・トラックの道に進み、大学のファカルティ・メンバーになる者も少なくない。しかし、ティドウエルは自ら進んでポスドク職に就く。彼女は、「神経生物学 (nuerobiology)」と「解剖 (anatomy)」の分野で博士号を取得し、その後ワシントン特別区のジョージタウン大学のポスドク職に就く (Russo, 2004: 1127)。そこで、彼女は自分の給料の多くが彼女自身のグラント (研究基金) から出ていることに気づき、メディカル・センターでの経歴に違和感を覚える。彼女は自らの進路を変更し、メリーランド州の「国立衛生研究所 (NIH)」でポスドクとなる。彼女は、NIHの「技術移転事務所 (Office of Technology Transfer)」に「研究トレーニング賞 (research training award)」をもたらす。ポスドクとして5年間、このNIHで働く予定である。ティドウエルは、「私の経歴は、とても明るい将来を示しています」(Russo, 2004: 1127) と明言する。そして、ポスドクの苦境の経験と思い出にもかかわらず、彼女はジョージタウン大学内に「ポスドク協会」を作る。その後、「全米ポスドク協会 (NPA)」の理事会 (executive board) のメンバーにも選ばれる。

　以上のような、アメリカのポスドクの厳しい状況に対して積極的な提言を行う者は多い。たとえば、科学者で作家のジェニファー・ロン (Rohn, Jennifer) は「ポスドクには空虚な約束ではなく、キャリアを与えなさい」として、「私たちは、ポスドクの役割を専門化し、ポスドクを科学的な踏み石ではなく経歴に変えるべきです」(Rohn, 2011: 1) と提言する。ロンが指摘するように、「生命科学 (life science)」などの学問分野では、特にポスドクが溢れ、大学や研究所の常勤学術職ポストにはポスドクが殺到し、公的な研究資金を得ることができる者も限られている。また、大学の研究のためのキャリア構造は既に壊れていて、大学の雇用市場は最近の世界的不況や緊縮政策によって、突然

の若返り策が実施される。ロンは、「研究から高度に訓練されたポスドクを追い出すことは時間と公費のひどい浪費である」(Rohn, 2011: 1)と断言する。

もちろん、アメリカでもポスドクに対する組織的な支援は行われている。その代表的な組織が「全米科学アカデミー」「全米科学財団(NSF)」「国立衛生研究所(NIH)」「全米ポスドク協会(NPA)」などであり、ポスドクの身分・待遇、利益、訓練、権利と安全を保つための活動を行っている。こうした組織の活動を確認する前に、アメリカ全体のポスドク数や待遇などの状況を確認しておこう。

3 ポスドクの現状と課題

(1) ポスドク数と雇用状況

前章でも述べたように、アメリカ国内の博士号取得者数は1990年代には年間4万人を超え、2009年には49,562人となっている。この博士号取得者の中で常勤職やポスドクなどの何らかの職に就く者は、2009年は70%であるが、この中で最も高い分野が「教育」73.3%、最も低い分野が「人文学」62.6%である。また、この中にはポスドクも含まれているので、アメリカでも博士号取得者が常勤学術職のポジションを得ることは相当に難しいことがわかる。たとえば、2009年の博士号取得者の中の「米国市民と永住者」で明確なポジションを得た20,082人の内訳は、「大学など学界」36.1%、「ポスドク」33.6%、「産業界」12.3%、「その他」18%となる。もちろん分野によって大きな違いがあり、ポスドク比率が最も高い分野が「生命科学」73.3%、最も低い分野が「教育学」4.9%である(Fiegener, 2010: 8)。

別な調査も見てみよう。〈図2-10-1〉が示すように2005年秋のNSFの調査(Survey of Doctorate Recipients=SDR)によれば、「科学・工学・健康分野」におけるポスドクの分野別割合は、「生物科学(Biological science)」46.3%、「心理学(Pschology)」11.4%、「化学(Chemistry)」8.5%の順になっている。また、2006年のNFS調査では新たな年間ポスドク数(「米国市民(U.S.citizens)」「永住者(permanent residents)」「一時的ビザ所有者(temporary visa-holders)」)は、43,400人であ

り、雇用期間も平均2年間程度と報告されている。従って、「科学・工学・健康」分野以外の人文・社会系のポスドクと各大学で雇用されているポスドク数を加えると、正確な数は不明なものの、次章でも述べるNPAでは外国人ポスドクも含めて約14万人と見積もっている。これ以外には、連邦政府の資金で運営されている研究開発センターのポスドク2,325人もいる（National Center for Education Statistics, 2010-2: 44）。なお、アメリカのポスドクにはNSF、NIH、そして各大学には明確なポスドク規程があり、日本のような無給かアルバイト程度のポスドクは存在しない。

(2) 2006年の「科学・工学・健康分野」のポスドク数

2006年の調査では、「科学・工学・健康分野」において過去5年以内に学位を取得した者102,900人の中でポスドクとなった割合は45%である。〈図2-10-2〉が示すように、1972年には31%であったポスドク数は2002-05年の博士号取得者の中で46%に増加している。分野別で見ると上位は、〈図2-10-2〉が示すように「物理学」61%、「生命科学（健康分野を含む）」60%、「工学」38%、「コンピュータ・数学」31%、「社会科学（心理学を含む）」30%である（National Center for Education Statistics, 2010-2: 46）。

ポスドク数は2001年以降急増しているが、その理由としては博士号取得者数の相対的な増大を背景としつつ、「テニュア・トラックの学術研究職における競争激化」「大規模ティームによる共同研究」「ポスドクの特別訓練への需要」などの要因が指摘される（National Center for Education Statistics, 2010-2: 44）。また、海外からの外国人の増加も指摘される。

(3) 外国人ポスドク数の推移

NSFは、2004年度の「科学・工学分野」における外国人（temporary-Visa holders）の大学院入学者数（Full-time）とポスドク数の現状を報告している。この報告書によれば、大学院入学者数は2004年度においては前年度比7%減少、2001年度から比べると20%の減少となり、3年連続で減少したことになる（Oliver, 2006: 1）。一方、「米国市民及び外国人永住者」（以下「米国人等」と略す）

220　第10章　アメリカのポスドク制度の現状と課題

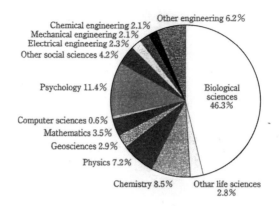

〈図2-10-1〉2005年秋の分野別ポスドク数（科学・工学・健康分野）

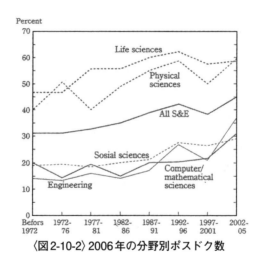

〈図2-10-2〉2006年の分野別ポスドク数

＊米国の大学で博士号を取得した者
出典：National Center for Education Statistics, 2010-2: 46.

の入学者については前年度比1％の減少幅にとどまり、NSFが2000年に調査を開始して以来、初めての減少となっている。

また、NSFが調査した「科学と工学分野」における外国人ポスドク数は、1994年が13,318人であったが、2000年には17,597人、2003年には20,000人となり毎年増加傾向にあった（Oliver, 2006:2）。ただし、2004年には19,344

人となり、前年度比マイナス3.3%減となり、外国人ポスドクの統計が始まった1977年からは初の減少となった (Oliver, 2006: 5)。

　アメリカの学術機関で「科学と工学分野」では約33,000人のポスドクが研究活動に従事しているが、2004年度は前年度と比べると若干減少したことになる。米国人等ポスドクが1%増加したのに対し、外国人ポスドクは3%減少したわけである。但し、2004年度の減少を含めても、ここ10年間では外国人ポスドクは45%増えた。対照的に米国人等ポスドクは同じ期間中、9%減となっている。

　世界各国のポスドクは、アメリカやイギリスなどの先進諸国に集まる。それは、たんに欧米諸国が歴史的・制度的に先進諸国だからと言う意味ではない。厳しい競争の下でも自分を磨く環境をポスドクが欲しているからに他ならない。アメリカの大学における博士号取得者の中で、中国出身者は年間4,000人、日本人も200人を数える (永野、2011: 259)。要するに、アメリカは未だに世界中の研究者を引きつける最も魅力的な研究環境を持っていることになる。

4　ポスドクの雇用先と待遇

(1) ポスドクの雇用先

　次に、ポスドクの雇用先を見てみよう。2006年の「科学・工学・健康分野」におけるポスドク (学位取得5年以内) 46,700人の雇用先は、「大学などの教育機関」76%、「営利・非営利機関」12%、「政府機関」11%、「その他」1%である[2]。分野別で見ると「工学」のポスドク6,800人は「大学などの教育機関」81%、「政府機関」10%、「営利・非営利企業」9%となり、「社会科学 (心理学を含む)」のポスドク8,500人は「大学などの教育機関」72%、「政府機関」10%、「営利・非営利企業」16%、「その他」3%となる (Hoffer, 2008: 4)。先に示した日本のポスドクの雇用先と比べれば、大学などの学術機関、政府関係機関への就職率が高く、営利・非営利機関への就職率が意外と低いことが指摘できる。

アメリカで専任教員(研究者)の資格を得るためには、指導教授の推薦書が重要な意味を持ち、競争は激しい。アメリカのポスドクがテニュア・トラックと呼ばれる常勤職ポストを得ることは困難な状況になりつつあり、次第に非テニュア・トラックの職(講師・インストラクター・非常勤教授など)につく割合が増大している[3]。その理由としては、ポスドク総数の増加も挙げられるが、非常勤職の増大や大学教員の給与カットなどの問題も指摘できる。たとえば、「米国大学教授連合(American Association of University Professors =AAUP)」は、米国教育省のデータを分析し、フルタイムとパートタイムを含めた一時的なポストである「外部(非常勤)教授(adjunct professor)」は、1975年の時点では43%に過ぎなかったが、2005年にはほぼ70%を占めている、と報告している(Smaglik, 2007: 755)。つまりは、アメリカの大学でも常勤職ポストは確実に減少し、任期付きのパートタイム職が増加していることになり、日本と同様に学術常勤職が不足していることが確認される。さらには、2009-10年に行われた調査においても、アメリカの経済不況が原因で大学の約3分の1(822大学22万人)程度の専任教員と研究者が3%程度給与カットされ、21%が昇格できなかったことも明らかになっている(Nature, 2010-1: 451)。

(2) ポスドクの給与・待遇

ポスドクの業務内容は、採用側の指導教授によって異なるが、第一には指導教授の研究補助を行う、第二には自分の研究を深める、第三には「講師」として授業を週に数時間担当(正教授と同じ時間)することである。その割合は、2006年の「科学・工学・健康分野」全体の調査では「研究と開発」88%、「授業」9%となっている。ポスドクの待遇は、2003年の時点では平均的年収は3万ドル程度であり、その「平均的給与水準は非常に低い」(NFS, 2003: 16)と指摘され、待遇改善が急務となっている。給与は、採用期間の長さや分野によっても異なり、その給与条件は一律ではない。ポスドクの給与が低いという事実は、多くのポスドクが経済的な困難を理由として就職する意欲を失うだけでなく、「自分たちが必要とされ、受けるに値する尊敬、または知名度が得られていない」(NFS, 2003: 17)と感じている者も多い。その背景には、

ポスドクの地位が過渡的で標準化されておらず、ポスドクにふさわしい認知度と社会的尊敬が不十分なためである。

ポスドクの健康保険に対する給付金は1960年頃には支給率は50％程度であったが、2006年には90％程度まで上昇している。退職に対する給付金は、同じく10％程度から50％程度まで上昇している (Hoffer, 2008: 6)。こうしたポスドクの健康と退職に対する給付金の支給は重要な問題と見なされている。たとえば、NSFではポスドクの給与や手当の水準、および地位を引き上げることを勧告しているが、その内容は全てのポスドクに「健康保険」や「その他の手当」が支給されるべきであり、仕事と家族に対する責任の重さを軽減する方策も定めるべきであると提言している (NSF, 2003: 21-22)。

NSFでは、ポスドクが雇用される時点で、ポスドクとアドバイザーの双方が期待する内容を契約の際に詳細に規定することを提案し、契約書の内容としては「財政支援や手当の資金源、著作権や知的所有権に関する方針、研究及びその他の活動の両方に関する責任と機会などの課題を盛り込むこと」(NSF, 2003: 20) を提言している。NSFは、その目標実現のために専門職協会や資金調達機関などが定型書式を作成し、各学術機関に配布し、各々が特定の状況に合わせて調整すべきであること、ポスドク契約の際には定期的な評価と進行状況を報告し、双方の合意によって見直しと修正を行うべきであることなども指摘している。

5 「米国大学協会」のポスドク調査

「米国大学協会 (Association of American University = AAU)」は、「大学院とポスドク教育委員会 (Graduate and Postdoctoral Education Committee)」を組織し、たびたび報告書を刊行している[2]。各大学の学長・総長16人で構成された2005年10月に公表された『ポスドクの教育調査：結果の概要 (Postdoctoral Education Survey: Summary of Result)』を見てみよう。同調査の目的は、AAU傘下の各大学におけるポスドク教育の現状と1998年のポスドク教育問題に関するAAU勧告の実施状況を調査することであった。その際の調査項目は、「各大学のポスドク

規程」「2004年のポスドク数」「ポスドクの報酬・利益・資金・任用規程」「ポスドク教育の管理」「ポスドク教育の現在の地位とポスドク教育の改善可能性」(AAU, 2005: 1)の6項目であり、AAU加盟の62大学のうち39大学(回収率63％)の回答を得ている。

　調査結果の概要を述べれば、「各大学のポスドク規程」は80％で、98年のAAU勧告に従っている。74％がポスドク任期規程を持ち、おおむね5年間であるが最長は7年間である。「2004年のポスドク数」は、ポスドク数が多い分野は「科学分野」(82％)、「生命科学」(54％)、「物理科学・数学・工学」(28％)である。各大学のポスドク数の報告では、「生命科学」が平均252人、「物理科学・数学・工学」が平均131人、「社会科学」は平均15人、「人文科学」が平均5人であった。同じく、各大学では平均272人の「中国・欧州・インド・日本」などの外国人ポスドクも抱えている。「外国籍」のポスドクは全体の65％、「米国籍」は35％であった。「男性」は64％、「女性」は36％であった。

　「ポスドクの報酬・利益・資金・任用規程」は、全体の67％が「最低限の給与レベル(minimum stipend level)」を規程している。ポスドク運用資金は、「NIH」40％、「各大学の自主財源」11％、「NSF」8％、「その他の私的財団や組織」8％という割合で負担している。待遇面では「健康保険」100％、「休暇と病欠の制度」97％、「歯の保険」90％、「生命保険」77％、「家族保険」92％などであった。大学内でポスドク用に「住宅を提供」しているのは39％にすぎない(AAU, 2005: 1-2)。それでも、日本と比べれば段違いの待遇である。「ポスドク教育の管理」は、56％がポスドク問題を管理する機関を持ち、責任者は学部長や学部次長が一般的で、その他には学長、副学長、副総長などとなる。87％は、ポスドクの教育機会を提供している。41％がポスドクに対するキャリア教育の機会を提供している。

　「ポスドク教育の現在の地位とポスドク教育の改善可能性」については、69％がポスドク教育がうまく機能したと回答している(AAU, 2005: 2-3)。ポスドク教育の改善に対する一般的な回答は、「さらに多くの優れたキャリア開発プログラムの提供」「ポスドク業務の一層の組織化」「ポスドク政策の一層

の規程化」「給与や待遇の改善」「ポスドクの出口調査とキャリア追跡」「孤立するポスドクの共同体の構築」(AAU, 2005: 3) などである。以上、2005年のAAUのポスドク実態調査の結果を概観してみたが、特にポスドクの社会保険などの充実は目を引く。

6 スタンフォード大学のポスドク制度

　次に、個別大学におけるポスドク制度の現状と課題を考察する。個別大学におけるポスドク数は2004年の統計ではハーバード大学で3,862人、ジョンズ・ホプキンズ大学大学院で1,424人、スタンフォード大学で1,283人となっている(NSF, 2004)。実は、近年になってアメリカの大学や研究所などの多くの学術機関は、ようやくポスドクの雇用や待遇に関する基準を整えつつある状況にある。ポスドクの業務内容も現状では必ずしも明確ではなく、扶養家族を持つポスドクの待遇も不十分であり、十分なガイダンス・指導・能力開発を受けることへの権利を持つことも規程されていない。ほとんどのポスドクは、職務内容が極めて曖昧と感じているだけでなく、「指導教授から十分な指導を受けられない」「研究プロジェクトに対する貢献が不十分とみなされたり」「能力に見合った責任が与えられない」などのケースが報告されている(NSF, 2003: 17)。

　実は、アメリカの大学の中で最初に「ポスドク・オフィス」を設置した大学がアメリカ西部の名門私立大学スタンフォード大学である。また、その10年後には、ポスドク自身が自らの協会も作っている(Mason, 2004: 691)。つまりは、同大学におけるポスドク調査や身分待遇の改善は積極的に進められているといえよう。たとえば、同大学における2004年度のポスドクの平均像(75人の調査)は、①平均年齢は32.2歳、②性別は男性が54.8％、女性が45.2％、③58％が結婚し、④86％が仕事に満足している。⑤アメリカ市民は34.2％、ビザ所有者は56.2％、永久居住者9.6％、⑥学位はPh.D.が88.9％、M.D.が5.6％、両方の学位を持つ者が5.6％であった。⑦ポスドク初年度の給与は平均35,706ドル、ポスドク全体の平均給与は40,398ドルである

(Stanford University Postdoctoral Association, 2004)。

　しかしながら、スタンフォード大学の場合には「人文学フェロー・プログラム(Humanities Fellows Program)」という優遇されたポスドク制度もあり、自由な内容の授業を1年に2コース教え、後は自分の研究に専念することが認められている。2006年度の「人文学フェロー」の受給者は15人であるが、年間約5万ドルが2年間にわたって支給される(Stanford University, 2006)。このスタンフォード大学を初めとして、人文学系のポスドク制度の内容や条件整備に大きな貢献を果たした財団が1969年に創設された「アンドリュー・メロン財団(The Andrew W. Mellon Foundation)」である。

　現在、同財団はアメリカ国内で25のポスドク・プログラムを実施し、毎年75-80人程度のポスドクを採用し、給与も同じ大学の助教授の85％に相当するように設定されている。同財団が雇用するポスドクは、いずれの大学でも同じような条件で雇用され、半分が授業担当、残りは自分の研究活動を行う自由が与えられている。こうした制度は、同財団において1980年代半ばから開始された支援制度であり、現在、同財団においては「高等教育と奨学金(Higher Education and Scholarship)」を含めた6分野(Scholarly Communications、Research in Information Technology、Museums and Art Conservation、Performing Arts、Conservation and the Environment)を主要な援助対象としている(The Andrew W. Mellon Foundation, 2007)。

7　コロラド大学ボルダー校のポスドク制度

(1) コロラド大学ボルダー校のポスドク制度

　2011年9月2日(金)にコロラド州ボルダーに位置するコロラド大学ボルダー校を訪問した際に、同大学のポスドク制度についてランキン(Rankin, Patricia)物理学教授(Interim Associate Vice Chancellor for Research Professor of Phisics)とハンドリアン(Handorean, Alina M.)工学博士(Research Associate)にインタビュー調査(14:30-15:30)を行った。その概要は、ボルダー校のポスドク制度は2004年に開始され、ポスドクの任期はなく、おおむね2～6年間がポスドク期間

である。ポスドクの管理機関は、2010年から「副学長室(Office of Vice Chanceller)」が担当し、学位取得者で業績、推薦状などを審査する方法で採用している。ボルダー校のポスドク数は600～800人ほどであり、勤務時間はNSFのガイドラインに従っているが、大学全体の規程はない。週40時間勤務が一般的である。給与も分野によって異なるが、ライフサイエンスで35,000～40,000ドル、物理・工学で60,000ドル程度である。ポスドクの95％は給与をNSF・NIHから受領しているが、人文学分野は民間財団から受領している者もいる。ポスドク業務は研究であり、授業担当は課していない。授業を担当すると給与は減額される。健康保険などは整備されている。就職状況は、大学などへは約20％であり、残りは民間企業などである。ポスドクからポスドクになる者は余りいない。ボルダー校の問題点は、特に女性ポスドクが出産、育児などで研究の継続が困難となり不平等である点であり、ポスドク期間を延長するか、特別な支援をする必要がある[3]。

また、「全米ポスドク協会」の下部組織である「コロラド・ポスドク協会(Colorado Postdoctral Association)」も組織され、約500人ほどが登録している。ただし全員分のネットワークはできていない。活動内容は、セメスターごとにワークショップを行い、ビザの取得方法、企業への就職などを支援することである。

(2) コロラド大学ボルダー校のポスドク支援

アメリカの大学の中でも大学院教育に極めて多彩なプログラムを用意し、将来の大学教員や教育者を養成している大学がコロラド大学ボルダー校である。全米の大学の中でもNO.1との評価が高い同大学の試みは、「大学院教育者プログラム(Graduate Teacher Program)」の主任であるボーダー(Border, Laura L.B.)教授の四半世紀に及ぶ指導と努力の成果でもある。この「大学院教育者プログラム」とは、「専門学科と共同で、大学院生やポスドクに対する大学教育と専門的な開発における訓練を提供するための集約されたプログラム」(Boulder, 2011-1)である。

主なるプログラムの例を紹介すると、「教授と経営スキル(Teaching and

Management Skills)」では毎年の秋学期と春学期の前にペダゴジー、アセスメント、評価、専門的開発、政策などの全般的な訓練がなされる。「インターナショナル・スカラーズ(International Scholars)」では、アメリカ人以外の外国人大学院生やポスドクに対して、教授方法、学問や学問以外のキャリアに対する準備、専門的なポートフォリオに関する個別の指導を行っている。さらには、「将来の大学教員準備(Preparing Future Faculty)」プログラムに大学院生やポスドクが参加する機会も提供されている。

また、2006年から開始された「TIGER」(Teaching Institute for Graduate Education Research)と呼ばれるプログラムは「大学院教育」を「研究(Research)」にするという意味であり、大学内外の教授の協力の下で、大学院生と博士号取得者レベルにおいて「教授と学習」に基づく堅実な研究を構築することを目指している(Boulder, 2011-2)。そうしたプログラムの中心は大学院生やポスドクに対する支援であり、ワークショップ、セミナー、ガイダンスなどを通じて、大学院生やポスドクが教育者としての資質を高めるだけでなく、「研究としての教育(Teaching-as-Research)」をデザインし、実践することである。いずれにせよ、ボルダー校の先駆的な試みは全米の各大学の注目するところでもある。

8 イェール大学のポスドク制度

2012年8月29日(水)にイェール大学のポスドク制度の実態を調査するために、同大学の「ポスドク支援室(Office of Postdoctoral Affairs)」を訪問し、副室長のAさん(Associate Director, Ph.D.)にインタビューを行った。詳しくは、本書の最後の「資料：イェール大学インタビュー記録」を参照願うとして、ここでは同大学のポスドク制度を中心に、インタビューの概要を紹介する。

同大学のポスドク制度の発足年は不明であるが、ポスドク支援室は今から8年ほど前に開設されている。このポスドク支援室は、「科学と工学(science and technology)」の「学長室(provost office)」の下に置かれ、業務内容としては大学全体の約1,400人のポスドク(その中の約900人は医学部に所属)の監督、任命、

採用過程に関わっている[4]。支援室の業務は、4人体制で行われ、室長、副室長とデータ入力担当が2人である。ポスドクの任期は1年単位で行われ、1年が経過した後に評価が行われる。評価は、ポスドクの再任の可否を判断する材料ともなる。評価を通して、ポスドクとアドバイザーが「いつ就職活動を計画すべきか」「研究は順調に進んでいるか」などについての話し合いも行われている。

　支援室が発行するポスドクの内定通知には、任命の日付、採用されたポスドクが「ポスドク・アソシエート(Postdoctoral Associates)」なのか、「ポスドク・フェロー(Postdoctoral Fellows)」なのかという区別が明確に記載される。なぜならば、両者の間には福利厚生に大きな差があり、「ポスドク・アソシエート」は歯科保険あるいは補助金付きの歯科保険、健康保険、退職金など、手厚い福利厚生を受けることができる。一方、「ポスドク・フェロー」は、自国の研究費やNIHなどから自分自身で財源を確保して大学に来るポスドクのことであり、イェール大学の職員とは見なされず、ポスドク・アソシエートと同様の福利厚生を受ける資格も持っていない。ただし、すべてのポスドクに最低限の健康保険は提供されている。また、研究室に財源があれば学会などへの派遣も行われている。

　ポスドクの選考基準は、一般的には「主任研究員(Principal Investigator = PI)」が直接採用を行い、支援室が採用に関与することはない。人文科学や政治学などの学部では、公募も行われている。その場合には、学部で応募者の選考を行うことになる。イェール大学のポスドクは、おおむね28歳くらいからであり、一番年齢が高いポスドクで40代である。ポスドクの勤務時間は、書類上は1日8時間、週40時間となっているものの、これを遥かに超えた時間数の勤務を余儀なくされ、週末も勤務している。給与に関しては、大学で最低基準が設定されており、2012年度の最低額は1年目のポスドクが$38,496である。毎年2%から4%増額する。生物学のポスドクの給与が最低額で、$38,496となっている。ただし女性の給与に関しては、平均額の半分以下となっている。ポスドク経費の財源の大部分は、国立衛生研究所(NIH)などの政府機関から受給するか、自前で用意する。

イェール大学の1,400人のポスドクの内、約70％が外国人であり、一番多いのが中国人、次いでインド、韓国の順番である。全体ではアメリカ人が3分の1、中国人が3分の1という割合である。ポスドクのビザは、一般的にはJ-1ビザであるが、H-1Bビザを希望する者も多い。ポスドクの多くが外国人なので、アメリカで勉強し、「任意の研修期間（Optional Training Period＝OPT）」を取得する者も多い。OPTとは、学生として5年間程度勉強し、卒業後の1年間さらに滞在許可を得て、在籍した大学とは別の都市で過ごすことができる制度である。OPT中にポスドクを始め、新たなビザを申請する者もいるようである。

ポスドクの業務内容として、授業担当することはない。一般的に、ポスドクは助成金で賄われており、その助成金により勤務時間の100％を研究活動への従事に費やすと定められているからである。ただし、最近では授業担当を希望するポスドクも増えている。その理由は、教育を重視している小規模な大学に就職を希望する場合、授業を担当した経験がなければ、雇用されないからである。幸い、イェール大学には強力な「教授センター（Teaching Center）」があるので、実際に授業担当ができなくても、多くのポスドクが教授センターが開催している多数の講座を受けているようである。

ポスドクの就職支援に関しては、支援室が「カバー・レター」「職務経歴書」「履歴書」「応募書類」などのコンサルティングをしている。年間を通して、ポスドクを支援するセッションが何回か開催されるが、とりわけ5つのセッションから成る「大学における研究職への就職シリーズ（Academic Job Search Series）」も行っている。支援室では、ポスドクの一人ずつにアドバイスを行い、教授職を目指していないポスドクや大学院生であっても路頭に迷うことなく、他の選択肢を模索できるよう、他のキャリアパスに関するパネル・ディスカッションも開催している。次章では、アメリカの各研究機関やポスドク支援組織によるポスドクのキャリア支援の実態について考察してみよう。取り上げる機関は、「NIH」「NSF」「全米ポスドク協会」などである。

〈注記〉

1　このITPプログラムは、大学院生、ポストドクター、助教等の若手研究者を対象とし、より若い世代への研鑽機会の提供と組織的な送り出しの支援強化を目指したもので、わが国の大学と海外のパートナー機関との組織的な連携により、若手研究者に海外での研究教育活動へ参加する機会を提供するものである。
2　AAUは、1900年に創設された団体であり、協会への加盟は招待制である。AAUは、独自の指標で各大学の評価を行い、一定の基準をクリアーした大学を「加盟候補大学」として招待する。最終的にAAUに加盟するには、加盟大学の4分の3の賛成投票を必要とする。AAU加盟大学であることは、研究大学としてのステータスにもなる(AAU, 2012)。
3　『Nature誌』には、女性研究者の育児と研究所(ラボ)へ戻ることへの障害を除去し、支援する活動が記載されている。例えば、「全米ポスドク協会(NPA)」は、「退職計画」「保険」に加え、女性研究者の「育児」がポスドクの主要な問題であると指摘する。アメリカの大学・研究所では「保育施設」は希にしかなく、70大学の内の10%しか育児施設を持っていない。多くの大学は、育児施設の新人職員や職員の特別給付の必要性を認識してはいるが、不運にも、依然として旧態依然とした姿勢やコストがほとんどの機関で障壁となっている(Gewin, 2005: 446)。
4　ただし、2012年3月15日付の大学の公式統計資料(Facts and Statistics)ではPostdoctoral Associates (雇用者)は1,139人、Ppostdoctoral Fellows (非雇用者)は816人で、合計1,953人となっている(Yale University, Facts and Statistics, 2012.3.15.)。

〈参考文献〉

永野 博2011「卓越した若手研究者への支援は国のゆくえを左右する―世界の人材育成・獲得競争のなかでの日本の改革への提言―」岩波書店『科学』Vol.81,NO.3, pp. 258-273.
　http://www.grips.ac.jp/jp/faculty/profiles/nagano1_wakatekenkyusha.pdf[2-012.2.26. 取得]
日本学術振興会2010「海外特別研究員：制度の概要」
　http://www.jsps.go.jp/j-ab/ab_gaiyo.htm[2010.1.26.取得]
文部科学省・科学技術政策研究所(第1調査研究グループ) 2005『米国 NIH 在籍日本人研究者の現状について』pp.1-78. NISTEP-RM116-FullJ.pdf [2012.10.30.取得]
文部科学省・科学技術政策研究所2009『我が国の博士課程修了者の進路動向調査(第3期科学技術基本計画のフォローアップに係る調査研究)』pp. 1-95.
　http://data.nistep.go.jp/dspace/bitstream/11035/678/1/NISTEP-NR126-FullJ.pdf [2012.10.30.取得]
文部科学省・科学技術政策研究所(第3調査研究グループ) 2010『第3期科学技術基本計画の主要政策に関する主要国等の比較』pp. 1-144.
AAU (Graduate and Postdoctoral Education Committee) 2005, "Postdoctoral Education

Survey: Summary of Result", Association of American Universities, Washington D.C. pp.1-35.

AAU 2012 "Association of American University"http://www.aau.edu/「2012.2.22.取得」

Boulder (Univeristy of Colorado) 2011-1 "The Graduate Teacher Program & COPPF Network, 2011-12 ", Univeristy of Colorado, Boulder (Border, Laura L.B. より入手)

Boulder (Univeristy of Colorado) 2011-2 "The Graduate Teacher Program's Collaboration with the National CIRTL NETWORK, 2111-12", Univeristy of Colorado, Boulder (Border, Laura L.B. より入手)

Fiegener, Mark K.2010"Numbers of Doctrates Awarded Continue to Grow in 2009: Indicators of Employment Outcomes Mixed", Info Brief, National Science Foundation, pp.1-10

Gewin, Virginia 2005 "Small steps towards campus child care",Nature,Vol.437, pp.446..

Hoffer, Thomas B. and Grigorian, K. 2008 "Postdoc Partcipation of Science, Engineering, and Health Doctrate Reccipients"Info Brief,.National Science Foundation, pp.1-7.

Mason, Betsy 2004 "Young, gifted…and broke" Nature, Vol.428, pp.690-691.

National Center for Education Statistics 2010-1"Fast Facts", http://nces.ed.gov/fastfacts/display.asp?id=72[20011.5.19.取得]

National Center for Education Statistics 2010-2, "Chapter 3: Science and Engineering Labor Force",pp.1-60. http://www.nsf.gov/statistics/seind10/pdf/c03.pdf[2011.9.31.取得]

NSF,2003"Postdoctoral Appointments: Roles and Opportunities: A Report on an NSF Workshop", May 11-13, 2003, National Science Foundation, pp. 1-41.

NSF, 2004"TABLE 48. Postdoctoral appointees in doctorate-granting institutions, by area of study, institutions ranked by number of appointees: 2004", National Science Foundation, http://www.nsf.gov/statistics/nsf06325/tables.htm#group3[2007.5.21取得]

Rohn, Jennier 2011 "Give postdocs a career, not empty promises"Nature, Vol. 471, p.1-2. http://www.nature.com/news/2011/110302/full/471007a.html「2012.1.29.取得」

Russo, Eugene 2004 "Fast Track: Posdoc"Nature,Vol.431, p.1126-1127.

Nature 2010-1 "Academics takes salary hit", Vol.464,p.451.

Nature 2010-2 "Posdoc pay uncertain", Vol.464,p.635 .

Oliber, Julia 2006"First-time S&E Graduate Enrollment of Foreign Students Drops for the Third Straight Year", Info Brief, National Science Foundation, pp. 1-5. http://www.nsf.gov/statistics/infbrief/nsf06321/nsf06321.pdf[2012.1.26.取得]

Smaglik, Paul 2007.11.29. "nature jobs"Nature, Vol. 450, p.755.

Stanford University Postdoctoral Association 2004", Stanford University Postdoc Survey Results: 2004," Stanford University, pp. 1-7.
http://www.stanford.edu/group/supd/policy/surveys/_2004/PDsurvey04.htm [2007.6.6.取得]

Stanford University 2006"Humanities Fellows Program"pp. 1-2. http://fellows.stanford.edu/ [2007.6.9取得]

The Andrew W. Mellon Foundation 2007 "About the Foundation"
　http://www.mellon.org/about_foundation/mission「2007.5.21.取得」

第11章　アメリカのポスドク・キャリア支援の現状と課題

〈「米国に来た理由は？」(NIHで雇用される日本人ポスドクの回答)〉
　自分の研究の幅を広げたかった(約73%)、英語によるコミュニケーションやプレゼンテーション能力を向上したかった(約51%)、日本で希望する常勤的な研究職あるいはポスドクの空きポジションがなかった(約22%)、米国でしかできない研究テーマだった(約28%)、日本で希望するポスドクの空きポジションがなかった(約5%)。
(文科省・科学技術政策研究所, 2005: 27)

1　NIHのポスドク・キャリア支援

(1) NIHの組織とポスドク

　「国立衛生研究所(National Institutes of Health＝NIH)」とは、1887年に創設されたアメリカ最古の医学研究の中心機関であり、かつ現在の医学研究の拠点となっている機関である。ワシントン特別区に近いメリーランド州ベセスダに位置する同研究所は、健康福祉省公衆衛生局の下にあり、「国立がん研究所」「国立アレルギー・感染研究所」「国立薬物乱用研究所」「国立ヒトゲノム研究所」など全部で27の研究所やセンターなどで構成され、2万人近いスタッフと6千人以上の科学者(医師や生命科学研究者)が勤務している。NIHの予算総額は2003年度で約271億ドルにも達し、公衆衛生局の予算の半分以上がNIHに配分されている(文科省・科学技術政策研究所, 2005: 3)。
　NIHのポスドク支援は1950年代から開始され、今日ではポスドク支援においても全米最大であり、毎年4万人を超えるポスドク支援を行っている[1]。

たとえば、近年においてNIHでは全米最大規模の「生物医学研究(biomedical research)」が行われているが、ここでもポスドクに対するフェローシップを授与し、NIH内のセミナー、ワークショップによって、それぞれの研究技能の向上とキャリア開発が目指されている。その際には、全てのポスドクは能力に応じて「奨学金(award)」が支払われ、健康保険や国内外の科学関係の学会などへの旅費も支給される。公募条件は、博士の学位取得者であること、学位取得後5年以内であることなどである。

11年8月30日(火)にメリーランド州に位置するNIH本部を訪問し、ポスドク担当のコンラン(Conlan, Lori M.)主任(Director Office of Postdoctoral Service, Office of Intramural Training & Education)にNIHのポスドク政策の現状をインタビューした。その内容を簡単に紹介すると、NIHが支援するポスドク数は約4万人であり、60％は外国人ポスドクであると同時に、その中の10％はNIHが雇用する「内部ポスドク」、90％はNIH以外の大学などの研究機関に所属する「外部ポスドク」である。ポスドクの採用方法は、約12,000人の教授が分野ごとに審査して決定するが、博士の学位取得後5年以内が条件である。ポスドクの雇用には年齢制限はないが、平均年齢は29歳から34歳までの5年間の任期制となっている。ただし、外国人ポスドクの平均年齢は高く、40歳を超える者も存在する。更新は原則的には無いが、3年間の追加期間は認められている。外国人ポスドクのビザはJ-1である。J-1ビザは、出身国に戻ることが義務づけられ、税金などもないし、ポスドクを雇用する機関の負担が少ない。H-1Bビザは雇用する機関の負担が大きいためである。

NIHが支払う奨学金は年数や能力でも異なるが、平均44,000ドルである。詳細はNIHのWEB上で確認できる。NIHで雇用されたポスドクの就職状況は、約60％が就職し、40％は他のポスドク職に就いている。最後に、全米の大学・機関でポスドク制度が最も整っている機関・大学について質問したところ「NIH」「カリフォルニア大学サンフランシスコ校(バイオ・メディカル分野)」「ハーバード大学」という回答であった。

(2) 日本人ポスドク

　NIHにおける日本人ポスドク数は不明であるが、NIHにおける日本人研究者全体の約7割程度と考えられる。日本人を含めた外国人ポスドクの職種の名称は、奨学金を付与されながら最長5年任期で在籍している「客員研究員(visiting fellow)」、日本学術振興会などのNIH以外から支援を受ける「特別支援員(special volunteer)」、NIHを含む複数の機関から支援を受ける「補助研究員(supplemental fellow)」などと呼ばれている[2]。NIHには潤沢な研究資金があること、研究環境が充実していること、ノーベル賞受賞者など世界の一流研究者が在籍していること、そして世界中からポスドクが集まり、切磋琢磨していること、そうしたポスドクを支える支援体制が整っている点などが特色として挙げられる。

　逆に、NIHに雇用されている日本人ポスドクがNIHと日本を比較して指摘した点は、研究環境では「日本と違って使える研究費の額が全く違う」「研究費が潤沢である。日本の私立薬科大学一講座分を一人のポスドクが使っている」「資金の使い方がうまい。日本のように項目ごとに分離していない」というものである。日本の研究人材・研究者支援に関しては手厳しい意見が多い。「日本よりも女性研究者の数が多い」「研究をサポートする体制に大きな違いがある。…日本の総合大学を考えると情けない現状に思える」「NIHは研究支援体制が整っており、やはり世界をリードするだけのことはある。私は日本の地方大学からきたので、その差は歴然としている」（文科省・科学技術政策研究所, 2005: 42-44）などである。

(3) 最近のポスドク支援

　最近のNIHの研究資金の新たな配分から、ポスドク支援の動きも確認しておきたい。第一には、2007年度から「主任による改革賞(Director's New Innovator Award)」が設置され、国籍を問わず、博士号取得10年以内の若手研究者に対して、5年間で150万ドルを上限として支援するものである（NIH, 2007）。2007年度は、41人の若手研究者に総額1億500万ドルが交付されたが、その後採用者数は増大し、2012年度は51人が採用されている。この制

度は、NIHのグラントを過去に獲得した経験のない有能な若手研究者を対象にした制度である。

その他、2012年にはNIHは「NIH主任によるパイオニア賞(NIH Director's Pioneer Award)」を10人に、「NIH主任によるトランスフォーマティブ研究プロジェクト賞(NIH Director's Transformative Research Projects Award)」を20人に授与し、「主任によるパイオニア賞」と合わせて総額1億5,500万ドルを支給している。また、2011年度からは「NIH主任による早期自立賞(NIH Director's Early Independence Award)」も創設され、博士号取得後1年以内の若手研究者に対して、研究者としてのキャリアを積ませることを目的に年間25万ドル以内を5年間支給している。2011年は10人、2012年は14人が授与されている(NIH, 2012)。いずれにせよ、日本とは桁違いの資金援助であり、研究環境が全く異なることを思い知らされる。

2　NSFのポスドク・キャリア支援

(1)「ポスドク職：その役割と機会」の内容

NSFは、1950年に連邦議会により設置された省レベルの独立機関であり、アメリカの研究と教育を推進する資金配分機関である。NSFでは、主に大学や研究機関の研究者に対して、分野ごとに12のプログラム領域を運営し、資金援助を行う。こうした研究者の支援には「競争型資金(Competitive Awards)」と「研究基金(Research Grants)」の2種類があり、2009年には予算総額19億ドルに対して前者で13,000件、後者で8,880件の研究に資金配分している(文科省・科学技術政策研究所, 2010: 51)。NSFが支援する研究者には、大学教授・ポスドク・大学院生なども含まれるが、とりわけポスドクに対する経済支援の割合は高い。たとえば、2004年にはNFSに対する連邦政府資金の70.2％がポスドク支援に使われたとされている。NSFのポスドク支援のフェローシップは、以下のような14のプログラムが挙げられる。

①北極圏研究、②Crest (Center of Research Excellence in Science and Technology) と

科学と工学のためのHBCU研究基盤(RISE)、③ディスカバリー・コープス・フェローシップ、④国際共同研究と教育：訪問およびワークショップのプランニング、⑤国際共同研究フェローシップ・プログラム、⑥NSFの天文学と天体物理学ポスドク・フェローシップ、⑦NSFの地球科学ポスドク・フェローシップ、⑧パンアメリカン高等教育研究プログラム、⑨国際共同研究と教育のためのパートナーシップ、⑩極地研究のポスドク・フェローシップ、⑪生物学のポスドク・フェローシップ、⑫優秀な科学・数学・工学指導における大統領アワード、⑬インテリジェンス・コミュニティ (IC) のポスドク・フェローシップ・プログラム、⑭マーシャル奨学金制度 (文部科学省・科学技術政策研究所, 2010: 107-108)。

次に、NSFのキャリア支援であるが、日本と同様に最近になってポスドク問題点がようやく認識され、対策を取り始めたという段階である。NSFは、2003年5月11-13日に「ポスドク職：その役割と機会 (Postdoctoral Appointments: Roles and Opportunities)」と題するワークショップを開催し、ポスドク任命の経緯、特徴、結果の分析、ならびに科学・数学・工学分野におけるポスドク強化を目的として、NSFが活動する際の概念、機会、優先順位を明確にする作業を行っている[3]。日本とアメリカのポスドク制度の違いは、アメリカのポスドクが産業界で活躍する度合いが日本よりも高いこと、若手研究者向けファンドの増加や大学と国立研究所との連携によって研究者への支援など多様な人材政策を展開している点であろう。まずは、NSFが提案するポスドクに対するキャリア支援の内容を確認してみよう (NSF, 2003: 19-22)。

①大学院生全員がキャリア・ガイダンスを受け、選択できる進路の範囲、ポスドクの長所・短所、研究以外の技能を身につける必要性に関する説明を受ける。このキャリア・ガイダンスではポスドク期間中も継続し、期間中に利用できる学習の機会をフルに活かすことが可能となる。
②ポスドクへの就職斡旋は、常勤研究者との個人的接触を通じて行われる場合が多いが、この方法では人材の輩出が少ない少数民族や優れた志願

者が就職の機会を失う。ポスドクの求職者に関する集中管理方式のデータベースを作成し、多くの就職機会を生み出すネットワークを構築する。
③大学教職員の果たすべく任務は、大学院生にガイダンスを提供すると同時に、自らが指導するポスドクのキャリア支援を行う上で決定的に重要である。ただし、学問の世界以外に余り精通していない大学教職員だけでは大学院生やポスドクに対するキャリア情報は不十分である。学部会議、学術機関のポスドク協会、地元や地域のワークショップ、大学院生とポスドクの会合なども情報を共有する機会となり得る。
④大学などの学術機関はポスドクのキャリア相談、経営能力、教授技術、倫理的な注意事項、知的所有権の注意事項への対応など、ポスドクの専門能力の開発に一貫して取り組むべきである。そうした取り組みの推進方法としては、NSFなどの資金調達機関がポスドクの助言に特化した助成金を学術機関や学部に提供することも検討すべきである。
⑤ポスドクには、大学や研究機関の組織内や、そうした組織間で構成されたポスドク協会への参加を奨励すべきである。こうした協会を通じて、連帯意識が生まれ、支援活動や教育のためのメカニズムが構築できる。

(2) 新たなポスドク・モデル

　また、近年の新たなポスドクモデルも提示される。そのモデルとは、「産業界や政府の研究室にポスドク職を設け、複数の学術機関に複合的に配属するなどの形式」(NSF, 2003: 22) である。ポスドク職の多様化は、普及・強化される必要があり、個人、学術機関、そして国全体のニーズに応えるための有益で貴重な方法として支持されるべきものである。その際のポスドクのキャリア支援は、以下のように提言される (NSF, 2003: 22-24)。

①ポスドクの雇用は、研究大学以外の博物館、コミュニティ・カレッジ、裁判所、立法府、シンクタンクなどでも実施されるべきである。そうしたプログラムは、重要な未対応のニーズに対する、独自性に富んだ融合的な技能の育成につながる可能性を秘めている。

②複合的なポスドク雇用は、ポスドクの複合的なキャリアになる可能性がある。たとえば、ポスドクが得た経験によって教育、立法府、裁判所、ジャーナリズム、ビジネス、および社会のその他の分野に進出すれば、社会は利益を受けると同時に、複数の学術機関で経験を積んだポスドクは、学術的な仕事においても貢献することができる。
③現在、NSFでは「開発部フェローシップ (Discovery Corps Fellowship)」と呼ばれる研究以外の最低1つの研究外活動を組み合わせた形式の雇用を重視する支援策を検討中である。このフェローシップ・プログラムでは、ポスドクのキャリア開発を充実させ、科学面でのリーダーシップを育て、さらには通常はポスドクによる貢献がない組織内の特定のニーズを満たすという利点が挙げられる。
④ポスドクの地位の序列と流動性は強化すべきでなく、緩和する必要性がある。特に、ポスドクの新モデルに採用された者は、従来のポスドク職から自動的に除外されるべきではない。全てのポスドクは絶えず他の科学者と情報交換し、自分の専門分野で時流に遅れを取らず、有力な研究プログラムを維持する必要がある。NSFのサポートは、これらのプログラムを正当化し、推進するであろう。

要するに、NSFが提言するポスドクの新たなキャリア・モデルとは「大学以外での雇用」「複合的なキャリア形成」「ポスドク職の序列と流動性の緩和」といったことであろう。日本のポスドク制度にも適用できるキャリア・モデルである。

3 「全米ポスドク協会」の組織と活動

アメリカが日本と異なるポスドク支援策を取っている事例が「全米ポスドク協会 (National Postdoctoral Association = NPA)」の存在である。NPAは、2003年にポスドクの身分待遇の改善や求められる資質などを検討するためにワシントン特別区に、NPO法人として設立されている[4]。2011年8月29日(月)に

ワシントン特別区に滞在し、NPAの女性事務局長であるフィリップス（Phillips, Cathee J.）にインタビュー（12:00–13:30）を行った。その際には、NPAの「FACT SHEET」（2010.9.27.）の資料を見ながらの説明であったので、その資料の内容も加えながら、インタビューの概要を述べることとする。

①NPAの会員：1,800人の個人会員と、180の機関加盟会員（約4万人のポスドク）。
②ポスドクの任期制：2006年から5年任期を厳格にする法律（American Compact Act.）が制定される。
③全米のポスドク数：NSFが2010年に最大89,000人と見積もっているが、それ以外にも約60％の外国人ポスドクがいるので142,000人となる。分野的には生物医学が最も多いが、社会科学、数学、コンピュータ科学、工学、人文学系でも多い。
④給与：平均で年間38,000ドル。
⑤ポスドクの平均年齢：30代前半で既婚者が多い。少なくとも一人の子どもを持つか、費用面を考慮して子どもを持たない者が多い。
⑥ビザ：J-1ビザが多い。H-1Bビザでは雇用機関が支払う経費が高くなる。
⑦ポスドク就職状況：49％が大学などの教育機関、41％がビジネスや産業部門、9％が政府機関に就職する。これまでは、コンピュータ科学や工学関係分野は簡単に就職が見つかったが、今は就職が難しく、ポスドク数も増えている。ポスドクの意味は、本来は学位取得後に質の高い訓練を受けて、よりよい仕事を見つけることを目的としたが、現状では就職ができないのでポスドクになると言う消極的な側面がある。
⑧ポスドクが増えた要因は？：海外から流入する外国人ポスドクが増えている。また、アメリカ国内では専任ではないパートタイムの教授職が増えていることも要因。
⑨ポスドク制度の問題点：時間外労働が週51時間にも及んでいるが、この時間外勤務に給与は支給されていない。
⑩全米で最も優れたポスドク制度の大学は？：プリンストン大学、ヴァン

ダービルト大学。カリフォルニア州のグラッドストーン研究所(Gradstone Institute)。
⑪ポスドクの組合を持つ大学：ラトガース大学。カリフォルニア大学(2009年)。ミシガン大学。ただし、組合を作ると指導教授との関係が難しくなる。大学の管理職などと交渉し、待遇改善した方が賢明である。

なお、NPAの組織や会員規約に関しては「全米ポスドク協会規程(Bylwas of the National Postdoctral Association)」(2009年12月30日制定)が詳しい(NPA, 2009-1)。

4　「全米ポスドク協会」のキャリア支援

(1) 活動方針

次に、NPAの活動内容について見てみよう。NPAの活動方針(Highlights of NPA's Effort)として、2010年9月27日の「FACT SHEET」に、以下のように明記されている。

①NIHやNSFによる「ポスドク規程」の公式採用。
②ポスドクがテニュア・トラックの教授職に就くことを支援する奨学金(NIHが支給)の確立。
③連邦法(American Competes Act)の制定。NIHが研究基金で支援されたポスドクに関するデータ収集の拡大を可能とし、NSFがメンタリング・プランをポスドク研究基金に申請する際に必要不可欠なものとして要求することを規定するもの。
④ポスドク事務所(Postdoctral Office)とポスドク協会(Postdoctoral Association)を設立する際に国内の多くの大学支援を求めること。
⑤ポスドク支援の資源開発。たとえば、研究の責任ある行為に関するツールの開発、ポスドク期間中のコア・コンピテンシーの概要の開発、外国人ポスドクの『サバイバル・ガイド』の開発など。

以上のような活動方針以外には、NPAは年次総会を毎年開催すること、2009年には「全米ポスドク感謝日 (National Postdoc Appreciation Day)」を設け、アメリカの科学研究におけるポスドクの貢献を称え、啓発するために制定している[5]。2010年からは9月20日から24日までに拡大されている (NSF, 2010.9.27.)。

(2) 活動の成果

2003年に創設されてから2011年までの期間で、NPAが重要な役割を果たした成果としては、以下のような内容が挙げられている (NPA, 2011-1)。

① NIHの「全米研究部門賞 (National Research Service Award ＝ NRSA)」受賞者に対する給与の3年連続の増額 (2009年1％、2010年1％、2011年2％)。
② 科学と工学分野におけるポスドク経験の向上 (2010年にNPAが科学、工学、公共政策に関する「全米アカデミー委員会」に提案し、決定されたもの)。
③ 2010年の「全米ポスドク感謝週間」(9月20日～24日) の制定。31州とカナダから87機関が参加。期間内に141のイベントを開催。2010年9月23日に合衆国下院議会が正式に「全米ポスドク感謝週間」を認定。
④ NSFによるポスドクの全米規模の定期的な調査。
⑤ NPAによるポスドクの「コア・コンピテンシー (Core Competncies)」の開発。専門的開発に関するポスドクと各機関に対するガイドラインの提供。
⑥ ポスドクに対する「カフマン財団の優秀、かつ新興のポスドク起業家賞 (The Ewing Kauffman Foundation Outstanding and Emerging Postdoctral Entrepreneur Awards)」の創設 (ポスドクによる起業家活動への特に優れた参加や研究を商品化した者が対象)。
⑥ 社会科学、行動科学、経済学分野におけるポスドクとスポンサーとなっている科学者に対するワークショップの開催 (当該分野におけるポスドク状況の理解と参加の拡大)。
⑦ 2010年3月の「ジェンダーとポスドクに関する全米サミット」の開催。女性ポスドクの待遇改善について討論。

以上がNPAの活動成果であるが、NPAにとっての最も重要な課題は、ポスドクの給与アップを中心とした身分・待遇の改善であろう。この点に関する最近のNPAの活動内容を確認しておこう。

(3) 身分・待遇の改善

　上記で指摘されたポスドクの身分・待遇の改善は、NPAが2003年に創設されて以来一貫して取り組んでいる問題がある。NPAは2008年5月8日にNIHが支給するポスドクの給与改善を求めている。NIHの給与水準は、他の研究所の基準ともなり影響が大きいためである。こうした提案は、「全米科学アカデミー（National Academy of Sciences）」も2000年に行った勧告と同じものである。全米科学アカデミーは、2000年に「全米研究部門賞（National Research Service Award）」を設定しているNIHに対して、ポスドク支援制度を通じてポスドクの給与を年10～12%引き上げ、新規採用ポスドクの目標給与を45,000ドルにすべきことを勧告している。NIHは、この時の勧告を受け入れると同時に、ポスドクの給付がこの目標額に達すれば、「引き続きインフレや生活費調整をスライドさせて上げていく」（Russo, 2008.5.1.: 129）と回答している。

　しかし、この回答は実現されていない。2002年度から数年間は給与も10%ほどアップはしたが、2007年度、2008年度は同水準にとどまっている。2009年度は、ブッシュ大統領がわずか1%アップに同意しているに過ぎない。現在、NIHのポスドクの初年度給与はわずか36,996ドルである。そこでNPAはNIHと交渉し、NIHが連邦議会に諮問したのである。現在、NPAでは連邦議員に書簡を送って訴えるよう職員たちに働きかけている状態である（Russo, 2008.5.1.: 129）。

　ただし、ポスドクの昇給が必ずしも仕事の満足度を上げる最善策とは限らない。「シグマ・サイ（Sigma Xi）」という科学協会が実施した調査結果によると、職場の満足度と給与水準とはあまり関係がないと報告されている。同協会によると、ポスドクの意欲を駆り立てているものは現在の給与ではなく、将来の雇用見通しである、というものである。仕事の満足度でより重要なのは、

「指導教官と一緒に新人ポスドクが携わることができる研修機会や将来計画の数」(Russo, 2008.5.1.: 129)といった要因である。ポスドクの待遇改善で難しい点は、大半のポスドクが任期2年程度であり、「給与や給費、労働条件といった問題に真剣に取り組むには不十分であり」(Russo, 2008.9.18.: 425)、わずかなメリットしか与えてくれない問題に時間を取ることは難しいということである。また、厳しい競争に晒され、絶えず最先端の研究成果研を出す必要があり、精神的な余裕もない。そうしたポスドクの声を吸い上げ、待遇を改善するのがNPAである。NPAのような組織は他国には例がない。

(4) ポスドク資質の開発

ポスドクの求められる資質に関しては、2008年4月にボストンで開催されたNPA年次総会で、ポスドクの「核となる資質(Core Competencies)」が果たす役割と目的について、活発な討論が展開されている。こうした討論が必要となった背景には近年のポスドクが単に学問的な世界のみならず、産業界、政府機関、非営利団体、起業家活動などの分野でも専門的な能力を生かすことを要求されているからである。要は、ポスドクの就職先の多様化は、必然的にポスドクに求められる能力・才能・技能・資質などの多様化を必要としているということである。そこで、NPAでは2007年に「NPAコア・コンピテンシー委員会」を組織し、ポスドクに求められる6つの「核となる資質」を決定している[6]。

同委員会は、この6つの資質を①「ポスドクによる自己評価の基盤」、②「メンター、各機関、他のアドバイザーによって評価を行うことができる訓練機会を開発する基盤」となりうるものである(NPA, 2009-2: 1)。6つの資質とは、「学問の特殊な概念知識」「リサーチ能力の開発」「コミュニケーション能力」「プロ意識・技能」「リーダーシップとマネジメント能力」「責任ある研究遂行」(NPA, 2009-2: 1)である[7]。しかしながら、議論の途中では反対意見もあったようである。反対意見は、医学や法律と異なり、こうした資質の基準を策定しても「多くの分野では研究者を認定する中心組織もないし、今後設立されるはずもない」(Russo, 2008.5.8.: 251)というもの、大半の大学院で

は既にこうした行動指針を奨励しているために、重複しているいう指摘などであった。確かに、全てのポスドクに共通する一般的な資質を構築しても、結局は異なる専門的分野で活躍するポスドクにとっては余り意味のない内容となろう。しかしながら、こうした資質に関する議論自体が、ポスドクのあり方それ自体を議論することにもなり、ポスドクの役割や重要さもより一層明確になるであろう[8]。

(5) 外国人ポスドクへの支援

アメリカで外国人ポスドクであることは相当な困難を伴う。「言葉の壁」から始まり、「カルチャー・ショック」「科学者としての生活に慣れること」「周期的なビザの問題」など数多い。NPAは、こうした問題を緩和し、支援するために活動を行っているが、たとえばNPAのHP上では「国際的ポスドクのサバイバル・ガイド (Interanational Postdoc Survival Guide)」(NPA, 2012) が作成されている。そのガイドには、アメリカに渡ってきた外国人ポスドクに対して、現在と過去のポスドク経験者の知恵や情報が掲載されている。たとえば、外国人ポスドクがビザを取得する場合の「クイック・ガイド」が掲載され、「J-1ビザ」と「H-1Bビザ」の説明と比較がなされる。また、「給与所得」については、「所得課税の初心者ガイド」において、外国人ポスドクが米国の税制の規則に関する基本情報が提供されている。

5 その他のポスドク・キャリア支援の提言

全米科学アカデミーも、2005年度に『自立への架け橋 (Bridges to Independence: Fostering the Independence of New Investigators in Biomedical Research)』という報告書を刊行し、ポスドク問題の解決策を提案している。この報告書の要点は、ポスドク自身が自らの研究遂行のためには資金を出来るだけ多く獲得し、研究責任者の下で働く時間を制限し、そのタイムリミットが過ぎたら別の形態の正規従業員になるべきである、と指摘している (Russo, 2007.10.25.: 1083)。以上のように、アメリカのキャリア支援は日本よりは進んではいる

ものの、アメリカでも不十分なことがわかる。確かに個別の大学では、ポスドクのキャリア支援は4割程度にすぎないが、それを補うような多彩なプログラムも用意されている。

　たとえば、大学教授の役割や業務を院生やポスドクに1年間にわたって体験させる「未来の大学教員準備(Preparing Future Faculty)」プログラム、8人の博士課程修了者による「ヴァーチャル・メンター(the Virtual Mentor)」、院生やポスドクの質問に回答するオンライン・システムの「学術の倫理学者(the Academic Ethicist)」、そして各大学で開催されるキャリア・シンポジウムやワークショップなども開催されている(AAU, 2005: 3)。とりわけ、「未来の大学教員準備プログラム」とは1993年にアメリカ大学協会と大学院協議会の支援によってスタートし、クラスターと呼ばれる大学の連合体が形成され、大学院生が各大学において担当教員の指導の下で、大学教員職を実践的に学ぶことが行われている活動のことである。こうした試みは、学部教育の質的向上をめざした現職大学教員対象のFD活動の一環としてだけでなく、その前段階を形成する「プレ・ファカルティ・ディベロップメント」とも見なされる(和賀, 2003: 84)。

　また、アメリカにはポスドクを研究者のみならず、教育者としても育成するシステムが各大学で行われている。アメリカの大学では、そうした観点から大学院時代からTA–RA–PD制度という一貫したシステムが構築されている。2006年のNSFの調査では、「科学・工学・健康分野」のポスドクが「教授(teaching)」を行う割合は9％と低いが、「社会科学(心理学を含む)」では23％に達している(Hoffer, 2008: 4)。特に、人文系では「教授」を重視し、ポスドクと大学専任教員をペアにして、「大学院生活と教授職の分離を交差させること」(Brown, 2011: 1)を意図している。つまりは、アメリカの大学では若手研究者に対する研究と教育の両面から育成するシステムを持つ大学が多数存在しているということである。わが国でも一橋大学や明治大学がポスドクに大学として授業担当を課していた事例はあるが、まだ稀有な例である。まずは、日本でも研究と教育の両面から若手研究者を育成するシステムの構築を検討すべきである。

6　ポスドク・キャリア支援の日米比較

　最後に、アメリカのポスドク制度の現状と課題を総括しながら、ポスドクへのキャリア支援の問題点に言及してみたい。アメリカのポスドク制度も、その待遇や任期期間中の能力・技能開発は未だ不十分ではあるが、近年、制度的な整備がようやく進みつつある。とくに、以下の点が日本とは異なる。

　第一には、ポスドクの待遇改善が大きく異なる。日米共に政府機関や公的機関から支給される給与は、それなりに高額ではあるが、一方で、日本のように無給、もしくはアルバイト程度のポスドクは存在しないようであるが、さらなる調査が必要である。また、給与以外の待遇改善として重要な問題が健康保険などの問題である。アメリカの場合は、現状ではポスドクの90％程度が健康保険の給付が行われ、さらには退職金に対する給付も50％程度行われている。日本の場合は、社会保険（健康保険・厚生年金）加入率（事業者負担の対象になっている者）などは2006（平成18）年で約6割程度に止まっているし、退職金に関する規程自体が存在しないのではなかろうか。日本のポスドクには人間としての基本的な権利すらも保障されていないことになる。特に、日本の場合は外国人ポスドクの待遇に関する調査を行うべきではなかろうか。

　第二には、アメリカのポスドクは、日本と違って政府機関や産業界で活躍する度合いが高いこと、若手研究者向けファンドの増加、大学とNSFやNIHなどとの連携によって研究者支援など多様な人材政策を展開している点に特徴がある。もちろん、アメリカでも近年ポスドクの就職難が発生し、その対応は後手に回っている。ようやく、ポスドクへのキャリア支援が開始されているに過ぎないが、NSFやNIHの国の機関やNPAなどがポスドク支援を行っている点が日本とは異なる。特にNPAのポスドクの求人・求職のネットワークは、日本でも参考とすべきであろう。

　アメリカ人と日本人ポスドクへのキャリア支援の差異は、常勤学術職へのキャリアパスが不透明なこと、民間企業への就職間口が狭いことが主たる要因ではなかろうか。一般的に指摘されていることではあるが、日本の場合はポスドクの能力や経験を生かせるようなポストが民間企業で不足している。

だとすれば、新たな専門的なポストを開発すべきではなかろうか。たとえば、アメリカのNSFの職員の多くが博士号を取得している点を参考にすれば、わが国でも文科省や他の省庁関係の研究機関にポスドクを増やすことを検討すべきである。その他には、NSFが提言するように、博物館、裁判所、立法府、シンクタンク、ジャーナリズムなどへの道も開くべきである。

　アメリカと比較した場合、日本のポスドク制度の最大の問題点は需要と供給のアンバランスを無視して量的拡大を追求した国の政策のあり方にある。日本のポスドクキャリア支援はようやく始まったばかりであり、解決策も模索状況にあるといえる。日本の問題点を考える際には、海外に渡った日本人ポスドクの声にも耳を傾けるべきであろう。たとえば、NIHに雇用されている日本人ポスドクが日本の問題点として挙げている点は、「日本での職探しが困難で、時間をかける必要がある」「日本の大学教員のあり方に疑問を感じる」「日本の研究環境は（自分には）合わない」「年齢的に日本で研究職を得られない」などの指摘があった（文科省・科学技術政策研究所, 2005: 29-31）。こうした指摘は、ポスドクが日本の大学や一般企業で常勤職を得ることの困難さ、ポスドクを支援する体制や情報不足、研究環境の不備などを指摘したものであり、今後の改善が必要となるものである。

〈注記〉

1　ただし、NIHが支援するのはポスドクだけではない。衛生研究関係であれば、ハイスクール生徒、大学生、大学院生、ポスドクや臨床関係のリサーチ・フェローなども支援する。たとえば、NIHにおける高校生・大学生・大学院生用の夏のインターン・シップでは千人以上の学生を受け入れている。大学院生用には「大学院パートナーシップ・プログラム（Graduate Partnership Program = GPP）」があり、世界の100大学を超える大学生を450人以上受け入れている。詳しくは、NIHのWEB (http://gpp.nih.gov.) を参照されたい。

2　2000年には日本人研究者も466人雇用され、外国人研究者数3,147人の中の約15％を占めている。466人の職務上の内訳は、ポスドクに加え、3年以上のポスドク経験を経てNIH職員となる「Visiting Scientist」も存在する。この職員の職種の内訳は、「Senior Investigator」「Investigator」「Staff Scientist」「Research Fellow」「Clinical Fellow」「Staff Clinician」の6種類である（文科省・科学技術政策研究所, 2005: 10-11）。この職種の中で、「Senior Investigator」はテニュア（終身在職権）を持つPI（Principal Investigator）と呼ばれる。

3　3日間の参加者は、メリーランド大学ライフ・サイエンス学部長のアレウェル (Allewell, Norma M.) 以下、74人である。参加者は、各大学の理系の科学者、アメリカ化学学会、化学雑誌、全米工学アカデミーの代表などである (NSF, 2003: 27-33)。

4　NPA創設の経緯は、7人のポスドクがスローン財団やDr.シュリマンカムらの支援を受けて設立したものである。

5　アメリカには「ポスドク感謝の日 (National Postdoc Appreciation Day)」が9月24日に制定されている。これは、全米ポスドク協会がアメリカの科学研究におけるポスドクの貢献を称え、啓発するために、2009年に制定したものである。初回には、70を超える大学・研究機関で、BBQなどの催しが実施された。ただし、2011年には終了している。

6　同委員会のメンバーは11人で構成されている。大学教員などの大学関係者が6人、全米アカデミーから1人、NPA関係者が2人 (NPA事務局長のCathee J. Philipsと前事務局長のAlyson Reed)、その他が2人である (NPA, 2009-2: 20)。

7　この6つの資質は、ポスドク自身が自己評価するようにもなっている。たとえば、「コミュニケーション能力」は「作文」「会話」「ティーチング」「対人関係」「特別な状況」の6項目が挙げられ、1 (要注意) から9 (十分に有能) 段階でチェックする。「学問の特殊な概念知識」は4項目、「リサーチ能力の開発」は6項目、「プロ意識・技能」は4項目、「リーダーシップとマネジメント能力」は5項目、「責任ある研究遂行」は6項目である (NPA, 2011-2)。

8　この年次総会には、NPAを資金面で支援するN.Y.の「アルフレッド・P・スローン財団 (Alfled P. Sloan Foundation)」のMichael Teitelbaum氏も参加し、NPA設立時を回想している。氏は、「立証されていないモデルの熱心な会員を引き付けるという挑戦だったため、最初はNPAが成功するかどうかは分からなかった」(Russo, 2008.9.18.: 425) とし、NPAの成長度、今日の自立した活動内容からすれば「嬉しい番狂わせだ」とも述べている (Russo, 2008.9.18.: 425)。

9　ポスドクの正確な実態把握を行うためには、今後は分野別の調査も必要となろう。「雇用型ポスドク」が所属する分野は機関によって大きく異なる。たとえば、「人文・社会」の分野では9割以上のポスドクが「大学」に属している。こうした所属機関に加え、分野別の年齢構成、男女比、外国人比率なども分野によって異なっている。

〈参考文献〉

北野秋男 2008「アメリカの若手大学教員・研究者養成の現状と課題―TA・RA・PD制度を中心に―」日本大学人文科学研究所『研究紀要』第75号, pp. 143-155.

北野秋男 2012「アメリカのポスドクターの現状と課題」日本大学人文科学研究所『研究紀要』第84号, pp. 55-70.

文部科学省・科学技術政策研究所 (第1調査研究グループ) 2005『米国NIH在籍日本人研究者の現状について』pp. 1-75.
　　http://www.nistep.go.jp/achiev/ftx/jpn/mat116j/pdf/mat116j.pdf [2012.1.28.取得]

文部科学省・科学技術政策研究所 (第3調査研究グループ) 2010『第3期科学技術基本計

画の主要政策に関する主要国等の比較』pp. 1-144.
和賀　崇 2003「アメリカの大学における大学教員準備プログラム―ファカルティ・ディベロップメントとの関連に注目して―」大学教育学会『大学教育学会誌』第25巻第2号, pp. 83-89.
AAU (Graduate and Postdoctoral Education Committee) 2005, "Postdoctoral Education Survey: Summary of Result", Association of American Universities, Washington D.C.: pp.1-35.
Brown, Ryan 2011"Postdoctral Fellowships in the Humanities Gain Importance in Career Paths", The Chronicle of Higher Education (2011.8.28.), pp.1-6.
Hoffer, Thomas B. and Grigorian, K. 2008 "Postdoc Partcipation of Science, Engineering, and Health Doctrate Reccipients"Info Brief,.National Science Foundation, pp.1-7.
NIH 2007 "Director Invests in Innovation, New Investigators"NIH News http://www.nih.gov/news/pr/sep2007/od-18a.htm[2012.12.2.取得]
NIH 2012 "Director's Early Independence Award," The NIH Common Found. http://commonfund.nih.gov/earlyindependence[2012.12.2.取得]
NPA 2009-1"Bylwas of the National Postdoctral Association", National Postdoctral Association,　pp1-13.
NPA 2009-2 "The NPA Postdoctral Core Competencies", the NPA Core Competencies Committee (2007-009), pp.1-20.
NPA 2010.9.27. "Fact Sheet"National Postdoctral Association, www.nationalposdoc.org (Phillips, Cathee J. より入手)
NPA 2011-1 "Highlights of NPA Accomplishments: 2003 to Present", National Postdoctral Association, (Phillips, Cathee J. より入手)
NPA 2011-2 "National Postdoctral Association (NPA) Core Competencies Self-Assessment Checklist", National Postdoctral Association. www.nationalposdoc.org/competencies. (Phillips, Cathee J. より入手)
NPA, 2012 "International Postdoc Survival Guide Introduction", National Postdoctral Association, http://www.nationalpostdoc.org…[2012.1.30.取得]
NSF 2003 "Postdoctoral Appointments: Roles and Opportunities: A Report on an NSF Workshop", May 11-13, 2003, National Science Foundation, pp. 1-41.
Russo, Gene　2007.10.25."nature jobs"Nature, Vol. 449, p. 1083.
Russo, Gene　2008.5.1"nature jobs"Nature, Vol. 453, p. 129.
Russo, Gene　2008.5.8"nature jobs"Nature, Vol. 453, p. 251.
Russo, Gene　2008.9.18."nature jobs"Nature, Vol. 455, p. 425.

第12章　諸外国のポスドク制度

〈ドイツのベルリン工科大学日本人ポスドク（30歳：理系）〉
　この年で自分の研究室を持てるなんて、日本では考えられなかった。ドイツでは外国人にもチャンスがある。……資金は、独政府の研究資金を外国人研究者に配分している「アレキサンダー・フォン・フンボルト財団」が支援する。井上さんは同財団の若手向け支援プロジェクトに応募し、日本人で初めて選ばれた。研究室の運営資金として、5年間で165万ユーロ（約1億8,000万円）が支給される（『毎日新聞』2010.8.10.）。

1　ドイツに渡った日本人ポスドク

　上記の日本人ポスドクは、2010年に30歳の若さでベルリン工科大学化学科で研究する井上茂義さんである[1]。井上さんは、「日本では博士号を持っていても、終身の研究職に就くのは難しい。キャリアアップするには外国に出る方がいいと思いました」（『毎日新聞』2010.8.10.）として、ドイツで研究生活を送ることを決断する。井上さんが受領した資金は、ドイツ政府の研究資金を外国人研究者に配分する「アレキサンダー・フォン・フンボルト財団（Die Alexander von Humboldt-Stiftung）」が提供している[2]。この30歳の日本人ポスドクは、同財団が日本国内で公募した若手向け支援プロジェクトに採用された初の日本人研究者である。このベルリン工科大学化学科に在籍する30歳の日本人ポスドク研究者は、自らの研究室を持つ。ポスドクの立場で研究室を持つことなど日本ではあり得ないことである。
　フンボルト財団は、この日本人研究者に対して、研究室の運営費として5

年間で165万ユーロ(約1億8,000万円)という破格の資金を提供している。5年間で成果を出せば、終身ポストを得られる可能性もある。それだけではない。フンボルト財団は、この日本人研究者に生活費として2年間にわたって月額25万円の奨学金に加え、家族手当、国内外への旅費、ドイツ語講座の受講手当まで支給する。2年後には、先の運営費から給与も支給される。また、大学院生として同じ研究室に所属する妻にも月額15万円の「報酬」も支給される。ドイツの大学は留学生や外国人研究者の受け入れに積極的であり、ドイツ連邦教育研究省(BMBF)は、研究拠点としてのドイツを強化し、若い才能を育成し、研修生や学生、研究者らの国際交流を活発化させることを目指している。ベルリン自由大学(公立大学)は、2007年に国際化を推進する重点校にも指定されている。学生数約32,500人の中で外国人比率は15%、博士課程の比率は25%にも達する。同大学内の「ウエルカム・センター」は、外国人の大学院生を家族ごと支援(住居、保育所、外国人登録の申請など)する(『毎日新聞』2010.8.10.)。

　ドイツだけでない。本章でも述べるが、欧米には外国人ポスドクにも手厚い支援を行う国がいくつもある。何故なのか。それは、世界から優秀な人材を集め、国の将来を託せる科学技術の開発・発展に真剣に取り組んでいるからに他ならない。世界の先進的な大学には多くの留学生、外国人研究者、外国人教員が集まる。一方、日本の大学・研究機関に所属する外国人研究者は2001年度で10,337人である。これは「研究」と「教授」の在留資格を持つ者であり、「研究」が3,141人、「教授」が7,196人である(科学技術・学術審議会人材委員会, 2003: 19)。また、ポスドクや大学院生は調査対象にはなっていないが、わが国が受け入れている外国人研究者数は2008年度で39,817人、2009年度で41,251人であるが、その中の約3分の2は「30日以内の短期滞在者」である(文部科学省, 2010)。

　日本の大学がいかに国際化していないかは、留学生だけでなく大学における外国人教員比率を見れば一目瞭然である。日本の大学における外国人教員比率は5.1%にすぎないが、世界の先進的な大学では30%を超える大学が多い。たとえば、スイス連邦工科大学は50%、英国のケンブリッジ大学

41.4%、オックスフォード大学38.1%、アメリカのUCバークレー30.4%、イェール大学25.4%、ハーバード大学25.2%となる(文部科学省, 2008-2: 12)。要するに、欧米に比べると、日本における外国人学生や研究者の比率は極端に低く、大学・研究機関が国際化していない状況を物語るものとなっている。こうした日本の研究環境を考えながら、本章では、アメリカ以外の諸外国におけるポスドク制度の実態を検討してみたい。日本と諸外国の大学院制度の違いから確認してみよう。

2 日本と諸外国との大学院比較

まずは、アメリカを除いた諸外国の大学院学生数を比較的な視点から見てみたい。文部科学省『教育指標の国際比較』(平成20年版)によれば、2004年における大学院の学生数と学部学生に対する各国の比率は〈表2-12-1〉のようになる。

この統計から判断できることは、日本の大学院進学率や大学院規模は欧米と比較しても低い水準にあることであろう。日本の大学院生の割合を欧米と比べると半分程度、韓国とも比べても相当に低いことがわかる。

(2) 諸外国の学位取得状況

文部科学省『教育指標の国際比較』(平成20年版)によれば、諸外国の学位

〈表2-12-1〉2004年度の大学院学生数と学部学生に対する比率

国名	大学院生数 (フルタイム／パートタイム)	学部学生に対する大学院生の比率 (フルタイム／パートタイム)
日本	244,024人	9.7%
アメリカ	1,276,923人／2、426,587人	14.3%／16.9%
イギリス	22,7千人／53,8千人	21,6%／42,9%
フランス	523,466人	68.3%
韓国	276,918	13.5%

＊アメリカとイギリスにはフルタイムとパートタイムの院生が存在する。
出典：文部科学省, 2008-1.

取得者の専攻分野別構成は、〈表2-12-2〉のようになる。

人口100万あたりの博士号取得者の割合が最も高い国がドイツの317人で、最も低い国が中国の38人となる。日本は、137人となり、アメリカの173人やフランスの149人と比較するとやや低い水準となる。先進国の中では、ま

〈表2-12-2〉諸外国の学位取得者数

国名（年）	博士号取得者数	理工農系	人口（2008年）
日本（2005）	17,396	7,149	1億2,700万人
アメリカ（2004）	52,631	19,943	3億472万人
英国（2005）	16,500	8,700	6,137万人
フランス（2005）	9,541	5,707	6,450万人
ドイツ（2005）	25,952	10,242	8,201万人
ロシア（2005）	4,282	1,854	1億4,190万人
韓国（2005）	8,909	3,814	4,861万人
中国（2008）	49,698	不明	13億2,802万人

＊中国の博士号所得者数はNature（Cyranoski,2011:2）記事による　出典：文部科学省,2008-1.

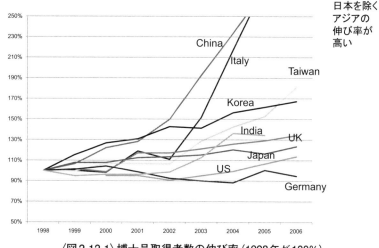

〈図2-12-1〉博士号取得者数の伸び率（1998年が100％）

出典：松本, 2010: 6.

だ博士号所得者数は少ないと言える。さらに、博士号取得者数の伸び率を科学 (science) と工学 (engneering) に限定し、1998年を100％として比較したものが〈図2-12-1〉である。日本を除くアジアの伸び率が極めて高いことが判明する。

(3) 高等教育における諸外国のGDP比較

また、主要各国における研究費を文部科学省2011『科学技術要覧：平成

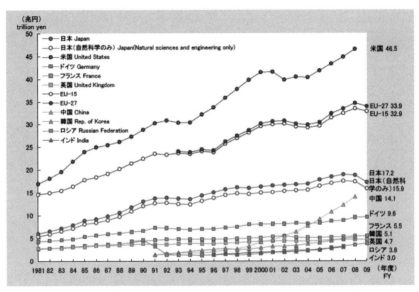

〈図2-12-2〉主要国等の研究費の推移（OECD購買力平価換算）

注）1. 各国とも人文・社会科学が含まれている。ただし、韓国の2006年度までは人文・社会科学が含まれていない。なお、日本については自然科学のみの研究費を併せて表示している。
2. 米国の2008年度の値は暫定値である。
3. ドイツの1982、1984、1986、1988、1990、1992、1994-96、1998、2009年度の値は推計値である。
4. フランスの2009年度の値は推計値である。
5. 英国の2009年度の値は暫定値である。
6. EUの値はEurostatによる推計値である。
7. インドの2006、2007年度の値は推計値である。

資料：日本：総務省統計局「科学技術研究調査報告」
　　　EU：Eurostat database
　　　インド：（研究費）UNESCO Institute for Statistics S&T database
　　　　　　　（購買力平価）The World Bank「World Development Indicators」
　　　その他の国：OECD「Main Science and Technology Indicators Vol 2010/2」
　　　OECD購買力平価：OECD「Main Science and Technology Indicators Vol 2010/2」（以下略）
参照：日本 15-1、米国 25-1-1、EU-15 25-2-1、EU-27 25-2-2、ドイツ 25-3-1、フランス 25-4-1、英国 25-5-1、中国 25-6-1、韓国 25-7-1、ロシア 25-8-1、インド25-10

出典：文部科学省, 2011:3.

第二部　諸外国のポスドク制度の現状と課題　257

23年版（各国の科学技術）』で確認しておきたい。1981年から2009年までの推移を確認すると〈図2-12-2〉のようになる。

　この図は、2009年におけるアメリカの研究費が46.5兆円、EU-27が33.9兆円、日本が17.2兆円であることを示している。この研究費を国内総生産（GDP）比で見てみると、同じく2009年で日本は3.64％、アメリカは2.79％、EU-27は2.01％となる（文部科学省, 2011:4）。しかしながら、日本の研究費がGDP比率で世界で最も高い理由は、民間企業が約8割を負担し、政府が2割だからである。〈図2-12-3〉は主要国の研究費の負担の割合を示したもので

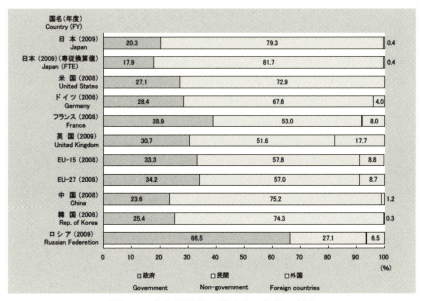

〈図2-12-2〉主要国等の研究費の負担の割合

注）1. 各国とも人文・社会科学が含まれている。なお、日本については専従換算値の値を併せて表示している。
　　2. 日本の専従換算の値は、総務省統計局「科学技術研究調査報告」の研究費のうち、大学等の研究費の人件費に文部科学省「大学等におけるフルタイム換算データに関する調査」（平成20年）のフルタイム換算係数を乗じて試算している。（以下略）
　　3. 負担割合では政府と外国以外を民間としている。
　　4. 米国、英国の値は暫定値である。
　　5. EUの値はOECDによる推計値である。
資料：日本：総務省統計局「科学技術研究調査報告」
　　　その他の国：OECD「Main Science and Technology Indicators Vol 2010/2」
参照：日本 15-4、米国 25-1-3、EU-15・EU-27 25-2-4、ドイツ 25-3-3、フランス 25-4-3、英国 25-5-3、中国 25-6-3、韓国 25-7-3、ロシア 25-8-3
出典：文部科学省, 2011:4.

あるが、政府負担は世界では最も低い。

次に、文部科学省『教育指標の国際比較(平成22年版)』において、2006年度におけるGDPに対する高等教育費の比率を確認すると、アメリカ2.9%、カナダ、2.7%、韓国2.5%となるが、日本は1.5%で比較的低い国となる(文部科学省, 2010: 40)。しかも、日本は公財政支出が0.5%で、私費負担が1.0%である。さらに、一般政府総支出に占める高等教育の割合は、1.7%に過ぎず、アメリカ3.9%、カナダ4.1%、韓国2.2%などと比べても、断然低い数字となる(文部科学省, 2010: 42)。ポスドク問題を考えるとき、日本においては世界の先進諸国並みの高等教育への予算の増額が不可欠ということになる。次に、アメリカ以外の各国ポスドク事情を考察してみよう。

(4) 諸外国のポスドク給与

上記では各国のGDPに対する高等教育費への負担率を見てみたが、このことはポスドク支援にも深く関係する。つまりは、支援するポスドクの数や給与の差となって反映されるからである。日本も含めて諸外国のポスドク給与は政府、財団、民間企業などが負担する。欧米各国の近年のポスドク年間給与は、京都大学キャリアサポート・センターの調査結果を参照すると以下のようになる。ただし、この調査は各国の大学・研究機関などの個別調査であり、あくまでも参考程度のものである(京都大学キャリアサポート・センター, 2010: 21)。日本の学術振興会特別研究員は約1,600人程度が採用されている

〈表2-12-3〉各国のポスドク年間給与

日本：日本学術振興会特別研究員(PD) 4,440,000円(研究費150万円)	
アメリカ：37,000ドル(初年度)～51,000ドル(7年目)	(296万円～408万円)
英国：28,000ポンド(初年度)～36,000ポンド(最高額)	(364万円～468万円)
フランス：20,000ユーロ～27,000ユーロ	(216万円～292万円)
ドイツ：24,000ユーロ	(259万円)
中国精華大学：36,000～40,000元	(44万円～49万円)

＊1ドル80円で計算。1ポンド130円で計算。1ユーロ108円で計算。1人民元は13円で換算
＊中国精華大学については寺岡(2008)を参照。

が、欧米並みか、それ以上であることが判明する。決して低い金額ではないが、問題は、その中味である。すでに第11章の「ポスドク・キャリア支援の日米比較」(p.248)において、日本のポスドクの社会保険などの加入率が低いことを指摘した。再読して頂ければ幸いである。

3　EU各国のポスドク制度

　EU加盟国を含む欧州29カ国は、1996年6月に「ヨーロッパ高等教育圏(The European Higher Education Area) の構築」を目指して、1999年には「ボローニャ宣言」が発表され、2010年までに加盟国間の単位互換制度、学生・教員の流動性の促進、高等教育の質保障などを目指している。大学院博士課程の院生やポスドクなどの若手研究者支援は、「マリー・キュリー・アクション(Marie Curie Actions)」という訓練プログラムにおいて、原子力などを除く全ての学問分野における若手研究者の人材交流や研究者としてのキャリア形成が支援されている (J-BILT, 2011: 3)。

　マリー・キュリー・アクションには助成対象により8つの組織があるが、共通点は博士課程入学、もしくは博士号取得からフルタイムの研究経験が4年未満の若手研究者に対して、2～4年程度の支援を行っていることである。この助成の対象は「博士課程院生」(4年以下の研究経験)、「ポストドクター」(4-10年の研究経験)「シニア・ポストドクター」(10年以上の研究経験)に区分され、個人でも研究機関でも応募できる[3]。日本から応募し選抜される若手研究者もいる。このマリー・キュリー・プログラムは、1996年に創設されたベルギーのブリュッセルに協会本部(The Marie Curie Fellows Association ＝ MCFA)を置き、UE内の若手研究者の流動性を促進する目的で作られている。約17億ドルの予算で、8,500人の若手研究者の支援をおこなっている。

　EU全体では、とくにポスドク支援を直接的な目的としたプログラムはないが、「欧州研究会議(European Research Council:ERC)」は2007年から博士号取得後2年以上10年未満の研究者に対して、研究資金支援「スターティング・グラント(Starting Independent Researcher Grant)」を支給している[4]。採択された研

究者は、5年間で最大200万ユーロの資金が提供される。2007年度は299件、2008年度は237件の申請が採択されている（文部科学省・科学技術政策研究所，2010: 115）。次に、EU内の各国のポスドク支援の状況を確認しておこう。

(1) イギリスのポスドク制度

　イギリスの高等教育は学士課程が中心であり、大学院は学士課程の付随的・補填的なものとして発展した歴史を持つ。従って、大学における研究活動は教育活動の下位と見なされ、博士課程の整備や学位授与の制度が遅れた要因ともなっている[5]。しかしながら、1980年代からは高等教育の大衆化政策の中で大学院改革が行われ、現在「40の旧ポリテクニクを含む約100大学が博士号を授与」している（秦, 2009: 30）。その結果、今日のイギリスでは学部教育を終えて1-2年で修士号を取得し、最低3年間の研究生活を経て論文を提出する。口頭試問に合格すれば博士学位が授与される。この博士号は、下級博士学位と上級博士学位に区分されるが、上級博士は当該分野で顕著な業績を挙げた者に授与される。

　イギリスでは、1980年代以降になると大学・大学院に進学する学生が急増し、2000年にはフルタイムとパートタイムの院生の総計が約56万7千人であったが、〈表2-12-1〉でも示したように2004年には76万5千人にまで増加している[6]。博士号取得者も2008年には16,500人に達している（文部科学省, 2008-1）。イギリスでは、こうした大学院の量的増加を受け、とりわけ博士課程在学者に対するいくつかの「協同奨学金 (Collaborative Doctoral Studentships)」が設けられ、各大学を通じて給付金が支給されている。一例を挙げれば、「博士課程院生訓練給付金 (Doctoral Training Grants)」は4年間にわたって博士課程院生に対して教育資金を提供するものである。また、博士号取得者に対しては、就職を円滑にし企業における質の高い研究開発を提供するために専門知識以外のマネジメント・金融などに必要な能力獲得のための講習制度が設けられている。

　イギリスでは、国内の大学や研究機関の研究・教育プロジェクトに対して基金を交付する機関である「リサーチ・カウンシル (Research Council)」の支援

〈表2-12-4〉2003－2005年における Ph.D.所得者の常勤・非常勤の内訳

年度	英国内常勤	英国内非常勤	総計	英国外EU常勤	英国外EU非常勤	UE外常勤	EU外非常勤	合計
2003	6,670	2,570	9,240	1,560	345	3,110	615	14,870
2004	6,910	2,735	9,645	1,500	305	3,265	535	15,250
2005	6,870	2,770	9,640	1,700	365	3,460	610	15,775

＊秦（2009:35）が作成した表を参考に筆者が修正などしたものである。
＊2003-2005年に英国内各大学を卒業予定のPh.D.研究者数（単位：人）
＊文部科学省の統計では、英国の博士号取得者数は2005年は、〈表2-12-2〉でも示したように16,500人である。

を受けたポスドクが約1万人ほどいるが、「低い給与」「劣悪な条件」「任期付きの雇用」などが一般的であり、しかも約20％ほどしか常勤学術職に就いていない（DTI, 2002: 51-52）。そこで、政府はポスドクに対する支援や待遇改善として、「2005-06年までに、ポスドクの給与を平均4千ポンド（月額）までに増額すること」「高等教育機関や産業界で活躍できるようにポスドクに対するキャリア支援を行うこと」「5年間にわたるフェローシップ1,000人分を新設すること」（DTI, 2002: 52）などの施策を講じている。

イギリス国内における学位取得者（Ph.D.）の就職状況は、学位取得者数の増加と共に厳しさを増している。〈表2-12-4〉は、2003年から2005年までの英国高等教育機関（HEIs）を修了見込みの最終学年のPh.D.研究者における常勤・非常勤の推移を示したものである。

イギリスの高等教育事情に詳しい秦によれば、2006年のPh.D.研究者15,775人の中で常勤職を得た者（英国内・UE・EU外）は12,030人（76％）、非常勤となった者（英国内・EU・EU外）は3,745人（24％）である。常勤職を得た者が全体の約8割となっており、日本やアメリカなどと比べれば、Ph.D.取得後のイギリス人研究者の就職率は高い。特に、2005年における英国人Ph.D.修了者の失業率はわずか3.6％に過ぎず、雇用は安定しているといえる。また、英国内のPh.D.修了者は約半数が教育分野に就職し、残りの半数が製造業、財務、商業、IT、医療、行政職などに就職している（秦, 2009: 37）。ただし、常勤職を得た者の中で高等教育機関でポスドクとなった者は22％存

在していることも忘れてはならない。

(2) ドイツのポスドク制度

ドイツは、2005年には25,952人の博士号取得者を生みだし、EU最大の数を誇っている。博士号取得の平均年齢は2005年で33歳であり、大学卒業者中の博士号取得者の割合が高い分野は「医学・保健」(71%)「獣医学」(64.1%)「数学・自然科学」(30.7%)「農学・林業・栄養学」(21.6%)などである(文部科学省, 2011: 90)。人口100万人あたりの博士号取得者の割合も317人で、世界最高でもある。しかしながら、ドイツでも大学の常勤職に就くことは相当に困難であり、多くは一般企業の研究職に就職する。大学に残る研究者が少ない理由は、ドイツでは研究職に就くまでの期間が長いこと、給与が低いことなどが指摘される(Cyranoski, 2011: 4-5)。これまでのドイツの高等教育機関の特徴は、日米のような大学院教育が存在せず、学士課程を終えた段階で十分な研究能力を身につけることが求められたことである。また、学位取得に向けた体系的なプログラムが用意されているわけでもない。多くの博士志願者は、大学の指導教授と接触を持つことなく自宅で研究を継続する(クラーク, 1999: 35)。大学で博士号を取得した後には、助手や学術協力者などとなり、その間に大学教授資格取得を行う。ドイツでは、一般的には教授(日本における講師・助教授に該当する者も含む)のみが独立した教育・研究活動を認められ、それ以外の教員には独立した教育・研究活動が認められていない[7]。

ドイツの大学教授は、原則的に博士号取得後に8～10年かけて取得する「大学教授資格(Habilitation)」が求められており、教授資格の取得は40歳前後となる。このため、2002年に「高等教育大綱法」が改正され、6年以下の任期でも独立した研究活動が認められる「准教授(junior professor)」ポストを新設し、「大学教授資格」制度は削除され、原則として准教授の在職経験を教授の採用条件としている[8]。ただし、「大学教授資格」が廃止されたわけではなく、大学教授資格は各州の大学法で規定されている。

この制度のモデルはアメリカと言われ、30代前半の若手研究者に研究・

教育の機会を提供することを意図したものである。准教授は、教授会への参加、研究費の申請、博士論文の審査など教授と同様の権利が与えられるものの、同時に週6時間の講義、修士および博士論文の指導、研究室の予算管理、学部運営など、教授と同等の義務も持つことになっている。准教授の任期は最長6年間であり、任期期間中に講義などの教育能力、論文数などの研究能力、研究費の取得状況など総合的に評価される。途中の3年目には、その後の任期の継続が適切か否かも判断される。大学教授資格(Habilitation)の取得者数は、2002年には2,302人であったが、それ以降は次第に減少し、2009年には1,820人となっている(文部科学省, 2011: 88)。そこで、ドイツ連邦教育研究省(BMBF)は近年では若い研究者を育成し、研修生・学生・研究者らの国際交流を活性化することを目指している。冒頭の日本人ポスドクの事例のように留学生や外国人研究者の受け入れにも積極的である[9]。

　ドイツのポスドク制度は、助手制度廃止に伴い3年以下の支援を行うものである。ポスドクを含めた若手研究者支援は、博士号取得を目指す学生向けに最長2年間の支援を、博士号取得者には研究テーマの変更に対する支援として「フェローシップ」制度がある。「スタッフ・ポジション」と呼ばれる支援は、研究プロジェクトを立ち上げるための資金援助と研究プロジェクトの継続支援を目的とする。「独立した若手の研究グループ」は、2〜4年のポスドク経験者が国際的な研究経験(最低1年間)も加味され、若手の研究グループを組織する際に支援される。また、独立した若手研究者が共同研究や研究ユニットを構築して研究を行うことも可能である(文部科学省・科学技術政策研究所, 2010: 131-132)[10]。

　さて、ドイツには日本学術振興会「ボン研究連絡センター」(小平圭一センター長)があり、2014年9月2日に同センターを訪問し、センター長とドイツのポスドク制に関して意見交換を行ったが、その内容は次のようなものである。ドイツには日本のような無給やアルバイト程度のポスドクは存在せず、社会保障制度も整備されている。ポスドクには教員資格があり、講師という名の非常勤となる者もいるようである。現状では、ドイツでもポスドクの就職は難しくなっているが、それでも企業などへの就職も多い。小平センター

長は、日本の学術体制の問題は「研究成果ばかりを追い求め、人材育成を忘れている。人材の消耗をしているに過ぎない」(2014年9月2日インタビュー)と指摘する。ドイツの学術体制から学ぶべき点は多い。

(3) フランスのポスドク制度

　フランスでは2002年に、「ボローニャ宣言」に対応した新たな高等教育制度と学位制度が導入され、「学士(licence)」、「修士(master)」、「博士(doctrat)」の名称が付与されている。フランスの高等教育も、日本同様に大衆化の時代を迎え、1960年には約31万人だった高等教育在籍者総数は、2000年には7倍の216万人に達している。同じく、2000年度における大学院生数は214,326人であり、2005年の博士号取得者数も9,541人にもなっている。フランスの博士課程は、修士課程に相当する最初の2年間で専門的な研究への基礎固めと位置づけられ、残る3年間で博士論文を完成させることになる。その3年の間に、最低6ヶ月間は外国で研究を行うことも求められる(大場, 2009-1: 51)[11]。

　フランスの博士号取得者は年間9千～1万人程度であるが、そのうち大学に就職できる者は20～30％程度である。残りは産業界などへ就職する。フランスのポスドクも、日本のような無給やアルバイト程度の名目上のポスドクは存在しない。フランスではファンドを獲得した大学教授がポスドクを雇用する。その際には、社会保険などは自動的に加入するが、加入しないと制度的には働くことができない仕組みになっている。フランス国家全体のポスドク数は、政府の「研究開発局」でも十分に把握できていないし、ましてや各大学も把握していない。現在、フランスにおいてもポスドクの数は増加し、就職難の傾向にある。ただし、2014年9月1日に訪問した日本学術振興会「ストラスブール研究連絡センター」の宮本博幸センター長によれば、フランスでは日本のように一大学にしがみついて空きポストを待つようなことはなく、他の大学に移るか、企業など新たな分野への挑戦が見られるという(2014年9月1日インタビュー)。

　フランスのポスドクの平均雇用期間は18ヶ月であり、2年まで延長可能

である(京都大学キャリアサポート・センター,2010:22)。つまりは、フランスでも博士号取得者の就職は困難さを増し、国家を挙げて支援する体制が構築されていることになる。2006年に制定された省令「2006博士省令」では、博士号取得者を研究者としてだけでなく産業界への就職に向けて準備させること、就職支援のための方策、技術革新方針の策定、博士号取得者の雇用促進を目的とした経済・社会との連携などを規定している。

　フランスにおける博士号取得者に対する支援は、40歳以下の若手研究者がより自立的な研究が可能となるように、3年間にわたり研究費を付与する公募型研究制度(協調推進策)が整備されている。同制度は、国と提携した企業において博士号取得を準備している若い技術者が、企業の研究の枠内で実践的な研究を行いながらその学位の取得を支援するもので、この研修にかかる費用を補助(通常3年間)する制度(研究を通じた育成のための企業との協定制度)といった若手育成のための政策も設けられている。

4　中国のポスドク制度

(1) 大学院と博士号取得者

　中国では1978年に始まった改革開放後、国家政策として「科教興国」(科学技術と教育によって国を興す)「人材強国」という戦略が打ち出され、大学院教育の整備・発展が目指されている。1980年2月には「中華人民共和国学位条例」が公布され、ようやく中国の大学院教育と学位審査制度の基本が完成した[12]。ただし、中国では修業年限3年間を基本とする修士課程が独立した完成教育段階として位置づけられている。中国で修士号・博士号の学位授与が可能な機関は、2006年で高等教育機関(中央省庁所属と地方政府所属)が450校、中国科学院・中国社会科学院などの独立した研究機関が317カ所ある。大学院生の数は2006年の『中国教育統計年鑑』によれば、修士課程が896,615人、博士課程が208,038人となっている(黄・李, 2009: 84,86)。そして、2009年には約5万人の博士が誕生し、分野によってはアメリカを抜いて世界一の博士号授与国となっている(Cyranoski, 2011: 2)。ただし、中国の大学院の中心は中

央省庁所属のエリート大学であり、博士課程院生の約64％が中央省庁所属の大学院に属している。中国の最大の問題点は、「大学院修了生の質が低いことである」(Cyranoski, 2011: 2)。

中国の大学院生は、「公費生」と「自費生」に区分されるが、院生全体の半数以上(56,5%)が「公費生」である。博士課程の院生は「公費」と「委託養成」(企業や国家機関が募集)の割合が88,4%となる。つまりは、中国の博士課程院生は政府の「人材強国」戦略の中核であり、ほとんどが政府から何らかの支援を受けていることになる。博士課程の院生の就職先は、2003年の調査によれば、卒業者数2,426人の中で「大学・研究機関」への就職は1,621人(67%)という高い数字を占めている。その他には、「国有企業」が312人(13%)、「中国共産党・政治団体・政府部門(公務員)」が125人(5%)などとなっている(黄・李, 2009: 98)。

(2)「国家中長期科学技術発展企画綱要」における若手研究者育成

2006年、中国では「国家中長期科学技術発展企画綱要」(2006～2020年)という15年計画の中で、経済社会の発展と国防建設などを目的として、優秀な各種の科学技術人材を育成することを打ち出している。その際の基本認識は、新中国成立後50数年を経て、中国の科学技術事業が大きな成果を挙げたというものであるが、「同時に、我が国の科学技術全体のレベルは、先進国と比較してまだ大きな差があることをも認識する必要がある」と指摘する(中国, 2006)。そして、2006年以後の15年間の科学技術上の重要目標としては、「自主創新能力を顕著に高め、科学技術によって経済社会の発展と国の安全保障の能力を顕著に高め、小康社会の全面的な建設における力強い支柱とする。基礎科学と先端技術分野の研究における総合的実力を顕著に高め、世界に重大な影響をもたらす研究成果を複数上げ、創新型国家の仲間入りをし、今世紀中頃に世界の科学技術強国になるための基盤を固める」(中国, 2006)というものである。具体的な目標も8つ掲げられているが、とりわけ学術研究体制としては「世界で一流の科学研究機構と大学、及び国際競争力ある企業研究開発機関を設立し、中国の特色のある国家創新体系を形成す

る」ことが述べられている。そして、こうした目標を実現するためには、中国の科学技術体制を支える研究者の育成が「最も重要な戦略資源」と位置づけ、以下の点を指摘する(中国, 2006)。

「1. 世界最前線レベルの高度な専門家の育成の加速」

　重要科学研究、その設立プロジェクト、重点学科、科学研究基地、及び国際的な学術交流・協力プロジェクトの実施を通じて、学術分野のリーダー育成に力を入れ、積極的に創新人材グループを組織する。戦略科学者、科学技術のマネージメント専門家の発掘、育成を重点的に進める。重要コア技術領域の高級専門家に対して特別な政策を実行する。科学研究における年功序列と目先の利益を追う現象の排除を更に進め、中青年の高級専門家を迅速に育成する。職名制度、院士制度、政府特殊手当制度、ポスドク制度等の高レベルの人材制度の改革を進め、高級専門家を育成・選抜する制度体系の構築を更に進めて、優秀な人材を大量に発掘する。

　その他は「2. 創新人材の育成に資する教育体系の構築」「3. 企業による科学技術人材の育成及び確保の支援」「4. 留学生及び海外の高レベル人材の誘引力の強化」「5. 創新人材を育む文化環境の構築」なども挙げられており、中国の力強い意気込みが感じられる。

　最後には、「創新型国家建設のために、我が国の科学技術の発展の雄大な青写真が実現するよう奮闘しようではないか!」という国民を鼓舞する言葉で締めくくられている。

(3) ポスドクの現状

　中国の科学技術体制は、国家総動員体制とも呼ぶべき力強いものであり、とりわけ優秀な若手研究者の育成には大学と研究所が協力し、研究型人材を育成することが目指されている。企業もハイレベルな科学技術人材を雇用し、育成するだけでなく、大学や研究所の科学技術者が企業で兼職し、技術開発を行うことも明記されている。さらには、海外に留学した優秀な人材や海外にいるハイレベル人材を帰国・就職させることも目標として掲げている。国

を挙げて国内外から優秀な人材を集め、科学研究体制を構築する意図が伺える[13]。

　中国のポスドクは、3～5年間の任期付きの雇用形態が一般的であるが、任期終了後に解雇されることはほとんどない。契約の延長か、他の職務に就く場合が多い。ただし、ポスドクの訓練期間としては十分とは言えず、ポスドクの管理者もシステムも不十分なものである(Cyranoski, 2011: 2)。中国のポスドクは、まずは中国国内の大学・研究機関・企業などに設置されている「ポスドク・ステーション」に在籍するが、2008年の時点で大学・研究機関が設置する「ポスドク科学研究流動ステーション」が1,796ヵ所、企業に設置されている「ポスドク科学研究工作ステーション」が1,309ヵ所も設置されている。この「ポスドク・ステーション」は、1985年にノーベル賞受賞者である李政道教授の提言に基づき、ポスドク人材の活躍の場として設置されたものである(JST, 2011-1)。ポスドク・ステーションは人事部(現人力資源・社会保障部)管轄の政策であり、在籍するポスドクには国から直接給与が支給される。

　ポスドク数は、2007年の時点で総数が51,768人であり、このうち企業に在籍するポスドクは5,123人である(JST, 2011-1)。ポスドクは、原則3年間、このステーションに在籍でき、任期終了後は他のステーションに移ることもできるが、出身大学のステーションには在籍できない。ポスドクへの給与は、中国政府の人事部(人力資源・社会保障部)から約20％程度が直接支給されるが、残りは所属するポスドク・ステーションの科学研究プロジェクトから支給されている。現状では、中国経済や社会の発展を背景として、ポスドクの就職難は起きていない。

5　日本の外国人ポスドク支援

　第三期科学技術基本計画(平成2006年度～2010年度)は、イノベーション実現のための人材育成に力点を置き、「外国人研究者が活躍できる環境整備」を目標に掲げている。また、日本学術振興会は2010年度に日本への渡航費や滞在費(月額362,000円)などを支給する「外国人特別研究員制度」の枠を300

人分用意している。こうした結果、日本でもポスドクに占める外国人割合は増加傾向にある。2004年度と2006年度の文部科学省調査によれば、日本における外国人ポスドクが占める割合は約4分の1程度である〈表2-12-5〉。

　2006年度における分野別では、「ナノテクノロジー・材料」が約38%と最も高く、「人文・社会」が約13.4%と最も低い。しかし、問題は外国人ポスドクが全体の約24%も占めていることではなく、その給与、身分、保険などの待遇の問題である。まずは、日本の外国人ポスドクの実態調査を行うべきであろう。

〈表2-12-5〉ポストドクターに占める分野別外国人比率（2004年度と2006年度）

分野分類	2004年度実績		2006年度実績	
	日本人	外国人	日本人	外国人
ライフサイエンス	4,995 (82.7%)	1,047 (17.3%)	5,300 (82.1%)	1,159 (17.9%)
情報通信	736 (69.6%)	321 (30.4%)	846 (66.0%)	436 (34.0%)
環境	569 (71.7%)	225 (28.3%)	581 (70.4%)	244 (29.6%)
ナノテクノロジー・材料	1,361 (65.1%)	730 (34.9%)	1,177 (62.3%)	711 (37.7%)
エネルギー	350 (66.4%)	177 (33.6%)	274 (67.0%)	135 (33.0%)
製造技術	139 (56.0%)	109 (44.0%)	309 (67.9%)	146 (32.1%)
社会基盤	316 (66.4%)	160 (33.6%)	325 (67.4%)	157 (32.6%)
フロンティア	374 (84.8%)	67 (15.2%)	490 (86.1%)	79 (13.9%)
人文・社会	1,042 (85.6%)	176 (14.4%)	1,376 (86.6%)	213 (13.4%)
その他	1,320 (75.4%)	431 (24.6%)	1,549 (76.0%)	489 (24.0%)
不明	145 (69.4%)	64 (30.6%)	279 (70.1%)	119 (29.9%)
合計	11,347 (76.4%)	3,507 (23.6%)	12,506 (76.3%)	3,888 (23.7%)

〈単位：人、括弧内は各年度の分野分類に占める割合〉

出典：文部科学省・科学技術調査研究所,2008:12.

〈注記〉

1　井上茂義氏は、筑波大学で理学博士号を取得。日本学術振興会の海外特別研究に採用されドイツに渡航。その後、帰国するが日本では常勤職を得ることが難しいと考え、同財団の募集に応募する。研究テーマはケイ素を使った新規化合物の研究である(『毎日新聞』2010.8.10.)。

2　国際研究協力助成を目的としてドイツ連邦共和国が1953年に設置した公益財団。名称は、博物学者のアレクサンダー・フォン・フンボルトに由来する。ドイツと国外の優秀な研究者に対して、毎年1,800人以上を支援する。とりわけ、同財団から奨学金や賞を受けた外国人研究者は、ドイツに研究滞在し、受け入れ先機関の研究者と協力して、自ら選んだテーマの研究を行う機会が与えられる(ドイツ科学イノベーション・フォーラム, 2011)。日本からは、人文・社会科学、自然科学を問わず、毎年10-20人の奨学生が選抜され、1-2年の滞独研究を実施している。その他、ドイツの外国人研究者に対する助成機関は「ドイツ研究振興協会」(DFG)、「ドイツ学術交流会」(DAAD)も存在する。

3　このマリー・キュリー・アクション・プログラムは、①初期訓練、②生涯訓練、③産学連携、④国際的次元の4つの柱から成り、とりわけ初期訓練の「マリー・キュリー初期教育ネットワーク」は、初期段階の研究者が自らの能力を向上させ、研究チームに参加しながら、キャリアのレベルアップを図ることを目的としている(文部科学省・科学技術政策研究所, 2010: 114)。

4　「スターティング・グラント」とは、Ph.D.取得後2～9年の若手研究者に対して、所属加盟機関がEU加盟国、ないしは同盟国であることを条件として、1グラントにつき200万ユーロを上限として5年以内の支援を行う。たとえば、2008年度は9,167件の申請の中から299件が採択されている(採択率約3%)(文部科学省・科学技術政策研究所, 2010: 61)。

5　イギリスに学位制度がなかったという意味ではない。歴史的に見れば、イギリス最古の博士号は1882年にダーラム大学の「理学博士(Doctor of Science)」であり、その後は1919年にオックスフォード大学で、1920年にケンブリッジ大学で「学術博士(Doctor of Philosophy)が授与される(秦, 2009: 28, 29)。20世紀以後のイギリスの大学で博士号が制度化された歴史的経緯は秦の研究(2009)を参考にされたい。

6　しかし、サッチャー政権時代の1988年に「教育改革法(Education Reform Act)」が制定され、大学で余剰人員など発生した場合には教員解雇も可能とする規定を各大学で設けることを求めている。いわゆる大学教員の「テニュア制度」の変更であり、若手研究者にも厳しい状況となっている。

7　もちろん、ドイツにも教授以外の教育者として「准教授」「講師」「助手」「学術・芸術協力者」が存在する。1988年でドイツには、教授が24,500人いたが、非教授職の教員数は2倍の47,000人に達している(クラーク, 1999 : 37)。

8　ただし、2007年には「高等教育大綱法」の失効が閣議決定され、2008年度の連邦政府予算では連邦教育研究予算において、研究・開発に重点的に投資が行われている。この中で、プロジェクト助成として「英才助成」「大学協定2020」が、特別助成として

「連邦奨学金BAfoG」「旧東独州における訓練ポスト特別プログラム助成」「職能向上研修助成」などが重点投資項目として掲げられている（文部科学省・科学技術政策研究所, 2010: 130）。

9 　個別の大学のケースを紹介すれば、ベルリン自由大学（公立大学）では2007年に国際化を推進する重点校に指定されている。学生数約32,500人の中で外国人比率は15％、博士課程の比率は25％にも達する。同大学内の「ウエルカム・センター」は、外国人の大学院生を家族ごと支援（住居、保育所、外国人登録の申請など）する（『毎日新聞』2010.8.10.）。

10 　ドイツにおける博士号取得者申請資格者に対する支援は、ドイツ研究振興協会が「大学修了者のためのコレーク（Graduiertenkolleg）」と呼ばれる大学修了者を対象とした最長9年間の支援プログラムを実施している。コレークの参加者は、各コレークごとに選抜され、12〜15人はコレークから奨学金を授与される。他の者は、他の奨学金を得ているか、講師ポストに就くことになる。各コレークでは、10〜15人程度の大学教員と最高30人までの博士号取得希望者が合同研究プログラムに参加し、個別指導を受けながら博士論文を執筆する仕組みになっている（文部科学省・科学技術政策研究所, 2010: 131）。

11 　フランスの博士教育は、2002年4月25日に博士研究についての省令（2002博士省令）が発布されている。同省令では、博士教育を1990年前後から整備が進められていた「博士学院（Ecole doctrate）」でのみ実施し、各博士学院では博士課程を通じて、理論・方法論・応用に関する教育を125時間以上250時間以内行うことが定められている。その後、2006年8月7日には改定（2006博士省令）が出されている（大場, 2009-1: 53, 58）。

12 　中国の大学院教育は、1922年の北京大学研究所国学門が最初であった。しかし、1960年代までは大学院レベルの教育活動は行われていたものの、それに準ずる学位は授与されていなかった（黄・李, 2009: 83）。

13 　中国には2008年から「公費派遣特別大学院生」という大学・企業等から毎年1,000人の大学院生を国費で海外に派遣するプロジェクトもある。目的は、イノベーション創出に寄与しうる資質をもつ人材を育成し、中国と世界各国との協力を促進するものである。対象は、博士学位専攻大学院生、共同養成博士コース大学院生（35歳以下）と修士学位専攻大学院生（30歳以下）に分類される。留学期間は、博士学位専攻大学院生が3年〜4年、共同養成博士コース大学院生が6〜24ヶ月、修士学位専攻大学院生が1〜2年である。往復旅費及び在外期間の生活費が支給される（JST, 2011-2）。

〈参考文献〉

京都大学キャリアサポート・センター 2010『ポスドクガイドライン：ポスドクの就職支援の取り組みと現況』京都大学キャリアサポート・センター, pp.1-59.

大場　淳 2009-1「フランスにおける修士・博士の教育―ボローニャ・プロセスに対応したLMDの下で―」『大学院教育の現状と課題』特別教育研究経費「21世紀知識基盤型社会における大学・大学院改革の具体的方策に関する研究」（平成20〜24年度）

広島大学・高等教育研究開発センター, pp.47-70.
大場　淳 2009-2「フランスにおける博士教育制度の改革―LMD 導入と博士学院の整備をめぐって―」広島大学『広島大学教育学研究科紀要第三部(教育人間科学関連領域)』第 58 号, pp.1-10. http://home.hiroshima-u.ac.jp/oba/docs/kiyo58.pd[2012.3.2.取得]
科学技術・学術審議会人材委員会 2003「国際競争力向上のための研究人材の養成・確保を目指して―科学技術・学術審議会人材委員会：第二次提言―」pp1-44.
　　http://www.mext.go.jp/b_menu/shingi/gijyutu/gijyutu10/toushin/03063001/001/001.pdf [2012.2.22.取得]
木戸　裕 2009「ドイツ大学改革の課題―ヨーロッパの高等教育改革との関連において―」『レファレンス』pp.5-32.
　　http://www.ndl.go.jp/jp/data/publication/refer/200905_700/070003.pdf [2012.2.26.取得]
クラーク、バートン編著 (潮木守一監訳) 1999『大学院教育の研究』東信堂.
黄　福涛・李　敏 2009「中国における大学院教育―制度の成立、量的拡大と多様化―」『大学院教育の現状と課題』特別教育研究経費「21 世紀知識基盤型社会における大学・大学院改革の具体的方策に関する研究」(平成 20 〜 24 年度) 広島大学・高等教育研究開発センター, pp.81-100.
JST (独立行政法人科学技術振興機構) 2011-1「ポスドク・ステーション」
　　http://www.spc.jst.go.jp/edct_talent/postdoc/postdoc.html[2011.5.5.取得]
JST (独立行政法人科学技術振興機構) 2011-2「公費派遣大学院生特別奨学金プロジェクト」http://www.spc.jst.go.jp/edct_talent/Tmpstaffing/tmpstaff_02.htm[2011.5.5.取得]
中国 2006「国家中長期科学技術発展企画綱要 (全文)」
　　http://moribin.blog114.fc2.com/blog-entry-22.html[2012.12.1.取得]
国家統計局 2008「中国科技統計年鑑 2008」中国統計出版社
寺岡伸章 2008「中国の有名大学"見聞録"(上)」
　　http://www.spc.jst.go.jp/report/200802/report_tera.html[2012.3.2.取得]
ドイツ科学イノベーション・フォーラム 2011「研究助成」
　　http://www.dwih-tokyo.jp/ja/research-germany/research-funding[2011.2.19.取得]
永野　博 2011「卓越した若手研究者への支援は国のゆくえを左右する―世界の人材育成・獲得競争のなかでの日本の改革への提言―」岩波書店『科学』Vol.81, NO.3, pp. 258-273.
　　http://www.grips.ac.jp/jp/faculty/profiles/nagano1_wakatekenkyusha.pdf[2-012.2.26.取得]
夏目達也 2008「フランスにおける大学院教育制度整備の現状と課題」名古屋大学『名古屋高等教育研究』第 8 号, 95-116.
　　http://www.cshe.nagoya-u.ac.jp/publications/journal/no8/08.pdf[2012.3.2.取得]
秦　由美子 2009「イギリスの大学院制度」『大学院教育の現状と課題』特別教育研究経費「21 世紀知識基盤型社会における大学・大学院改革の具体的方策に関する研究」(平成 20 〜 24 年度) 広島大学・高等教育研究開発センター, pp.27-45.

松本洋一郎 2010「日本における博士人材〜社会的価値創造に果たすその役割を考える〜」日英連携フォーラム, pp.1-25.
文部科学省 2003『平成14年度　科学技術の振興に関する年次報告』
　　http://www.mext.go.jp/b_menu/hakusho/html/hpbb200301/hpbb200301_2_011.html[2011.5.2.取得]
文部科学省 2006『教育指標の国際比較：(平成18年版)』
文部科学省 2008-1『教育指標の国際比較：(平成20年版)』
文部科学省 2008-2「留学生の就職支援と大学における外国人教員の受け入れ」pp.1-17
　　http://www.kantei.go.jp/jp/singi/jinzai/jitsumu/dai1/siryou2_2.pdf[2012.3.1.取得]
文部科学省 2010『教育指標の国際比較：(平成22年版)』
文部科学省 2011「科学技術要覧：平成23年版(各国の科学技術)」
　　http://www.mext.go.jp/b_menu/toukei/006/006b/1307610.htm[2012.3.1.取得]
文部科学省 2009『平成18年度：学生生活調査』文部科学省
文部科学省 2010「報道発表：国際研究交流の概況(平成20・21年度)」
　　http://www.mext.go.jp/b_menu/houdou/22/10/__icsFiles/afieldfile/2010/10/07/1298237_1.pd [2012.2.22.取得]
文部科学省・科学技術政策研究所 2004「科学技術指標−日本の科学技術の体系的分析−：参考資料(統計表等)」pp.1-168.
　　http://www.nistep.go.jp/achiev/ftx/jpn/mat155j/pdf/mat155j-rfr.pdf[2012.2.2.取得]
文部科学省・科学技術政策研究所(第1調査研究グループ) 2005「米国NIH在籍日本人研究者の現状について」pp.1-75. NISTEP-RM116-FullJ.pdf[2012.10.30.取得]
文部科学省・科学技術政策研究所(第1調査研究グループ) 2008『大学・公的研究機関等におけポストドクター等の雇用状況調査−2006年度実績−』pp.1-31.A1-109.
　　http://www.nistep.go.jp/achiev/ftx/jpn/mat156j/pdf/mat156j.pdf[2012.11.16.取得]
文部科学省・科学技術政策研究所(第3調査研究グループ) 2010『第3期科学技術基本計画の主要政策に関する主要国等の比較』pp.1-226.
　　http://data.nistep.go.jp/dspace/bitstream/11035/878/1/NISTEP-RM175-FullJ.pdf[2012.2.26.取得]
文部科学省 2011「諸外国の大学教授職の資格制度に関する実態調査」pp.1-264.
　　http://www.mext.go.jp/component/a_menu/education/detail/__icsFiles/afieldfile/pdf[2012.2.26.取得]
Cyranoski, David., Gilbert, Natasha. Ledford, Heidi. Nayar, Anjali & Yahia, Mohammed 2011 "Education: The PhD factory", Nature,,vol.472. pp.1-7.
　　http://www.nature.com/news/2011/110420/full/472276a.html
DTI (Departmen of Trade and Industry) 2002 "Investing in Innovation: A Strategy for Science, Engineering and Technology", UK by The Stationery Office, pp1-125.
　　http://www.grs.sunderland.ac.uk/grsstaff/Roberts2/InvestingInInnovation.pdf
J-BILT 2011 "NewsLetter":No.12,pp.1-16.
OECD 2004「高等教育機関の財政経営と管理」pp.70-107.

http://www.zam.go.jp/n00/pdf/nh002002.pdf[2012.2.26. 取得]

終章　ポスドクに求められる新たな研究者資質
――若手研究者・教育者養成の観点から――

〈33歳ポスドク女性（理学系）「それでも研究職にこだわる理由」〉
　協力研究員として無給で研究の場に身を置き、収入は派遣社員として他職種の仕事で得る。その間ある程度の研究成果を出して、ポスドクや大学教員に応募し続ける（文部科学省・科学技術政策研究所, 2008: 32）。

1　科学技術体制の転換

　2012年10月8日、山中伸弥京都大学大学院教授がノーベル医学・生理学賞を受賞したというビッグ・ニュースが全国を駆けめぐった。山中教授は、たんなるエリートではなく、整形外科医としての挫折後に、研究者としての道を歩むという紆余曲折の人生を送っている。またスポーツマンでもあり、高校で柔道、大学でラグビー、そして最近はフル・マラソン（記録：4時間3分19秒）にも挑戦しているようだ。山中さんの同級生は、「常に目標をもって、反省しながら、努力を続けていくタイプ」（『朝日新聞』2012.10.8.）と語る。日本人の受賞者としては19人目であるが、同じく2001年にノーベル化学賞を受賞した野依良治氏（元名古屋大学大学院教授）は、山中教授の受賞に際して「研究は人がするものであって、先生の知性と感性のたまものであると思っていまして、大変敬服しています」（『朝日新聞』2012.10.8.）というコメントを寄せている。

　本書において、あえて山中教授のエピソードを持ち出した理由は研究者が未開拓分野のパイオニアになろうとすれば、目標、努力、根気、絶対にあき

らめない強い精神力が必要だということだ。ノーベル賞は、そうしたたゆまぬ努力の結果でもある。しかしながら、個人の努力と熱意だけではノーベル賞は受賞できない。大学や各研究機関において研究者を支える研究環境の整備と若手研究者の育成を柱とする学術体制の構築を必要不可欠とする。日本の学術体制の見直しについては、文部科学省の科学技術・学術審議会長の要職にある野依氏が積極的な発言を繰り返している。たとえば、野依氏は日本の科学技術政策が「省庁縦割りでなくて、科学技術を基礎から応用、そして社会へ実践する、という体制づくりが大事である」(『朝日新聞』2012.10.8.) と指摘している。つまりは、科学技術政策の決定を省庁縦割りではなく、強力なリーダーシップの下での一元的な政策の立案・実施が重要だということである。同じ問題は、日本の大学でも見られる問題であり、縦割りの学部・学科・研究室組織では個別学問の伝統と水準は維持できるかもしれないが、「人的資源を長期的に特定の新興分野に集中投資すること」(『読売新聞』2013.2.17.) は不可能となる。野依氏は、山中教授のケースを紹介しながら、次のような警告を発している。

　　「iPS細胞の創薬応用、再生医療に向けた臨床応用に取り組むノーベル生理学・医学賞の山中伸弥博士の姿には悲壮感さえ漂う。博士が率いる京都大学iPS細胞研究所に勤務する教職員は198名、うち大学による正規雇用はわずか24名、残りは研究資金による時限付き任用職員である」(『読売新聞』2013.2.17.)。

　野依氏が指摘する「時限付き任用職員」とはポスドクのことである。これまでも繰り返し述べてきたように、日本国内には年間2万人近いポスドクが存在する。まさに、山中博士が率いる研究所の事例からも明らかなように、ポスドクは日本の学術研究体制を根底から支える若手研究者である。2012年の「労働契約法」の改正により、研究者は有期契約でも5年を超えれば定年までの契約に切り替えることが可能となった。身分保障という点では一歩前進だが、同時に5年を超える前に「解雇」、ないしは最初から「5年契約」と

いう対処策が出る可能性もある。依然として就職難と高齢化という「ポスドク問題」の根本的課題は解決されないままである。

2　ポスドクの「こだわり」とは何か

　さて、解決が難しい就職難や高齢化が障壁となっているにもかかわらず、なぜポスドクの多くは「研究」を続けようとするのだろうか。冒頭の「それでも研究職にこだわる理由」は何だろうか。それは「研究が三度の飯よりも好き」だからである。以下は、文部科学省・科学技術政策研究所（第1調査研究グループ）が実施した平成18年10月～平成19年1月までに行なわれた国内ポスドク68人に対するインタビュー調査の結果である[1]。特に、「研究職」への「こだわり」を確認しておきたい。

　「貴方が希望する職業の第一希望は、研究職ですか」という質問に対しては、68人のポスドクは「はい」が58人（85.3%）、「いいえ」が3人（4.4%）、「わからない」が7人（10.3%）である（文部科学省・科学技術政策研究所, 2008: 29）。実に8割以上の者が「研究職」を希望している。では、ポスドクは研究職の何に「こだわっている」のだろうか。

　上記の研究職を希望する58人に対して、「どのような条件で研究ポストを希望しているか」という質問（複数回答可）への回答は、以下の理由が上位3つとして挙げられている（文部科学省・科学技術政策研究所, 2008: 30）。

1位（26人）「自分の希望するテーマが研究できないポストであっても、研究職であるならば、このままポストドクターを続けるよりはましである。」
2位（23人）「研究以外の業務の多い管理職ポスト（教授など）よりも、職位が低くとも研究の時間が十分持てるポストのほうがよい。」
3位（16人）「給与などの雇用条件が整っている研究職であっても、研究以外の業務が多いポストであるならば、給与などの雇用条件が劣っていても、研究の時間が十分に持てるポストのほうが良い。」

身分の不安定なポスドクが見いだす希望は、「自分の希望する研究テーマ」への固執でもなければ、「職位の高いポスト（教授職）」に就くことでもない。ポスドクの希望は、研究が継続できる身分の安定した「研究職」に就くことであり、「研究の時間を確保できるポスト」を得ることである。一言で言えば、長期に安定した研究職ポストに就き、安心して研究が続けられることである。

また、68人のポスドクのうち「国内の大学・公的研究機関」を望む者が52人（77%）、「海外の大学・公的研究機関」が9人（13%）、「国内の民間企業」が6（9%）人、「未回答」が1人であった。逆に、「希望しない」分野としては「海外の民間企業」（31人）と「国内の民間企業」（12人）で43人（63%）に達する。ポスドクの希望先は、大学や公的研究機関への就職であり、決して国内外の民間企業ではない。近年、盛んにポスドクのキャリア支援として、民間企業への就職支援が行われているが、残念ながらポスドクの半分以上は「希望しない」という状況である。

では、ポスドクに求められる役割や資質とは一体何だろうか。当然のことながら、最初に挙げられるべきは「自立した若手研究者」という位置づけである。大学院生やポスドクの量的増加にもかかわらず、大学・公的機関の常勤学術職は将来的には減少することが予想される。では、日本の大学院では、こうした若手研究者の養成を体系的・段階的に行なっているのだろうか。答えはノーである。そこには日本の伝統的で、徒弟制的な研究者像が根深く残存している。次の高等教育専門家の指摘は、日本の大学院生に向けたものではあるが、ポスドクに向けたものと同等の意味を持っている。

> 「研究者はあたかも自営業者のようなものとされ、個人の創意と自己研鑽によって活動の場を得ていくべきだとの考え方が支配的だった。そこでは、大学院生の就職は、本人の努力の問題に還元され、就職できないのは本人の才能や努力が足りないからだといって済ますことができた」（江原・馬越, 2004: 70）。

こうした指摘は、筆者が様々な大学でポスドクにインタビュー調査を行っ

た際にも聞こえてきた意見であった。特に、ポスドクは大学院生ではなく「自立した研究者」であり、大学が手をさしのべる必要はなく、就職は個人の責任であるというものであった。また第7章でも指摘したように、ポスドクが自らの研究にこだわり、研究者を夢見るのは自由だが、そのためにはポスドク自身の意識変革も重要である、という指摘もあった。ポスドク本人の責任という指摘は誤りではないが、正しくもない。「ポスドク問題」とは、わが国の学術政策から生み出された社会的・構造的問題であり個人的問題に還元してはならない。

では、日本の学術体制における伝統的な考え方や習慣を破るには、どうしたいいのだろうか。むろん伝統や習慣は簡単には変えられない。だとすれば、「ポスドク問題」の重要性をなるべく多くの方が認識し、問題点を知ることが先決ではなかろうか。本書の意図も、そこにあった。そして、ポスドクの能力や意欲を高め、生き残っていける有能なポスドクを一人でも多く支援することが重要ではなかろうか。

3　ポスドク制度の改善策

そこで、こうした博士課程修了者やポスドクの実態を踏まえて、現状のポスドクの養成、採用、任用などに関する制度的な改善点を、以下に指摘しておきたい。すでに、第2章では「雇用型ポスドク」の問題点を指摘しているが、ここでは無給やアルバイト程度のポスドクを含めたポスドク制度全体を視野に入れた提言を行う。また、この問題は、たんなるポスドク問題だけではなく、大学院博士課程を含めた若手研究者の養成問題として検討すべき問題である。

第一には、ポスドク支援に関する国の予算の拡大を望みたい。すでに第1章でも述べたように、わが国の対GDP費における高等教育予算は、現状ではアメリカの半分程度である。優秀な若手研究者を養成し、採用することは国家の学術体制を左右する重要な課題である。優秀な人材の確保こそ、厳し

い社会状況においては最も重要な「生き残り戦略」となろう。

　第二には、ポスドク支援に関する国の予算拡大が無理であれば、各大学や研究機関での自前の資金調達が必要となる。たとえば、寄附金などで「基金立ポスドク職」を創設すれば、数名のポスドクを雇用することが出来るであろう。また、現在の教員の給与制度を改革し、個人の業績や大学業務への貢献度などによって査定し、全体の人件費を抑制して、その分で若手研究者を雇用するという方策もある。さらには、高齢化する大学教員を思いきって若手中心に切り替える政策など、実現可能な方策を各大学で取るべきであろう。

　第三には、研究者を志して大学院博士課程に進学する者やポスドクの将来への不安を解消するためにも、明確なキャリアパスの道筋を確立すべきである。博士課程を修了し、学位を取得することは誰にでも出来るものではない。厳しい競争に勝ち抜く能力や意欲に加え、高い志が必要となる。厳しい競争に勝ち抜いたポスドクが、将来的に学術常勤職につけるというキャリアパスの道筋が日本では不透明である。アメリカのように、テニュアを持つ教員数を一定程度削減する制度を参考とすれば、たとえば准教授・専任講師などのポストも全て任期制としたり、契約型の「非常勤教授」や「特任教授」を増やし、全体的に教員ポストの流動化を高める方法が考えられる。現状の日本では無理であろうか。しかしながら、2007年の段階で日本全体では准教授39,646人、(専任)講師20,361人、助教32,786人、助手6,620人であり、合計99,413人となる。もしも約10万人のポストが流動化すれば、ポスドクの就職難も多少は解消できるし、優秀な人材を教授として大学に残すことも出来る(文部科学省, 2007)。また、大学院博士課程の入学選抜、学位取得審査、ポスドク採用など、各段階における基準を厳格で公正なものとし、なるべく優秀な人材だけを残すように留意すべきでもある。各大学や研究機関が将来的な採用枠の明確な方針を持ってポスドクの採用を行うことも可能であろう。

　第四には、ポスドクのポストを増やしたり、大学の常勤ポストの流動化を促進して、ポスドクにとってのポストの選択肢を拡大させることも必要だが、ポスドクの身分・待遇の改善も早急に行うべき課題である。たとえば、アメリカのポスドクは90%以上が健康保険に加入しているが、日本は未だに半

分程度である。その他の各種保険、退職の際の給付金支給など、アメリカと比べても日本のポスドクに対する身分・待遇の改善は進んでいない。まずは、いわば人間にとっての「基本的人権」とも言うべき問題から改善する必要があろう。

　日本が世界のグローバル化の進展とともに厳しさを増す国際競争の中で生き抜くためには、イノベーションの創出による科学技術創造立国の実現以外にはない。それが資源の乏しい日本の社会の生き残る道であろう。そうしたイノベーション創出の研究拠点が大学・研究機関であり、若手研究者・技術者を育成するスタート地点が大学院である。大学院は、科学技術立国を支える高度な人材を育成し、世に送り出す使命の実現がますます求められよう。本章の課題は、こうした優秀な若手研究者の養成をいかに組織的に取り組むべきかを模索することにある。

4　ポスドク・キャリア支援の提言

　日本のポスドクは、大学院生とともに日本のピラミッド型研究組織体制（教授‒准教授（専任講師）‒助教‒ポスドク‒大学院生）の末端に位置づく。日本の大学の講座制や研究室体制は、しばしば閉鎖的な体質であることが指摘されるが、教授‒准教授（専任講師）はすでにテニュアを得た常勤職である。一方、ポスドクはテニュアを得ていない任期付きの職である。ポスドクからすれば、常勤職の採用はなるべく公募制を原則とした開かれた競争、公平な競争であることが望ましかろう。問題は、この選抜システムから「こぼれ落ちたポスドク」である。このことを念頭に置きながら、ポスドクのキャリア支援のあり方を提言したい。

　第一には、ポスドク支援を行う全国的なネットワーク機関の構築を望みたい。本書でも、日本物理学会やアメリカのNPAの試みを紹介したが、文部科学省、各学会、各大学が協力して、ポスドク支援を行う全国的なセンターやネットワークの構築を行い、就職支援やポスドクの能力開発を行うような

支援プログラムやワークショップの開催などを行うべきである。第6章でも紹介したように、現状ではすでに個別の大学でポスドク支援のプログラムが実施されたり、ポスドクセンターが設置され、キャリア支援などが行われている。こうした各大学の個別の試みを全国的にネットワーク化する試みを早急に行うべきであろう。

とりわけ、ポスドクの人材バンクを早急に作り、ポスドクの雇用を日本全体に開かれたものとすべきである。この人材バンクには、日本人だけでなく外国からのポスドクも登録させるべきである。開かれた競争と公正な選抜制度のないところには発展もない。日本の学術研究を世界に通用するものとするためには、世界に開かれたシステムを構築すべきである。そのためには、アメリカの「全米ポスドク協会」(NPA)のような支援組織を日本でも設置し、ポスドクの就職、待遇改善などの問題に取り組むべきではなかろうか。誰が設置者となるかは別として、ポスドク全体の問題を社会に発信する機関が必要となろう。

第二には、海外に流失したポスドクに対しては、海外で半永久的に止まる場合は致し方ないが、日本に帰国したポスドクの場合には、政府は帰国ポスドクにも支援の場を設けるべきである。日本に失望して、海外に活躍の場を求めるポスドクが多いことは、誠に残念きわまりない。日本で育てた貴重な人材が、海外流失してしまうのは日本の損失である。もちろん、海外で武者修行することは大いに結構なことである。その際には、日本に失望するのではなく、将来への希望を胸に抱きつつ海外の大学で挑戦する場を求めていくことが望ましい。アメリカのNIHで雇用されている日本人ポスドクも次のように述べている。「世界に通用する研究者を育てる制度を整えて欲しい。具体的にはまず語学教育、プレゼンテーション法、履歴書の書き方、グラントの申請についての教育など、例を挙げればきりがないが、研究者として生きるための基本的／必修な事を大学院生の教育として行うべきである」(文部科学省・科学技術政策研究所, 2005: 50)。

第三には、理系はともかく、文系・社会系の場合は個人研究がほとんどである。これを理系並みの研究チームを作り、グループで研究を進めることを

提言したい。そこには、一定のテーマの下で一大学だけでなく、いろいろな大学の院生、ポスドクが集まり、互いに切磋琢磨する研究体制を作るべきである。欧米では一般的な研究スタイルも、日本では個人ベースの研究がほとんどである。院生やポスドクの時から、自分の所属する大学だけでなく、他大学の院生やポスドクと研究交流することは、自らの能力のレベルアップだけでなく情報交換にも役立つであろう。

5　「若手教育者養成」の背景と実態

　1998年の大学審議会答申によれば、わが国の大学進学志願率は2009年度には58.8%（社会人・留学生を除けば55.1%）ととなり、入学者数と志願者数が同数になる「大学全入時代」を迎えることが予測されていた（大学審議会答申, 1998: 14）。この「大学全入」の予測は、いわゆる「2009年問題」と呼ばれ、わが国の少子化の進行による18歳人口の減少と進学率の上昇から導き出されたものであった。大学全入時代の到来は、大学の生き残りを賭けたサバイバル・ゲームの本格的な開始を意味し、この競争に遅れを取った大学は存続の危機に瀕する可能性が高い。

　こうした状況の中で、各大学の生き残りを賭けた様々な改革が試みられたが、とりわけ重要な取り組みが大学教育の質的改善であろう。「大学は研究が使命であり、教育は二の次である」といった「研究重視」／「教育軽視」を意味する言葉は、すでに時代遅れの感がある。わが国の高等教育進学人口は、1970年代には30%を越え、「エリート型」から「マス型」へと移行した。そして、1980年代には50%を超えて「マス型」から「ユニバーサル型」へと移行し、多様な能力や興味・関心を持った学生が多数を占める状況となっている。すでに、わが国の大学のあり方は「研究重視」「教育重視」であることが求められており、社会や学生のニーズとも調和した大学教育のあり方が模索される時代が到来している。よく、日本とアメリカの大学における決定的な違いは、「研究と教育」へのウエイトのかけ方であると指摘される（江原・馬越, 2004: 190）。つまりは、日本では依然として研究重視であるが、アメリカは「研究

と教育」の両面が重視され、若手研究者も研究と教育に秀でていることが要求される。そこで、次に日本の大学でもようやく始まった若手教育者の養成制度の新たな試みを概観し、若手研究者であるポスドクへの間接的支援策にもなりうる可能性を検討したい。

(1) アカデミック・キャリアゼミ

　1999年、広島大学では「アカデミック・キャリアゼミ」という名称で大学院生が大学で授業担当する場合に必要な基礎的な知識・スキルの修得を支援することを目的とした先駆的・自覚的な取り組みを開始している。この広島大学の試みは、大学教員の資質向上を目的としたFDを、将来大学教員になる大学院生にプレFDを必修にする全国初の試みであり、1回90分計15回(2001年度は13回)の全研究科の大学院生を対象に、2単位を与える通常の授業形態で実施された(夏目, 2008: 7-8)。このゼミでは、「困った大学教員にならない」ことが目的とされ、実践的知識と大学論が組み合わされ、参加者の討論や授業参観(2回)なども行われている(羽田, 2008: 19-21)。

(2) 大学院生のための教育実践講座

　2004年度から、京都大学では「大学院生のための教育実践講座」をスタートさせている。この教育実践講座は、将来大学教員になる院生に対して教育実践の準備教育を行うこと、ならびに実践講座を全学的FDの一環に位置づけることであった。同大学では、2006年8月7日(10:40-18:30)に6時間に及ぶ「大学の授業」「大学で教えるために」などの講義・ワークショップが行われ、最後には反省会・パーティも行われている[2]。

(3) 大学教員準備プログラム

　2005年、名古屋大学高等教育研究センターはアメリカのPFFの試みに触発され、わが国初の「大学教員準備プログラム」を開始している。同プログラムは「将来高等教育教員を志す大学院生を主な対象に、高等教育教員になるために必要となる基礎的な知識・スキルの修得を支援することを目的とす

る」(名古屋大学, 2006: 1) 教育・研修プログラムである。その内容は、①TA研修(教員のFD研修に2006年からTAも参加)、②「大学教員準備プログラム」の実施(担当教員による大学教授法、クラス経営・学生指導論、教育内容論、大学論を教授する予定)である。

(4) 上級TA

　2006年、一橋大学では、一部の科目で博士課程学生、あるいは博士課程修了者を上級TAとして養成し、「学部1・2年次向けの日英ライティング・クラスを主体的に担当させる仕組み」(佐野, 2007:3)を作っている。社会学研究科では2007年度より、TF(ティーチング・フェロー)トレーニング・コースとして、先端的研究者養成科目「教育技法の実践」(2単位集中科目：夏冬)を単位化している。こうした上級TAの試みは筑波大学でも行われている。

6　「若手教育者養成」の提言

　各大学におけるポスドク支援策の中で、注目すべき事例が存在する。報告者が2009年の春に調査した関東地域の大学の中で、授業担当をポスドク業務としている大学は、明治大学(3コマ以内)、一橋大学(商学研究科：2コマ、経済学研究科：1～2コマ、法学研究科：2コマ、社会学研究科：夏か冬の1コマ)の2大学4研究科だけであった。一橋大学の商学研究科では「学部1・2年生を対象としたゼミナールを週2コマ担当」し、経済学研究科では「年間4単位以上の講義を担当」し、法学研究科と社会学研究科では学部の授業を担当している。明治大学の場合は、学部の兼任講師を兼ねることも可能であり、一橋大学の商学研究科と経済学研究科では専任講師(契約講師)と同等の採用が行われている。明治大学と一橋大学の試みは、ポスドク制度の構築を「研究面」だけでなく「教育面」から構築することを意味するが、同時に、他の多くの大学ではポスドクが授業を担当していないことも判明した。そこで、わが国の大学における「若手研究者」「若手教育者」養成制度への新たな提言を、以下のように行いたい。

第一には、ポスドクが大学の授業を単独で行うことを推進したい。この提言のメリットは、大学の専任、非常勤職にかかわらず、教員としての採用条件が「研究」と「教育」の両面であるという現状を鑑みれば、ポスドクに教授経験を課すことは意味があろう。特に、人文社会系のポスドクには大学教員を志す者が多く、研究者・教育者養成の両面から支援すべきである。あるいは、すでに関西大学などでも行われているように、学力の低い学生や授業内容を理解できない学生に対する学習支援室を設置し、そこに准教授やポスドクなどを配置することも検討すべきである。また、仮に大学での学術常勤職を得る機会がなければ、その高い専門性を生かすためにも免許の有無にかかわらず高等学校、中学校の教員、博物館・美術館などの学芸員、公務員など比較的高度な能力が必要な機関で採用を行うべきであろう。

第二には、ポスドクへの経済的な支援を増大させるべきである。年間300万円以上の給与が支給されているポスドクであれば問題はなかろうが、ポスドクの中にも無給か、アルバイト程度の者が多数存在することを鑑みれば、大学での授業担当は一定程度の給与が保障されることになり、経済的な状況を改善することになる。

第三には、「TA-RA-PD（ポスドク）」という「研究」と「教育」の両面に及ぶ一貫したシステムを構築することによって、ポスドクを同システムの最終段階に位置づけることが可能となる。TAを教育補助者とし、ポスドクを大学教員としての専任職を得る直前のポストとして、「研究」と「教育」の両面からトレーニングを積ませることができる。さらには、2007年に創設された「助教」が単独で授業を担当することを求められており、この方策にも合致するものである（近田, 2007: 148）。

こうした提案は、現在のTA制度を「教育補助業務」としながらも、その制度的・内容的改善を行いつつ、ポスドクが単独で授業を行うことを可能とすることである。このことは、TAからポスドクに連なる連続性・継続性のある一貫した制度として再構築することが可能となり、わが国の大学教員のあり方や大学院教育のあり方も再考する契機となろう。また、「研究」と「教育」の両面からポスドクの資質を問えば、その両方の能力に合致しない院生やポ

スドクはふるい落とすこともできる。ポスドクを大学教員として採用する際に、各大学が規程する「非常勤講師」の採用条件を適用すれば、ポスドクの厳選をさらに高めることもできよう。いわば、ポスドクを研究と教育の両面から優れている人材だけに絞って、大学・研究機関に残す方策である。

　上記で述べた広島大、京大、名大、一橋大などの様々な試みは、今後のわが国の大学院教育のあり方を検討する上でも参考となるものである。本書は、日本の大学院を「若手研究者・教育者養成のスタート」と位置づけ、「TA−RA−PD」制度の一貫したシステムを構築することを提言するものである。上記の先進的な大学の試みは、単位にはならないものの特別講座を開設して大学院生に対して教育実践の準備教育を行い、FDの一環に位置づけること（京大・名大の事例）、博士課程院生や修了者を上級TAとして位置づけ、実際に授業を担当させながら若手大学教員の養成を行うものであった（一橋大の事例）。いずれの試みも「若手研究者」「若手教育者」の養成・育成を目指す試みとして評価できるものである。

7　本書の「総括」

　ポスドクとは、博士号を取得した自立した研究者である。自立した研究者とは、自ら課題を見つけ、自ら研究を行い、自らの力で論文を執筆する「一人前の研究者」である。指導教員の支援や援助がなくても、研究活動を自らの責任で行える者でもある。この原則は、昔も今も変わらない。従って、今までは博士の学位まで取得したポスドクの就職の世話まで大学や指導教授がする必要はなかった。しかしながら、2000年頃を境に国の政策によってポスドクの供給過剰問題が発生し、就職問題をポスドク個人の資質や努力不足とは言えない状況が生まれている。大学や研究機関における若手研究者の需要が減少し、ポスドクの供給過剰が続けば、ポスドクの「就職難」や「高齢化」が進むのは必然である。

　本書が提言したいことは、ポスドクの「就職難」や「高齢化」などの「ポスドク問題」が、決してポスドク本人の問題に帰されるものではなく、日本の

学術体制の問題であり、政府・学会・大学・企業などが総力を挙げて取り組むべき問題だと言うことである。日本は、アメリカや中国とは異なり、資源の乏しい国である。日本の誇る資源は「ものづくり」「ひとづくり」である。ポスドクのような優秀な若手研究者が将来に希望を持てないようであれば、それは将来の学術体制だけでなく、社会的発展にも希望がないと言うことである。日本の先端科学技術は自然科学系・人文社会系を問わず素晴らしい。奇跡の新型万能細胞としてのiPS細胞、世界に誇るナノテクノロジー技術、厚さ1キロの岩盤も通り抜ける「ミュー粒子」、原発に代わる地熱発電や洋上風力発電などの開発など、世界をリードする先端科学技術分野も多い。こうした先端科学技術の開発を支えるポスドクは、10年後、20年後の日本の未来を左右する重要な存在である。最後に、研究生活を30年以上送ってきた筆者の経験も交えて、ポスドクにエールを送りつつ、本書の締めくくりとしたい。

(1) 屋内屋を重ねる努力を！

　自分の人生を研究者として送る覚悟を決めたとしたら、自立した研究者となるべく、自らの能力を磨く努力を傾けることである。研究者としての基礎・基本を大切にしながら、自らが課題を見つけ、発見し、手堅い手法で研究を遂行することが大切である。屋内屋を重ねる地道な努力が、いつの日か必ず花開く。屋外屋では、研究成果はまとまらない。

(2) 対外試合を重ねること！

　大学院に入学した時点から、所属する大学を離れ、積極的に他大学の研究者と交流し、学会や研究会に参加し、発表し、論文を書くべきである。学会発表もしないで、論文も書かないで、就職を得ようとすることは間違いである。対外試合は自分を磨き、成長させる絶好の機会である。

(3) 同じ世代の仲間と切磋琢磨をする！

　学会発表や研究会参加を継続していれば、必ず他大学や研究機関の研究者

との交流も生まれる。色々な情報やアイディアも得られる。できれば、同じ世代の仲間を作り、互いに切磋琢磨することを心がける。「〇〇大学の××には負けたくない」と言う具合に。

(4) 自らのキャリアパスを自らの力で！

　研究を自分の仕事とする以上は、その研究環境を自ら構築する挑戦を行うことである。公的な研究資金を得るには、論文の質と量が勝負である。勝負するためにも、積極的に公的な資金を獲得して、さらなる研究成果を生み出そう。研究生活が雪だるま式に膨らみ、自らの人生設計も明確に描けるようになろう。

(5) 自己変革の強い意志を持つこと！

　研究職から民間企業などへの転身を考える場合には、新たな人生を歩む強い決意を持つこと。その際には、厳しい自己変革が求められる。

(6) 夢は捨てないこと。ただし、夢だけ見ないこと！

　人間は夢を追い、夢を求める生き物である。夢は絶対に捨ててはならない。しかし、研究者になる夢だけ見ていても、現実は変わらない。現実を変えるのは、自らの努力だけである。人の何倍も努力を重ねた人間が、成功を勝ち取る事ができる。自分に問うて見よう。本当に、今まで努力を重ねてきたかを。その自信がなければ、方向転換の時かも知れない。

　「ポスドク問題」の解決、ならびにポスドクの方々の研究成果の進展を願いつつ、本書の結びとしたい。

〈注記〉

1　この68人のポスドクは、関東地方の大学（9校）及び大学共同利用機関（3機関）で研究活動に従事する者であり、男性48人、女性20人であり、年齢層は29歳以下（10人）、30～34歳（30人）、35～39歳（21人）、40歳以上（7人）である（文部科学省・科学技術政策研究所,2008:17）。分野は、理学系30人、工学系16人、人文科学11人、その他11人である。高齢であること、女性が多いこと、理系が中心であることが本調査の特徴である。

2 詳しくは、松下佳代「京都大学における大学院生のための教育実践講座」夏目達也代表『大学院博士課程における大学教員の養成機能形成に関する日米仏比較研究』平成18〜19年度学術振興会科学研究費補助金(萌芽研究)報告書, pp. 35-44を参照願いたい。

〈参考文献〉

江原武一・馬越徹編著2004『大学院の改革』東信堂.
佐野泰雄2007「学部教育の場での大学院生との協働体制」一橋大学教育研究開発センター『Agora』No.14, pp.1-7.
近田政博2007「研究大学の院生を対象とする大学教授法研修のあり方」名古屋大学高等教育研究センター.『名古屋大学高等教育研究』第7号, pp. 147-167.
名古屋大学2006『大学院生のための大学教員準備プログラムの開発―大学教授法研修会の記録―』名古屋大学高等教育研究センター, PP.1-137.
夏目達也2008『大学院博士課程における大学教員の養成機能形成に関する日米仏比較研究』平成18〜19年度学術振興会科学研究費補助金(萌芽研究)報告書, pp. 1-136.
羽田貴史2008「広島大学におけるアカデミック・キャリアゼミの試み」夏目達也代表『大学院博士課程における大学教員の養成機能形成に関する日米仏比較研究』平成18〜19年度学術振興会科学研究費補助金(萌芽研究)報告書, pp. 19-23.
中西 香・羽田貴史2008「広島大学におけるアカデミック・キャリアゼミの試み」夏目達也代表『大学院博士課程における大学教員の養成機能形成に関する日米仏比較研究』平成18〜19年度学術振興会科学研究費補助金(萌芽研究)報告書, pp. 19-23.
文部科学省2007「学校基本調査速報 −平成19年度− 高等教育機関 統計表一覧」
　　http://www.mext.go.jp/b_menu/toukei/001/07073002/006.htm[2011.2.26取得]
文部科学省・科学技術政策研究所(第1調査研究グループ) 2008「インタビュー調査：ポスドクター等のキャリア選択と意識に関する考察〜高年齢層と女性のポストドクター等を中心に〜」pp.1-86.

資料：イェール大学インタビュー記録

日時：2012年8月29日(水) 15:30-17:00
場所：Yale University
回答者：A(女性), Associate Director (Ph.D.)
聞き手：北野秋男(日本大学文理学部教授)

［聞き手］まずは、Aさんの経歴から教えて下さい。

　学部は、カリフォルニア大学アーバイン校でした。元々はカナダ出身です。民族的には中国人ですが、両親はベトナム出身です。同じ名前でも、中国の名前の場合は、異なるスペリングになります。見た目は韓国人だと言われるのですが、ハワイに行ったときには日本人のように見えると言われました。その後は、イェール大学の大学院生でした。私の専攻は、発達神経生物学です。でも、大学教授になりたいとは思っていませんでしたし、具体的に何をしたいのか、分かっていませんでした。大学職員のビクトリアと仕事をしたり、他の事務の方々にもたくさんお会いして、大学の環境が自分に合っていると感じるようになりました。ただ研究だけというのは、自分には合っていないなと思いました。私は、色々なことを少しずつやるのが好きなのです。そのように考えているうちに、どんな仕事をしたいかがはっきりしてきました。

　イェール大学では、ポスドクとして6カ月ほど働きましたが、院生のころから自分が将来どういう仕事に就きたいか、はっきり分かっていました。「ポスドク支援室(Office of Postdoctral Affairs)」に勤務してはいませんでしたが、高等教育の運営事務に関わりたいと思っていたので、大学院の4年目には、

現在のようなポストに就職しようと動き出していました。ですので、他の人々よりも早く研究から事務へと移行したのです。また、「キャリア開発支援室(Career Development Office)」では、自分のキャリアを見定めるのに役立ちました。私は、「マクドゥーガル・センター(McDougal Center)」のモデルを気に入っていました。フェローとして担当したプログラムは、すべて関心のあることでした。他の職種にも手を伸ばしてみました。コンサルティング会社がよく大学に来ていましたので、話をしたりもしたのですが、コンサルティングはやりたい仕事ではないと感じました。科学系のライターの仕事もありましたが、それもやりたい仕事だとは感じませんでした。何かに興味を持つと、それに関連したイベントを企画して、自分がそれを仕事としてやりたいかどうかを考えていました。他の人にも役立ったと思いますが、自分自身の助けにもなりました。

[聞き手] 現在の仕事の内容を教えて下さい。

　私は、現在は「ポスドク支援室(Postdoctoral Affairs)」の副室長です。室長のジョンもおりまして、支援室全体の監督、任命、採用過程を見ています。1,400人のポスドクの内、900名が医学部に所属していることから、室長が医学部を、私が他のメイン・キャンパスを担当しています。私が担当しているのは約500人のポスドクです。私のオフィスは、一つの事務室として機能していますので、提供するプログラムは全員を対象としています。医学部とそれ以外の学部や研究科を区別していません。全てのポスドクが私のところに来なければならないという訳ではありません。私どもの事務室は4人体制ですが、2人がデータ入力を担当しており、ジョンはハーフ・タイム職員です。ジョンは室長ですが、ハーフ・タイム勤務で、大学院生を担当しています。フル・タイムのスタッフとして、専門能力の開発やコミュニティの形成に取り組んでいるのは、私だけということになります。

　また、大学には「ポスドク助言委員会(Postdoctor Advisory Committee)」というグループがあります。約30人のポスドク・グループで、様々なプログラムを提供しています。何かイベントを実施する際には、この30人のポスドク・

グループが手伝ってくれます。企画を出してくれることもありますが、基本的にはイベント運営の手伝いです。このグループのメンバーのことはよく知っていますし、また大規模なイベントをシリーズで行っていますので、そこでも多くのポスドクと知り合います。「大学における研究職への就職シリーズ (the Academic Job Search Series)」や「研究における責任ある行動シリーズ (Responsible Conduct in Research Series)」などを催しています。

[聞き手] では、以下の質問にお答え下さい。
①ポスドクに関する規程(内規)はありますか。

あります。私どもではポスドクの任命を監督していますが、任命時に内定通知を発行しています。内定通知は、大学とポスドク間の理解が十分なものになるように、大学の顧問弁護士である「総務会 (General Council)」と共に作成します。ポスドクの任命は、1年単位です。5年間の資金提供が決まっている場合でも、5年間に渡る任命は行いません。1年契約として任命し、1年が経過した後に評価を求めます。評価は、再任の可否を判断する材料となります。評価を通して、ポスドクとアドバイザーが「いつ就職活動を計画すべきか」「研究は順調に進んでいるか」などについて話し合っています。ポスドクとアドバイザーが話し合い、理解を深めるきっかけを作ります。

私どもが発行する内定通知には、任命の日付、そして「ポスドク・アソシエート (postdoctor associate)」なのか、「ポスドク・フェロー (postdoctor fellow)」なのか、任命の名称が記載されています。福利厚生に差がありますので、この名称は正確なものでなければなりません。毎月オリエンテーションを開催していることも伝えます。ポスドクを雇用した月は、毎月オリエンテーションを開催し、福利厚生や利用できる大学のサービスについて伝えています。医療保険はどうすればよいか、などといった話もします。従って、契約書は内定の通知だけでなく、給与や日付、身分を記したものとなります。

②ポスドク制度の発足年はいつですか。

ポスドク制度の開始年を私は把握していませんが、ポスドク支援室は今か

ら8年ほど前に開設されました。このような支援室が設けられると、まず大学内で誰がポスドクとして認識されるのか、その定義を定めなければなりません。アメリカの多くの大学では、それぞれ独自のポスドク担当部署が設置されていますが、キャンパス内で誰をポスドクとするのか、その定義を定め、見極めることが課題の一つであると言われています。

③ポスドク制度を管理している委員会や責任機関はありますか(ある場合には、委員会や責任機関名をお書き下さい)。

　イェール大学のポスドク支援室は、「科学と工学(science and technology)」の「学長室(provost office)」の下にあります。学長、そして副学長がいます。私どもは科学部門に属しており、ポスドクの大部分は科学者です。人文科学や社会科学のポスドクも、人数は少ないのですが、います。これはアメリカでの一般的な傾向です。ただし、社会科学や人文科学の大学院生が常勤研究職に就くことは難しいので、ポスドクの数は増加傾向にあります。数としてはあまり多くないかもしれませんが、それなりの数の院生がポスドクに移行しているのです。

④ポスドクの選抜基準と方法を教えて下さい。

　選考の基準ですが、一般的にポスドクはポストについて「主任研究員(Principal Investigator＝PI)」と直接調整をしますので、私どもが選考を行うことはありません。人文科学や政治学などの学部では、公募することもあります。その場合には、学部で応募者の選考を行いますが、科学のポスドクの場合は、個人間の連絡に基づいていますので、研究室のトップである主任研究員と直接メールでやり取りをして、採用が決定されます。アメリカでの博士号(Ph. D.)取得は、平均6年間ですから、ポスドクを始める時点では大体28～30歳ぐらいです。一番年齢が高いポスドクについては、分かりませんが、おそらく40代ではないでしょうか。60歳のポスドクは見たことがありません。一般的に一定期間ポスドクをした後、すなわち6年経過すると、「アソシエート研究科学者(associate research scientist)」というポストに昇進できます。これは、

フルタイムの職員としてのポジションですので、給与は高くなります。ただし、そうならないこともありますが。

⑤貴大学では、現在ポスドクは何名採用されていますか。

　大学全体で約1,400人のポスドクの内、900人が医学部に所属しています。私どものポスドクの多くは博士(Ph.D.)ですが、医学博士(M.D.)や法学博士(J.D.)もおります。大学には、「臨床フェロー」という人もいますが、他のポスドクのように研究に従事しているというわけではありません。人事部は臨床フェローも入れて、ポスドク総数を2,000人としているようですが、私たちが、医学部の臨床フェローに関与することはありません。ですから、2,000人という数字は臨床フェローを含めた数字です。臨床フェローは、非職員という扱いで、大学の財源ではない資金で賄われているという意味です。自ら財源を持って着任するフェローもいますが、イェール大学は国立衛生研究所(NIH)が出資する研修のための助成金をいくつも獲得していまして、これを財源にして雇用されるポスドクもフェローと捉えられています。資金は大学に授与されていますが、ポスドクの研修という具体的な目的のために与えられているものなので、この助成金で雇用されるポスドクは大学の職員と見なされます。ただし、フェローを抱える上で大学が負担する費用は事実上ゼロということになります。

　助成金がイェール大学に付与されているという点から考えると、ポスドクはイェール大学の資金提供を受けているということになります。例えば、主任研究員が大規模な国立衛生研究所(NIH)の助成金であるR01(健康関連の研究開発助成金)を授与されたとしましょう。この助成金でポスドクを雇用した場合、助成金はポスドク自身のものではありませんので、職員と見なされます。助成金は主任研究員に付与されているものです。助成金が主任研究員に付与されているので、その助成金で雇用される者は皆職員ということになります。そういった違いがあるのです。大学によって名称は様々ですが、類似した職員と非職員の定義を用いていると思います。イェール大学の1,400人のポスドクの内、約70％が外国人です。アメリカの平均はおよそ67％だと

思います。ですので、私どもは平均に近いということになります。外国人がやや多いですが、極端に多いというわけではありません。一番多いのが、中国人です。大部分がアジア出身者ですから、おそらく次がインド、韓国でしょう。ドイツからのポスドクも多いのですが、中国が3分の1を占めています。アメリカ人が3分の1、中国人が3分の1となっています。

⑥ポスドクの1週間あたりの勤務時間と日数は、どれくらいですか。
　勤務時間は長時間に及びます。日本と同様で、書類上は週40時間となっていますが、これを遥かに超えた時間数で働いています。週末も勤務しています。一般的に、1日8時間以上です。

⑦ポスドクの1ヶ月、ないしは1年間の給与はどのようになっていますか。
　給与に関しては、最低基準を設けています。ご希望であれば、私どものウェブサイトへのリンクをお送りしますが、今年の最低額は、1年目のポスドクが$38,496であり、毎年2%から4%増額します。給与の平均など、一般的な統計はあります。おそらく、生物学のポスドクの給与が最低額で、$38,496です。物理学、コンピューター・サイエンス、工学のポスドクの給与は産業界に就職した場合に高い給与を得ることが可能であることに鑑み、この額よりも高く設定されています。ただし女性の給与に関しては、半分以下だと思います。半分以下ですが、おそらく半額を若干下回る程度であると思います。ポスドク経費の財源の大部分は、国立衛生研究所（NIH）から得ています。NSFにも支部がありまして、政府の存在が大きいです。資金の大部分は、政府により提供されています。政府による財政縮小に対し、多くの人々が科学の未来を懸念しています。お金がなければ、研究はできませんから。つまり、イェール大学には民間の財団と連絡を取り合う「開発室（Development Office）」がありますが、民間の財団から提供される資金の額は、政府による資金額とは比べものになりません。
　私どもの大学の特徴は、他の大規模な大学と同様で、すべての学問分野にポスドクが在籍していることです。ですので、全員の要求に応じるのは困難

です。たとえば、工学のポスドクに提供する情報と、人文科学のポスドクに提供する情報は異なります。ポスドクとして勤務する上で「最適な研究所ベスト10」という科学者のためのリストがあるのですが、その大部分は特定の分野に焦点を絞った研究所です。シアトルにあるフレッド・ハッチンソン研究所では、癌の研究が行われていますが、ここのように皆が同じ分野の研究を行っている小規模のグループでは、そのネットワーク力が強まります。しかし大学では、皆がそれぞれ、あらゆる分野の研究に従事していますので、同じ分野を研究しているといったコミュニティ感覚を得るのはなかなか難しいのです。大規模大学では、そのような状況がよく見られるのではないかと思います。

　イェール大学に所属しているポスドクはかなり多いと思います。本学よりも多いのはハーバード、スタンフォード大学ですね。コロンビアについてはよく分かりません。南カリフォルニア大学（UCS）にも、相当数います。西海外にも行かれたとおっしゃっていましたね。カリフォルニア大学は訪問されましたか。

⑧ポスドクの待遇として、以下の点は加入（ないしは支給）されていますか（健康保険、共済年金、労働保険、交通費、その他）。その他（研究費など）の支援はありますか。

　健康保険、旅費、研究費に関してですが、大学ではポスドクとして2つの名称を定めています。一つは、大学職員と見なされる「ポスドク・アソシエート」です。この名称のポスドクは、歯科保険あるいは補助金付きの歯科保険、健康保険、退職金など、手厚い福利厚生を受けることができます。もう一つが「ポスドク・フェロー」です。自身で財源を確保して大学に来るポスドクで、大学職員とは見なされず、ポスドク・アソシエートと同様の福利厚生を受ける資格を持ちません。ただし、すべてのポスドクに最低限の医療保険を提供するよう心がけておりますので、ポスドクが自ら健康保険を支払うことはありません。旅費と研究費に関しては、一般的に研究室に財源があれば、学会等への派遣はこれで賄われます。大学としては、メイン・キャン

パスのポスドクを対象に、学部長室が年間$12,000の予算を確保しています。ただし医学部のポスドクは、この研究費の対象外となります。専門能力の開発が目的の場合を除き、学会での論文発表やポスター発表を目的とした旅費として、一度に最大$1,000を付与しています。

⑨ポスドクのビザについて教えてください。

　一般的にポスドクはJ-1ビザを取得しています。ポスドクの多くは、外国人です。アメリカで勉強し、OPTを取得した者が多くおります。イェール大学に来てから、Jビザに切り替えるのですが、ただし、H-1Bビザを希望する者が多いです。OPTとは「任意の研修期間(Optional Training Period)」と呼ばれるものです。学生として5年間程度勉強します。卒業後、1年間さらに滞在許可を得て、在籍した大学とは別の都市で過ごすことができる制度です。OPT中にポスドクを始め、新たなビザを申請する人もいます。この点に関しては、海外からの学生と研究員に対応する「外国人留学生・研究員支援室(Office of International Students and Scholars = OISS)」がより正確な情報をお渡しできるかと思いますが、ポスドクの多くがJビザを取得しているという点は把握しています。ただし、その多くはH-1Bビザの取得を希望しています。Jビザですと、プログラム終了後、母国に2年間滞在しなければならないという条件がついているからです。H-1Bビザにはそのような条件はありませんので、Hビザの取得を希望するのです。ただし、Hビザの取得は非常に厳しいです。

　ビザは取得が難しいのみならず、条件も厳しいものとなっています。一度取得すると、転職できません。職務にビザが結びついています。先ほど申しましたように、私どもではポスドクを毎年再任しています。彼らを支援する財源がなくなれば、そのポスドクのPIが「あと3カ月で無職になる」と宣告することもあります。仕事がなければ、Hビザでアメリカに滞在することはできませんので、出国しなければなりません。JビザやFビザの場合には、正確には覚えておりませんが、30日あるいは60日の「猶予期間(Grace Period)」があります。しかしH1ビザは非常に厳しいので、今日失職すれば、

明日は不法滞在になってしまいます。母国に戻るという条件がないので、皆さんがH1ビザを希望するのです。一般的に、連邦政府により定義された給与要件は、JビザやFビザの方が低いと思います。正確な名称は忘れてしまいましたが、H-1Bには、ある特定の職種には一定額の給与が支払わなければならないという規定があります。ですから、そういったポストの方が一般的に給与は高くなります。転職には、時間がかかります。気軽に来月から違う大学に移ろう、などとは言えないのです。ビザの切り替えには1カ月以上かかりますし、アメリカに滞在している間にビザを持たないということはできませんから。

⑩ポスドクは授業は担当しますか。する場合は週に何コマですか。
　ポスドクの教育経験についてですが、イェール大学ではポスドクが授業を担当することは非常に難しくなっています。というのも、一般的にポスドクは助成金で賄われており、その助成金により勤務時間の100％を研究活動への従事に費やすと定められているからです。給与は、勤務時間の100％が研究活動に費やされることから支払われているのです。授業を担当したい場合は、それを変えなければなりません。研究が70％、教育が30％となると、それに合わせて給与が調整されることになります。大学院生の場合は、授業を担当すればするほど給与が高くなります。私が大学院生の時の給与は、$30,000程度でしたが、授業をすれば、さらに$4,000、$5,000、もしくは$6,000を得ることができました。ですから私にとって、授業を担当することは財政的に有益でした。ただしポスドクの場合は、すでに何時間も研究室で勤務しているにも関わらず、さらにその勤務体制を調整しなければならなくなってしまうので、授業を担当しても、給与はそれほど増えないことになります。ポスドクの給与は、調整されます。給与自体は増えますが、授業に費やす時間数を考えると、大きな増額とは言えません。ただし、それはイェール大学での授業を担当した場合です。夜学など他の大学で教えたい場合に、私たちは関与しません。ただし、これはアメリカで就職が許可されている者に限られます。

しかしながら、授業を担当したいと希望するポスドクは増えてきているように思います。特に教育を重視している小規模な大学に就職を希望している場合には、授業を担当した経験がなければ、雇用されません。ここには非常に強力な「教授センター (Teaching Center)」がありますので、多くのポスドクがこの利点を生かそうとしています。実際に授業を受け持つことができない場合には、教授センターが開催している多数の講座を受けています。たとえば、授業の進め方など、教育の基本に関する講座が行われています。実践の経験を積めなくとも、少なくともこうした講座を受けるチャンスが与えられています。またイェール大学では、教員としてポスドクを採用する新たな授業も開講されるようになってきています。私どもでは、こうした授業のあり方をどのように進めていくのか、すなわち給与はどうするのか、ポスドクの勤務をどう定義するのかなどといった点を、大学側と相談しなければなりません。大学側も、こうした点を認識し始めているように思います。希望する場合には、ポスドクが授業を受け持つチャンスを与えるべきだと思います。先ほども申しましたように、ビザを持つ外国人はイェール大学ではポスドクの70％を占めていますが、イェール大学以外で授業を受け持つことが許可されている場合もあれば、禁じられている場合もあるので、非常に難しいのです。外国人のポスドクの場合は、授業を教えたいという希望だけでなく、複雑なことが数多くあるのです。

⑩ポスドクの責務は何でしょうか。

ポスドクの責務は何かと言えば、ポスドクとは大学の「主要な資源」のような存在です。博士号を持っていますから、独立して自身の研究を推し進めることを期待されています。そうできる者もいれば、できない者もいますが、それが彼らに求められていることなのです。ポスドクとしての成功と将来のキャリアに対する責任の大部分は、自分自身にあるということは伝えています。もう学生ではないのですから、具体的な指示に従うのではなく、自らキャリアパスを切り開いていかなければなりません。情報がなければ、私どもを通じて探したり、または自身で模索しなければならないのです。私ども

では、そういったことを教えようと努めています。訓練のようですが、ポスドクが修了した後に、真のポストに就かなければならないのです。また、私どもではポスドクの上限を6年間としています。たとえば、バークレーで3年間ポスドクをして、それからイェール大学に来た場合には、ポスドクは3年間までとしています。ずっとポスドクのままでいるというわけにはいきません。

⑪ポスドクの就職(研究職や一般企業など)への特別支援はありますか。ある場合には、具体的な支援内容を挙げて下さい。

　就職支援に関しては、室長であるジョンと私がカバー・レター、職務経歴書、履歴書、応募書類のコンサルティングをしています。研究計画書には目を通しません。ただし、教育に関する意見文がある場合には、アドバイスしています。年間を通して、ポスドクを支援するセッションを何回か開催しています。5つのセッションから成る「大学における研究職への就職シリーズ (Academic Job Search Series)」を開催しています。応募の際の基本的構成要素は、「プレゼンをどう準備するべきか」「研究計画書はどう書くべきか」「教育に関する意見文はどう準備すべきか」などです。一人ずつアドバイスしていますが、教授職を目指していないポスドクや大学院生も多数おりますので、彼らが路頭に迷うことなく、他の選択肢を模索できるよう、他のキャリアパスに関するパネル・ディスカッションも開催するよう心がけています。とりわけ、「教授センター」と「キャリア支援室」とは頻繁に連絡を取り合い、協力しています。私はイェール大学の大学院生として、キャリア支援室で働いたことがありまして、よく知っていますので、特に協力するようにしています。私どもの支援室は規模が非常に小さく、ポスドクの任命作業に勤務時間の半分、あるいはそれ以上を費やしています。ただし、「将来の科学教員の養成セミナー (preparing future science faculty)」とは異なるものです。このセミナーは、応募書類の構成要素よりも広い視点のセミナーです。先ほど職務経歴書やカバーレターについて話したり、応募書類をどうまとめるか、どのようなことを考えておくべきかについてアドバイスすると申し上げました。教授セン

ター長のビルからお聞きになったかと思いますが、「将来の科学教員の養成」セミナーはもう少し幅広いもので、指導や他の要素など、教員に求められるものは何かといった概念的な話をするものです。互いに補完し合うものですね。一方が技術的で、他方が概念的なものです。

⑫ポスドク制度の問題点や改善点はありますか。ある場合には、その内容をご指摘下さい。

　ポスドクの状況に関する調査は、大学では行っていません。一般的に、多くのポスドクは十分な給与を得ていないと感じています。低賃金ですが、ポスドクというのは一時的なポストなのです。真のポストを得る手助けすることが、私の仕事です。ポスドク問題の一端は、ポスドクが終了後の計画を何も考えずに着任しているということだと思います。特に外国人の場合は、まずアメリカに来るという希望が先にあるようです。ポスドク職はアメリカに来る方法の一つですが、その後どうしたいか、アメリカで教員のポストを得る上で十分な競争力を持っているかなどといった点は、必ずしも考えていないようです。外国人ポスドクの多くは、英語を十分話せない場合もあります。それも問題の一つです。アメリカに残りたければ、英語力を磨く必要があります。多くの場合、ポスドクは研究室で長時間過ごしますので、コミュニケーション・スキルを伸ばそうとはしないのです。コミュニケーションは、本当に大きな問題です。それが問題の一端です。いろいろなタイプのポスドクがいます。中には、本当に境遇の悪いポスドクもいると思います。教員の中には、ポスドク後のキャリアなど考えずに、労働力が必要だからという理由でポスドクを採用する者もおります。残念なことですが、そういう考えを持った教員も少人数ですが、います。そのために、私どもの支援室が設置され、真のポストに就けるようにポスドクを支援しています。

　日本では、キャリアパスについての懸念がおありでしょうか。アメリカでは、博士号(Ph.D.)取得者の約50％が女性なのですが、ポスドクに進むのはそれよりも少ない人数で、さらにその一部のみが大学の教員となります。ですから、大学の教員に占める女性の割合は、博士号(Ph.D.)を取得した人数

から考えると非常に低く、多様性も失われます。学生を募集する際に多様性を考慮しても、最終的に教員になる者は非常に少ないのです。女性の場合は、家族を持ちたいと考えた際に、キャリアを積むことが難しいと思うのです。大学教員となる時期に重なりますから、決断を迫られます。その結果は、必ずしも教員という選択にはなりません。一般的には、家族を選択する場合が多いようです。ご希望であれば、具体的な統計を集めてお送りします。おそらく600、もしくは800で間違いないと思いますが、それについての情報をお送りします。イェール大学には、給与をまったく受け取っていないポスドクもいます。ただし、かなり昔のことですが。ボランティアとして無償で勤務する人々がいました。現在は禁止されています。勤務する以上は、給与を受け取らなければならないということになっています。ボランティア希望者が多い一方で、受け入れに限度があるものですから、最低賃金を受け取らなければならないということになっています。日本では、給与を全く受け取っていないボランティアのポスドクが多くいると言うことですが、とても悲しいですね。今は日本でも、科学への財政支援が大きな問題となっているのだろうと思います。財源がないと、無償で働こうという人々がいますね。ただし、責任の所在が大きな懸念事項です。職員ではないということは、医療保険がないということになりますので、キャンパス内で負傷した際には大きな問題となってしまうのです。

　カリフォルニア大学バークレー校には、ポスドクの組合がありますから、他大学とは異なるルールが存在しています。バークレー校の人々とも話したことがありますが、一長一短のようです。組合を作れば問題が解決するわけではなく、逆に新たな問題が生み出されているということもあるそうです。ポスドクを虐げるようなことはしたくありません。私のような立場の者は、皆そのような状態が起こらないことを願っています。バークレー校では、標準化とも呼べるような組合を作ったのです。ですから、良く働く者も、そうでない者も、同様に扱われます。優れた者が、そうではない者よりも高い評価を受けるべきであるというのが一般的な考え方ですが、組合があると、皆一律に扱われてしまうこともあります。勤勉に働く者とそうでない者が同額

の給与となると、色々と問題が生じます。

⑬貴学のポスドク制度の特色などあれば、挙げて下さい。

　イェール大学では、「全米ポスドク協会（National Postdoctoral Association）」とのつながりも持っています。本学では、ポスドク全員が登録する資格を持っています。私どもが年会費を支払い、ポスドクは全米ポスドク協会のメンバーとなります。また、年次会議に毎年参加して、キャリア開発からポスドクの福利厚生まで、様々な問題について話し合っています。ポスドクは高い給与を得ているわけではありませんが、少なくとも最低基準が定められています。他大学の中には、イェール大学の大学院生に提供されている給与よりも低い額の給与をポスドクに出しているところもあります。ですから、アメリカに標準的なポスドクの待遇というものはありません。大学院生も同様です。5年間の財政支援が保証されますので、イェール大学のプログラムは、とても寛大だと思います。

　また、ポスドクが研究室や教員との問題を抱えていて、私どものところに駆け込んできたとしましょう。私としては、問題の解決を図ります。妊娠したのだけれども、採用期間は来月で終わってしまう。どうしたらいいだろうかと、相談に来るポスドクが多数います。妊娠時に医療保険がないという事態は、大きな問題です。ですから、私どもは大学やPIと交渉し、次のポストへのスムーズな移行を実現する方法を模索します。丸一年の財政支援は保証できませんが、介入して、できるだけのことはしたいと思っています。大学から財源を確保すればよいということになれば、出来る限りやってみるのです。

　＊本インタビュー記録は、本人の氏名を匿名とした。Aさんの意見をなるべく正確に再現するよう努めたが、読み手にわかりやすくするようにインタビューの前後を入れ替えている部分もある。また、必要ない箇所は削除している。

あとがき

　本書は、2006年6月に刊行された北野秋男編著『日本のティーチング・アシスタント制度―大学教育の改善と人的資源の活用―』(東信堂)の続編である。ティーチング・アシスタント(Teaching Assistant)とは大学院生による「教育補助者」という意味であるが、日本のTA制度の特徴は、あくまでも教員の補助者であり、単独で授業を行うことは禁止されている。また、給与も時給制が多く1時間1,200～1,300円程度である。一方、日本がモデルにしたアメリカのTA制度は修士課程の院生であっても単独で授業を行うことが認められており、授業料が免除されるだけでなく年間の給与も1万ドル以上である。したがって、日本のTA制度の研修は数時間程度の簡単な内容が多いが、アメリカの場合には数日間から2週間程度に及ぶこともある。同じTA制度であっても日米間では、その実態は全く異なるものとなっている。詳しくは、2006年の同書を参照して頂きたいが、この本の中心課題は大学における「若手教育者の養成」という問題を検討したものである。ようやく日本でも若手教育者を養成するという視点から、多くの大学で大学院生を対象に新たなTAプログラムが開始されている。今後の進展に期待したい。

　さて、本書執筆の契機は、この大学院における若手教育者の養成と同時に「若手研究者」の養成も同じく重要であると認識したからである。2000年を過ぎた頃から、マスコミなどを中心に「高学歴ワーキングプア」「隠れ難民」などと表現された「ポスドク問題」が注目された。この毎年2万人近いポスドクが日本の学術体制の根幹を支えているにもかかわらず、就職難と高齢化の問題に苦しんでいる。大学院の修士課程から博士課程へと進み、寝食を忘れて学位取得に人生の全てを注ぎ込んできたポスドクの多くが常勤職を得ら

れないだけでなく、「行方不明」であったり「コンビニ店員」になったりする現状を、私たちは、どのように考えるべきか。本当にポスドク本人の努力不足、能力不足と片付けていい問題であろうか。毎年2万人近いポスドクの中で、給与を得ている者は約1万5千人である。約5千人は無給の状態か、アルバイト程度の職しか得ていない。

　こうした現実を直視すれば、これはもう本人の努力不足、能力不足ではなく、日本の若手研究者養成制度の制度的・構造的な問題である。ポスドク問題とは、日本の大学・大学院の問題であり、学術体制の問題に他ならない。本書の刊行の意図は、まずはポスドク問題の実態を知り、海外との比較も行いながら、ポスドク問題の根幹を考えることであった。同時に、高度な知識と能力を持つポスドクを日本の「宝」とし、最大限の支援を行うことを提言することであった。本書は、日本の学術体制を支えるポスドクにエールを送ることも意図している。

　本書を企画し、執筆することを思い立ったのは、冒頭のTA制度の研究書を刊行した直後からであった。7年近い歳月が流れたが、その間に多くの大学を訪問させて頂き、貴重な情報や資料を得ることができた。日本では九州大学、名古屋大学、京都大学、静岡大学、早稲田大学、関西大学など、アメリカではスタンフォード大学、コロラド大学ボルダー校、イェール大学、全米ポスドク協会、NIHなども訪問し、多くのポスドク担当の教職員と意見交換ができた。また、同時に大学側が手配をしてくれた多くのポスドクの生の声も聞くことができた。特に、ポスドクが抱える現状の問題だけでなく、将来への不安や希望が入り交じった意見は胸に突き刺さるものであった。本書の内容が、こうしたポスドクの思いを少しでも読者に伝わるものであることを願ってやまない。

　本書は、2014年度の日本大学文理学部学術出版助成金を得て刊行されたものである。加藤学部長ならびに関係各位に感謝の言葉を申し述べたい。また、本書は単著の形態を取ってはいるのの、多くの方々に研究上の支援も受けている。とりわけ、日本教育大学院大学教授の吉良　直先生には随分とお世話になった。吉良先生は、ハーバード大学教育学大学院出身であり、英語

はアメリカ人並みに堪能である。私が多くのアメリカの大学を訪問できたのも、吉良先生の絶大な協力と支援の賜である。深く感謝したい。また、吉良先生が研究代表者であった学術振興会科学研究費基盤研究(C)にも研究分担者として加えて頂いたことが、本書において海外調査を実現できた理由である。吉良先生が代表の科研費は、2007～2009年までは「米国の大学におけるティーチング・アシスタント制度と養成制度に関する実証的研究」(科学研究費基盤研究C)、2011～2013年までは「アメリカの研究大学における段階的な若手教育者養成制度に関する総合的研究」(科学研究費基盤研究C)であるが、この6年間の科研費による研究活動が、本書刊行の物心両面での支えとなっている。重ねて御礼を申し上げたい。吉良先生以外にも、名古屋大学の夏目達也先生、岡山大学の和賀　崇先生などにも色々な情報を提供していただいた。

　この6年間の科研費による研究活動の成果として、いくつかの論文を発表したが、ポスドク研究の成果としては、以下の論文を刊行した。本書の初出論文であるが、本書を刊行するにあたり、その内容を大幅に加筆訂正した。

北野秋男2008「アメリカの若手大学教員・研究者養成の現状と課題―TA・
　　RA・PD制度を中心に―」日本大学人文科学研究所『研究紀要』第75号,
　　pp.143-155.
北野秋男2009「我が国の「ポストドクター」の現状と課題」日本大学人文科学
　　研究所『研究紀要』第78号, pp. 59-71.
北野秋男2010「我が国の「ポスト・ドクター」の実態に関する研究―関東地
　　域の大学・大学院へのアンケート調査の結果―」大学教育学会『大学教
　　育学会誌』第32巻, 第2号, pp. 104-112.
北野秋男2012「アメリカのポストドクターの現状と課題」日本大学人文科学
　　研究所『研究紀要』第84号, pp.55-70.

　気がつけば、私も間もなく60歳になろうとしている。私ごとではあるが、富山で暮らす母は昨年(2013年)2月24日に他界した。苦しむことなく眠るよ

うに人生を閉じた。これで私の両親・兄はみな他界し、私一人が残されたことになる。誰もが通る道であり、避けられないことでもある。ただただ頭を下げて、両親・兄の深い愛情に感謝するのみである。人生は長いようで短い。人は生を受けた以上、社会のために自分の人生を生かすべきと考えるが、それは本当にささやかなものでしかない。本書は、まさにささやかな努力の結晶であるが、同時に一人でも多くの方の目にとまることを願って止まない。本書の刊行にあたり、東信堂の下田勝司社長には色々とお世話になった。本書の刊行を快く引き受けて頂いたことに感謝しつつ、本書の「あとがき」としたい。

2014年12月 自宅の書斎にて

著　者

事項索引

〔欧字・数字〕

AAU 197, 222-225, 247
AAUP 222
NIH 11, 14, 134, 180, 198, 199, 201, 202, 207, 217-219, 224, 227, 229, 230, 234-237, 242-244, 248, 249, 282, 295, 296, 306
NPA 11, 186, 216-219, 240-246, 248, 281, 282
NSF 14, 134, 180, 197-199, 201-203, 206, 207, 218-220, 223-225, 227, 230, 237-243, 247-249, 296
NSF 予算倍増法 206
OPT 230, 298
TIGER 228
1986 年税制改革法 204
2009 年問題 283

〔ア行〕

アメリカの学位取得 196
アメリカの研究開発費 198
アンケート調査 10, 11, 13, 17, 26, 67, 85, 86, 92, 94, 112, 113, 137, 138, 307
イェール大学 iv, 14, 192, 228-230, 254, 291
イノベーション創出若手研究人材養成 133, 135, 153, 157, 158
インタビュー調査 iv, 11, 13, 14, 80, 167, 173, 175, 178, 214, 226, 277, 278
オバマ政権 208

〔カ行〕

海外特別研究員 53, 214
海外流失 3, 7, 282
外国人特別研究員 53, 164, 268
外国人特別研究員制度 268
外国人比率 13, 67, 72, 74, 77, 82, 108, 253, 269
科学技術・学術審議会人材委員 55-58, 61, 81, 110, 111, 135, 178, 253
科学技術基本計画 50, 51, 56, 67, 121-125, 128, 130, 131, 142, 148, 185, 268
科学技術基本法 49, 51, 111, 121, 122
科学技術振興機構 54, 131
科学技術振興調整費 70, 71, 109, 132, 135, 149, 153, 157, 159, 178
学位授与機構 25
学術審議会 48-50, 55-58, 61, 81, 110, 111, 135, 178, 180, 253, 276
核となる資質 245
課程博士 8, 24-26, 105, 164
カリフォルニア大学 193, 197, 216, 235, 242, 291, 297, 303
キャリア支援 4, 9, 11, 13, 14, 17, 18, 60, 88, 92, 93, 121, 124, 129-131, 134,

135, 137, 140, 148, 162, 165-167, 170, 185, 186, 191, 192, 215, 230, 234, 237-239, 242, 246-249, 259, 261, 278, 281, 282, 301
キャリアパス　56, 67, 78, 80, 81, 129-131, 135, 136, 142, 156, 157, 159, 165, 166, 185, 230, 248, 280, 289, 300-302
キャリアパス多様化促進事業　78, 130, 131, 142, 185
九州大学　10, 13, 18, 19, 26, 27, 31, 32, 131, 133, 135, 137, 148, 153, 159-164, 215, 306
京都大学　i, 10, 13, 19, 26, 133, 135, 137, 148, 153, 164-166, 194, 258, 265, 275, 276, 284, 306
クリントン政権　205, 206
高齢化　ii, iii, 7, 35, 47, 57, 67, 72, 73, 78, 82, 85, 92, 127, 128, 130, 178, 182, 277, 280, 287, 305
国外研究者　175
国内研究者　148, 173-175
コロラド大学ボルダー校　11, 213-215, 226, 227, 306

〔サ行〕

事業仕分け　4, 13, 170, 208
静岡大学　10, 13, 132, 134, 135, 137, 148-152, 306
社会保険加入率　13, 67, 72, 74, 82
就職難　33, 38, 51, 57, 67, 78, 81, 85, 92, 121, 126, 130, 142, 248, 264, 268, 277, 280, 287, 305
主任研究員　9, 194, 229, 294, 295
諸外国の学位取得者　254, 255
女性研究者支援モデル育成　133, 135, 159
女性比率　13, 67, 72, 77, 103, 108

ジョンズ・ホプキンズ大学　192, 225
人文・社会系のポスドク　102, 107, 109, 112, 219
スタンフォード大学　14, 225, 226, 297, 306
ストラスブール研究連絡センター　264
全米科学アカデミー　218, 244, 246

〔タ行〕

大学院重点化　18-21, 30, 31, 33, 48, 57, 103, 148, 182, 195
大学院制度の弾力化　18, 27
大学教員　6, 29, 33-35, 37, 38, 45, 46, 61, 79, 93, 107, 128, 173, 178, 179, 214, 216, 222, 227, 228, 247, 249, 275, 280, 284-287, 303, 307
大学教授資格　262, 263
大学審議会　18, 19, 24, 27, 28, 48, 103, 105, 283
第一期科学技術基本計画　121-123, 130
第二期科学技術基本計画　67, 121, 124, 125
第三期科学技術基本計画　67, 121, 128, 131, 268
中央教育審議会　28, 29, 180
テニュア・トラック　60, 129, 132, 149, 150, 151, 152, 178, 217, 219, 222, 242
東京大学　i, 19, 30, 31, 48, 66, 116, 185
東京農工大学　133, 135, 148, 158, 161
特殊法人雇用型　55, 60
特別研究員制度　9, 46, 48, 52, 53, 85, 197, 268

〔ナ行〕

名古屋大学　10, 13, 19, 131, 133, 135, 137, 148, 153, 157, 275, 284, 285, 306, 307

日本学術会議　　　　　　　　94, 112
日本学術振興会　　　9, 13, 23, 48-55, 57,
　　59, 85, 99, 101, 113, 116, 149, 180, 181,
　　214, 215, 236, 258, 263, 264, 268
日本経済団体連合会　　　　　137-143
日本国家公務員労働組合連合会　　182
日本社会学会　　　　　102, 103, 112-116
日本人ポスドク　193, 213-215, 234, 236,
　　248, 249, 252, 263, 282
日本地球惑星科学連合　　　　　　94
日本物理学会　　　9, 11, 121, 131, 170,
　　184-186, 281
任期つき研究員　　　　　　　113-115
年齢分布　　　　13, 67, 72, 73, 75, 77

〔ハ行〕

ハーバード大学　194, 197, 225, 235, 254,
　　306
博士課程の定員削減　　　　　　　32
非常勤講師　　5, 38, 99, 105, 112-115, 287
一橋大学　　　　　　19, 90, 93, 247, 285
広島大学　　　　　　　　　　　284
フェローシップ型　　　　　　55, 60, 74
ブッシュ政権　　　　　　　　204-208
プロジェクト雇用型　　　　　　55, 60
フンボルト財団　　　　　　　252, 253
米国競争力法　　　　　　　　　207
ポスドク3年任期　　　　　　　126
ポスドク・アソシエート　229, 293, 297
ポスドク給与　　　　　　　　　258
ポスドク・ステーション　　　　　268
ポスドク・フェロー　59, 229, 238, 293,
　　297
ポスドク・フォーラム　　　　184, 186
ポストドクター　ii, 11, 47, 50, 52, 55, 58,
　　67, 77, 85, 105, 117, 121, 123, 125, 129,
　　130, 142, 156, 166, 184, 259, 269, 277,
　　307
ポストドクター等1万人支援計画　47,
　　50, 52, 55, 58, 67, 85, 121, 123, 125,
　　129, 130, 142
ポストドクトラル・フェロー　　　46
ボローニャ宣言　　　　　　　259, 264
ボン研究連絡センター　　　　　263
本人責任説　　　　　　　　　　4, 6

〔マ行〕

マリー・キュリー・アクション　　259
ミレニアム・プロジェクト　　　54, 56
明治大学　　　　　　90, 93, 247, 285
文部科学省・科学技術政策研究所
　　第1調査研究グループ　67, 103, 187

〔ラ行〕

リサーチ・カウンシル　　　　　260
立命館大学　　　　　　　　116, 117
論文博士　　　　8, 24-26, 105, 164, 187

〔ワ行〕

若手研究者の自立的研究環境整備
　　促進　　　　132, 135, 149, 162, 178
早稲田大学　11, 13, 20, 131, 133, 135, 137,
　　148, 153-157, 166, 306

人物索引

〔ア行〕

アルトバック, P.　　　　202
犬塚典子　　　　　　　161
井上茂義　　　　　　　252

〔カ行〕

クラーク, B　　　201, 204, 205, 262
クラーク, R　　　　　　216
小柴昌俊　　　　　　　66
小林俊一　　　　　　　30, 31
コンラン, L　　　　　　235

〔サ行〕

佐藤　学　　　　　　　111, 112
水月昭道　　　　　　　5, 46

〔タ行〕

ティドウエル, L　　　　217

〔ナ行〕

野依良治氏　　　　　　275, 276

〔ハ行〕

ハンドリアン, A　　　　226

〔ヤ行〕

山中伸弥　　　　　　　275, 276

〔ラ行〕

ランキン, P　　　　　　176, 226
ロン, J　　　　　　　　217, 218

〔著者紹介〕

北野秋男（きたのあきお）

1955年、富山県に生まれる
日本大学文理学部教授・日本大学大学院総合社会情報研究科教授

〈主要著作〉

『ペタゴジーの誕生──アメリカにおける教育の言説とテクノロジー』1999年、（共著）多賀出版
『アメリカ公教育思想形成の史的研究──ボストンにおける公教育普及と教育統治』2003年、（単著）風間書房
『日本のティーチング・アシスタント制度──大学教育の改善と人的資源の活用』2006年、（編著）東信堂
『現代アメリカの教育アセスメント行政の展開──マサチューセッツ州（MCASテスト）を中心に──』2009年、（編著）東信堂

ポストドクター──若手研究者養成の現状と課題

2015年1月10日　初 版 第1刷発行　　　　　　　〔検印省略〕
　　　　　　　　　　　　　　　　　　　定価はカバーに表示してあります。

著者Ⓒ北野秋男／発行者　下田勝司　　印刷・製本／中央精版印刷株式会社

東京都文京区向丘1-20-6　　郵便振替 00110-6-37828
〒113-0023　TEL (03)3818-5521　FAX (03)3818-5514　　発行所　株式会社 東信堂
Published by TOSHINDO PUBLISHING CO., LTD.
1-20-6, Mukougaoka, Bunkyo-ku, Tokyo, 113-0023, Japan
E-mail: tk203444@fsinet.or.jp　http://www.toshindo-pub.com

ISBN4-7989-1245-5 C3037　　@Akio KITANO

東信堂

マナーと作法の社会学	加野芳正編著	二四〇〇円
マナーと作法の人間学	矢野智司編著	二〇〇〇円
ポストドクター――若手研究者養成の現状と課題	北野秋男編著	三六〇〇円
日本のティーチング・アシスタント制度――大学教育の改善と人的資源の活用	北野秋男編著	二八〇〇円
「再」取得学歴を問う――専門職大学院の教育と学習	吉田文編著	二八〇〇円
航行を始めた専門職大学院	橋本鉱市	二六〇〇円
学級規模と指導方法の社会学――実態と教育効果	山崎博敏	二二〇〇円
「学校協議会」の教育効果	平田淳	五六〇〇円
夢追い形進路形成の功罪――「開かれた学校づくり」のエスノグラフィー	荒川葉	二八〇〇円
進路形成に対する「在り方生き方指導」の功罪――高校改革の社会学	望月由起	三六〇〇円
教育から職業へのトランジション――高校進路指導の社会学	山内乾史編著	二六〇〇円
階級・ジェンダー・再生産――若者の就労と進路職業選択の社会学	橋本健二	三二〇〇円
教育と不平等の社会理論――現代資本主義社会の存続メカニズム	小内透	三二〇〇円
〈シリーズ 日本の教育を問いなおす〉――再生産論をこえて		
拡大する社会格差に挑む教育	西村和雄・大森不二雄倉元直樹・木村拓也編	二四〇〇円
混迷する評価の時代	西村和雄・大森不二雄倉元直樹・木村拓也編	二四〇〇円
教育における評価とモラル――教育評価を根底から問う	西戸瀬和雄之編	二四〇〇円
〈大転換期と教育社会構造：地域社会変革の社会論的考察〉		
第1巻 教育社会史――日本とイタリアと	小林甫	七八〇〇円
第2巻 現代的教養Ⅰ――生活者生涯学習の地域的展開	小林甫	六八〇〇円
第3巻 現代的教養Ⅱ――技術者生涯学習の生成と展望	小林甫	六八〇〇円
第3巻 学習力変革――地域自治と社会構築	小林甫	近刊
第4巻 社会共生力――東アジアと成人学習	小林甫	近刊

〒113-0023 東京都文京区向丘1-20-6
TEL 03-3818-5521 FAX03-3818-5514 振替 00110-6-37828
Email tk203444@fsinet.or.jp URL:http://www.toshindo-pub.com/

※定価：表示価格（本体）＋税

東信堂

書名	編著者	価格
現代アメリカの教育アセスメント行政の展開——マサチューセッツ州（MCASテスト）を中心に	北野秋男編	四八〇〇円
アメリカ公民教育におけるサービス・ラーニング	唐木清志	四六〇〇円
現代アメリカにおける学力形成論の展開——スタンダードに基づくカリキュラムの設計	石井英真	四二〇〇円
ハーバード・プロジェクト・ゼロの芸術認知理論とその実践——内なる知性とクリエイティビティを育むハワード・ガードナーの教育戦略	池内慈朗	六五〇〇円
アメリカにおける学校認証評価の現代的展開	浜田博文編著	二八〇〇円
アメリカにおける多文化的歴史カリキュラム	桐谷正信	三六〇〇円
EUにおける中国系移民の教育エスノグラフィ	山本須美子	四五〇〇円
社会形成力育成カリキュラムの研究	西村公孝	六五〇〇円
現代ドイツ政治・社会学習論——「事実教授」の展開過程の分析	大友秀明	五二〇〇円
現代教育制度改革への提言 上・下	日本教育制度学会編	各二八〇〇円
現代日本の教育課題——二一世紀の方向性を探る	山口満	二八〇〇円
バイリンガルテキスト現代日本の教育	村田翼夫編著	三八〇〇円
発展途上国の保育と国際協力	上田学著	三八〇〇円
日本の教育経験——途上国の教育開発を考える	三輪千明著／浜野隆	二八〇〇円
子ども・若者の自己形成空間——教育人間学の視線から	国際協力機構編著	二七〇〇円
君は自分と通話できるケータイを持っているか	高橋勝編著	二〇〇〇円
教育文化人間論——知の逍遥／論の越境	小西正雄	二〇〇〇円
グローバルな学びへ——協同と刷新の教育	小西正雄	二四〇〇円
学びを支える活動へ——存在論の深みから	田中智志編著	二〇〇〇円
教育の共生体へ——ボディ・エデュケーショナルの思想圏	田中智志編著	三五〇〇円
人格形成概念の誕生——近代アメリカの教育概念史	田中智志	三六〇〇円
社会性概念の構築——アメリカ進歩主義教育概念史	田中智志	三八〇〇円
教育による社会的正義の実現——（1945-1980）アメリカの挑戦	D・ラヴィッチ著／末藤美津子訳	五六〇〇円
学校改革抗争の100年——20世紀アメリカ教育史	D・ラヴィッチ著／末藤・宮本・佐藤訳	六四〇〇円

〒113-0023 東京都文京区向丘1-20-6　TEL 03-3818-5521　FAX03-3818-5514　振替 00110-6-37828
Email tk203444@fsinet.or.jp　URL:http://www.toshindo-pub.com/

※定価：表示価格（本体）＋税

東信堂

比較教育学事典	日本比較教育学会編	一二〇〇〇円
トランスナショナル高等教育の国際比較	杉本 均編著	三六〇〇円
比較教育学—留学概念の転換	森山 肖 稔子編著	四六〇〇円
比較教育学の地平を拓く	山田 徹	三六〇〇円
比較教育学—越境のレッスン	馬越 徹	三六〇〇円
比較教育学—伝統・挑戦・新しいパラダイムを求めて	M・ブレイ馬越徹・大塚豊監訳	三八〇〇円
国際教育開発の再検討—途上国の基礎教育普及に向けて	北村友人編著小川啓一西村幹子	二四〇〇円
中国教育の文化的基盤	顧 明遠大塚豊監訳	二九〇〇円
中国高等教育拡大政策—変貌する国家の人材選抜	大塚 豊	三六〇〇円
中国大学入試研究—変貌する国家の人材選抜	南部広孝	三二〇〇円
中国高等教育独学試験制度の展開	劉 文君	五〇四八円
現代中国初中等教育の拡大と教育機会の変容—背景・実現過程・帰結	王 傑	三九〇〇円
現代中国中等教育の多様化と教育改革	楠山 研	三六〇〇円
ドイツ統一・EU統合とグローバリズム—教育の視点からみたその軌跡と課題	木戸 裕	六〇〇〇円
教育における国家原理と市場原理—チリ現代教育史に関する研究	斉藤泰雄	三八〇〇円
中央アジアの教育とグローバリズム	嶺井明子編著	三二〇〇円
インドの無認可学校研究—公教育を支える「影の制度」	小原優貴	三六〇〇円
バングラデシュ農村の初等教育制度受容	日下部達哉	三六〇〇円
オーストラリアのグローバル教育の理論と実践	木村 裕	三六〇〇円
開発教育研究の継承と新たな展開	本柳とみ子	三六〇〇円
オーストラリアの教員養成とグローバリズム	本柳とみ子	三六〇〇円
多様性と公平性の保証に向けて		
[新版]オーストラリア・ニュージーランドの教育—グローバル社会を生き抜く力の育成と共存	青木麻衣子佐藤博志編著	二〇〇〇円
オーストラリアの言語教育政策—多文化主義における「多様性」と「統一性」の揺らぎと共存	青木麻衣子	三八〇〇円
オーストラリア学校経営改革の研究—自律的学校経営とアカウンタビリティ	佐藤博志	三八〇〇円
戦後オーストラリアの高等教育改革研究	杉本和弘	五八〇〇円
マレーシア青年期女性の進路形成	鴨川明子	四六〇〇円
「郷土」としての台湾—郷土教育の展開にみるアイデンティティの変容	林 初梅	四六〇〇円
戦後台湾教育とナショナル・アイデンティティ	山﨑直也	四〇〇〇円

〒113-0023 東京都文京区向丘1-20-6
TEL 03-3818-5521 FAX03-3818-5514 振替 00110-6-37828
Email tk203444@fsinet.or.jp URL:http://www.toshindo-pub.com/

※定価：表示価格（本体）＋税